JN043910

宮崎県の教員採用試験過去問シリーズ ❽

2025年度版

宮崎県の保健体育科

過去問

協同教育研究会 編

協同出版

本書には，宮崎県の教員採用試験の過去問題を収録しています。各問題ごとに，以下のように5段階表記で，難易度，頻出度を示しています。

難　易　度

非常に難しい　☆☆☆☆☆
やや難しい　☆☆☆☆
普通の難易度　☆☆☆
やや易しい　☆☆
非常に易しい　☆

頻　出　度

◎　ほとんど出題されない
◎◎　あまり出題されない
◎◎◎　普通の頻出度
◎◎◎◎　よく出題される
◎◎◎◎◎　非常によく出題される

※本書の過去問題における資料，法令文等の取り扱いについて

本書の過去問題で使用されている資料や法令文の表記や基準は，出題された当時の内容に準拠しているため，解答・解説も当時のものを使用しています。ご了承ください。

はじめに～「過去問」シリーズ利用に際して～

教育を取り巻く環境は変化しつつあり，日本の公教育そのものも，教員免許更新制の廃止やGIGAスクール構想の実現などの改革が進められています。また，現行の学習指導要領では「主体的・対話的で深い学び」を実現するため，指導方法や指導体制の工夫改善により，「個に応じた指導」の充実を図るとともに，コンピュータや情報通信ネットワーク等の情報手段を活用するために必要な環境を整えることが示されています。

一方で，いじめや体罰，不登校，暴力行為など，教育現場の問題もあいかわらず取り沙汰されており，教員に求められるスキルは，今後さらに高いものになっていくことが予想されます。

本書の基本構成としては，出題傾向と対策，過去5年間の出題傾向分析表，過去問題，解答および解説を掲載しています。各自治体や教科によって掲載年数をはじめ，「チェックテスト」や「問題演習」を掲載するなど，内容が異なります。

また原則的には一般受験を対象としております。特別選考等については対応していない場合があります。なお，実際に配布された問題の順番や構成を，編集の都合上，変更している場合があります。あらかじめご了承ください。

最後に，この「過去問」シリーズは，「参考書」シリーズとの併用を前提に編集されております。参考書で要点整理を行い，過去問で実力試しを行う，セットでの活用をおすすめいたします。

みなさまが，この書籍を徹底的に活用し，教員採用試験の合格を勝ち取って，教壇に立っていただければ，それはわたくしたちにとって最上の喜びです。

協同教育研究会

CONTENTS

第１部

宮崎県の
保健体育科
出題傾向分析

宮崎県の保健体育科　傾向と対策

宮崎県では，例年通り中学校及び高等学校の志望校種ごとに，別問題で出題されている。問題数と配点については，2024年度は，中学校が大問11問，高等学校が大問10問でそれぞれ100点満点の出題となっている。2023年度が，中学校は保健体育7問(42点)と道徳1問(8点)，高等学校は保健体育5問で，それぞれ50点満点の出題だったので，2024年度は大きく変更されたといえる。出題内容は，例年どおりに中学校，高等学校ともに，ほとんどの問題が学習指導要領解説から出題されているのが特徴である。また，出題形式は2022年度までは選択式が少なく語句記述式が多かったが，2023年度から中学校，高等学校の全問題が空欄補充問題や正誤問題による選択式となり，2024年度も同様に全問題が選択式である。豊富な知識量を問われていることには変わりはないので，同解説を読み込んで学習を積み重ね，正しく理解して正確な言葉を解答できるようにしておくことが必要である。

□　学習指導要領

中学校では，大問11問中8問が学習指導要領解説から出題されている。大問の1は「第1章　総説，2保健体育科改訂の趣旨及び要点，(2)保健体育科改訂の要点」，2は「第2節　各分野の目標及び内容，体育分野，2内容」，3は「C陸上競技，第1学年及び第2学年」，4は「E球技，第3学年，(1)知識及び技能」，5は「E球技，第1学年及び第2学年，(1)知識及び技能」，6は「H体育理論，内容の取扱い」，7は「第2節　各分野の目標及び内容，体育分野，3内容の取扱い」，8は「第2節　各分野の目標及び内容，保健分野，1目標」からの出題である。

高等学校では，大問10問のすべてが学習指導要領解説からの出題となっている。大問の1は「第1節　教科の目標及び内容，1教科の目標」，2は「A体つくり運動，(3)学びに向う力，人間性等」，3は「C陸上競技，(1)知識及び技能」，4は「E球技，(1)知識及び技能」，5は「H体育理論，2運動やスポーツの効果的な学び方」，6は「保健，(3)生涯を通じる健康」，7は「第3章　各科目にわたる指導計画の作成と内容の取扱い，第1節　指導計画作成上の配慮事項，1体育」，8は「第1節　指導計画作成上の配慮事項，3体育及び保健」，9は「第2節　内容の取扱いに当たっての配慮事項，3運動の多様な楽しみ方」，10は「第2節　内容の取扱いに当たっての配慮事項，4体験活動」から出題されている。

対策としては，中学校，高等学校ともに学習指導要領解説を熟読し，改訂の趣旨や要点，学年別や校種別の指導内容の違いや内容の取り扱い等を表にまとめるなどして，正しく理解しておくことが必要である。

□　運動種目

運動種目については，中学校，高等学校ともに学習指導要領解説からの出題のみである。「知識及び技能」の指導内容や例示について，学年や校種により扱う内容の違いを問う問題が多く出題されている。

対策としては，各領域の運動に関する指導内容や指導方法について，学習指導要領解説に示されている例示や「学校体育実技指導資料」(文部科学省)等を活用して学習しておきたい。運動技術のポイントや指導方法について，保健体育科教員を目指す者として幅広く，深く知識量を蓄えておく必要もあるだろう。

□　体育理論

体育理論については，2024年度もこれまでと同様に中学校，高等学校ともに出題されており，いずれも学習指導要領解説の記述内容に関わる出題である。また，2023年度は中学校で「第3期スポーツ基本計画」に関わる問題も出題されている。

対策としては，学習指導要領解説から出題されているので，精読して中学校と高等学校それぞれの指導内容への理解を深めておくことが必要である。また，今後も第3期スポーツ基本計画や部活動の地域移行など，最新の教育時事に関する出題が予想されるので，スポーツ庁や文部科学省，厚生労働省から示される資料等に目を通すなど，様々な情報に注意を向けておきたい。

□　保健分野・保健

保健分野・保健については，中学校では大問4問，高等学校では大問1問が出題されている。学習指導要領解説から，中学校は「保健分野の目標」に関する問題が1問，高等学校は「(3)生涯を通じる健康」に関する問題が1問出題されている。また，中学校では学習指導要領以外から3問あり，「『生きる力』を育む中学校保健教育の手引」(令和2年3月，文部科学省)，「学校屋外プールにおける熱中症対策」(平成31年3月，独立行政法人日本スポーツ振興センター)，「『指導と評価の一体化』のための学習評価に関する参考資料，中学校保健体育」(令和2年3月，文部科学省，国立教育政策研究所)から出題されている。

対策としては，まず中学校及び高等学校の学習指導要領解説を十分に理解した上で，中学校や高等学校で使用している保健体育科用教科書を活用して学習するとよい。また，近年話題となることが多い感染症，精神疾患，がん，熱中症などを中心に，文部科学省，スポーツ庁，厚生労働省，日本スポーツ振興センター，日本スポーツ協会などの官公庁から示されている資料にも目を通しておきたい。

過去5年間の出題傾向分析

◎：3問以上出題　●：2問出題　○：1問出題

分類	主な出題事項			2020年度		2021年度		2022年度		2023年度		2024年度	
				中	高	中	高	中	高	中	高	中	高
中学学習指導要領	総説					○					／	◎	／
	保健体育科の目標及び内容			◎		○		◎		◎	／	◎	／
	指導計画の作成と内容の取扱い					●				◎	／	○	／
高校学習指導要領	総説				○					／		／	
	保健体育科の目標及び内容				◎		◎		●	／	◎	／	◎
	各科目にわたる指導計画の作成と内容の取扱い								◎	／		／	◎
運動種目 中〈体育分野〉 高「体育」	集団行動												
	体つくり運動										◎		◎
	器械運動					○			◎				
	陸上競技						●				◎	◎	◎
	水泳								◎	◎			
	球技	球技全体										○	○
		ゴール型	バスケットボール				○				●	◎	
			ハンドボール										
			サッカー										
			ラグビー										
		ネット型	バレーボール				●	◎			○		○
			テニス										
			卓球										
			バドミントン										
		ベースボール型	ソフトボール				○				○		○
	武道	柔道					●						
		剣道					●			◎			
		相撲											
	ダンス							◎	◎				
	その他（スキー，スケート等）												
	体育理論			○	●	●		◎		◎	◎	○	◎
中学〈保健分野〉	健康な生活と疾病の予防			○		●		◎			／		／
	心身の機能の発達と心の健康										／		／
	傷害の防止			○						◎	／	○	／
	健康と環境										／	○	／
高校「保健」	現代社会と健康						●		◎	／	◎	／	
	安全な社会生活								◎	／		／	
	生涯を通じる健康									／		／	◎
	健康を支える環境づくり									／		／	
その他	用語解説							◎					
	地域問題												

第2部

宮崎県の
教員採用試験
実施問題

2024年度　実施問題

【中学校】

【１】「中学校学習指導要領(平成29年告示)解説　保健体育編　第1章　総説　2　保健体育科改訂の趣旨及び要点　(2)　保健体育科改訂の要点　エ　指導計画の作成と内容の取扱いの改善」について，次の各問いに答えなさい。

(1)　次の文は，「(ア)指導計画の作成における配慮事項」である。文中の(　　)に当てはまる語句の組合せとして正しいものを以下の選択肢から1つ選び，記号で答えなさい。ただし，同じ番号には同じ語句が入るものとする。

> ㋐　主体的・対話的で深い学びの実現に向けた授業改善
> 　保健体育科の指導計画の作成に当たり，生徒の主体的・対話的で深い学びの実現に向けた授業改善を推進することとし，保健体育科の特質に応じて，効果的な学習が展開できるように配慮すべき内容を新たに示した。
>
> ㋑　年間授業時数
> ・各学年の年間標準授業時数は，従前どおり(　①　)時間とした。
> ・体育分野及び保健分野に配当する年間の授業時数は，従前どおり，3学年間を通して，体育分野は(　②　)単位時間程度，保健分野は(　③　)単位時間程度とすることとした。
> ・保健分野の授業時数は，従前どおり，3学年間を通して適切に配当し，各学年において効果的な学習が行われるよう適切な時期にある程度まとまった時間を配当することとした。
> ・体育分野の内容の「体つくり運動」の授業時数について

は，従前どおり，各学年で(　④　)単位時間以上を，「体育理論」の授業時数については，各学年で(　⑤　)単位時間以上を配当することとした。

・体育分野の内容の「器械運動」から「ダンス」までの領域の授業時数は，従前どおり，その内容の習熟を図ることができるよう考慮して配当することとした。

㋒　(　⑥　)のある生徒への指導

(　⑥　)のある生徒などについては，学習活動を行う場合に生じる困難さに応じた指導内容や指導方法の工夫を計画的，組織的に行うことが大切であることを示した。

これは，従前，第1章総則に示されていたものを保健体育科でも示したものである。

なお，学習活動を行う場合に生じる困難さが異なることに留意し，個々の生徒の困難さに応じた指導方法等の工夫例を新たに示すこととした。

㋓　(　⑦　)科などとの関連

保健体育科の指導において，従前どおり，その特質に応じて，(　⑦　)について適切に指導する必要があることを示した。

ア　①　105　②　264　③　51　④　8　⑤　5
　　⑥　障害　⑦　国語

イ　①　100　②　252　③　48　④　8　⑤　3
　　⑥　課題　⑦　道徳

ウ　①　105　②　267　③　48　④　7　⑤　3
　　⑥　課題　⑦　国語

エ　①　100　②　249　③　51　④　8　⑤　5
　　⑥　課題　⑦　国語

オ　①　105　②　267　③　48　④　7　⑤　3
　　⑥　障害　⑦　国語

カ　①　105　②　267　③　48　④　7　⑤　3
　　⑥　障害　⑦　道徳
キ　①　100　②　249　③　51　④　7　⑤　5
　　⑥　課題　⑦　道徳

(2)　次の文は，「(イ)内容の取扱いにおける配慮事項」の一部である。文中の(　　)に当てはまる語句の組合せとして正しいものを以下の選択肢から1つ選び，記号で答えなさい。ただし，同じ番号には同じ語句が入るものとする。

㋐　体力や技能の程度，(　①　)や障害の有無等を超えて運動やスポーツを楽しむための指導の充実
　生涯にわたって(　②　)を実現する資質・能力の育成に向けて，体力や技能の程度，(　①　)や障害の有無等にかかわらず，運動やスポーツの多様な楽しみ方を共有することができるようにすることが重要であることを，新たに示した。
㋑　(　③　)の充実
　保健体育科の指導において，その特質に応じて，(　③　)について適切に指導する必要があることを示した。
　これは，従前，第1章総則に示されていたものを保健体育科でも示したものである。
㋒　(　④　)の育成
　保健体育科において，各分野の特質を踏まえ，情報モラル等にも配慮した上で，必要に応じて，コンピュータや情報通信ネットワークなどを適切に活用し，学習の効果を高めるよう配慮することを示した。
　これは，従前，第1章総則に示されていたものを保健体育科でも示したものである。
(中略)
㋖　体育分野と(　⑤　)の関連を図った指導の充実
　保健体育科においては，生涯にわたって健康を保持増進

し，(　②　)を実現する資質・能力の育成を重視する観点から，健康な生活と運動やスポーツとの関わりを深く理解したり，心と体が密接につながっていることを実感したりできるようにすることの重要性を改めて示すとともに，体育分野と(　⑤　)の関連を図る工夫の例を新たに示した。

ア　①　性別　②　豊かなスポーツライフ
　③　奉仕活動　④　ICT能力
　⑤　保健分野
イ　①　性別　②　豊かなスポーツライフ
　③　言語活動　④　ICT能力
　⑤　保健分野
ウ　①　国籍　②　豊かなスポーツ環境
　③　言語活動　④　ICT能力
　⑤　体育理論
エ　①　性別　②　豊かなスポーツライフ
　③　言語活動　④　情報活用能力
　⑤　保健分野
オ　①　国籍　②　豊かなスポーツ環境
　③　奉仕活動　④　情報活用能力
　⑤　体育理論
カ　①　性別　②　豊かなスポーツライフ
　③　言語活動　④　情報活用能力
　⑤　体育理論
キ　①　国籍　②　豊かなスポーツ環境
　③　言語活動　④　ICT能力
　⑤　保健分野

(3)　次の文は，大問1(1)の文中の下線部「保健体育科の指導計画の作成に当たり，生徒の主体的・対話的で深い学びの実現に向けた授業改善を推進することとし，保健体育科の特質に応じて，効果的な学習が展開できるように配慮すべき内容」について，「中学校学習指導要領(平成29年告示)解説　保健体育編　第3章　指導計画の作成と内容の取扱い　1　指導計画の作成」に示された一部である。このことについての説明として誤っているものを以下の選択肢から2つ選び，記号で答えなさい。ただし，解答の順序は問わない。

> (1)　単元など内容や時間のまとまりを見通して，その中で育む資質・能力の育成に向けて，生徒の主体的・対話的で深い学びの実現を図るようにすること。その際，体育や保健の見方・考え方を働かせながら，運動や健康についての自他の課題を発見し，その合理的な解決のための活動の充実を図ること。(以下省略)
>
> (中略)
>
> 主体的・対話的で深い学びの実現に向けた授業改善を進めるに当たり，特に「深い学び」の視点に関して，各教科等の学びの深まりの鍵となるのが「見方・考え方」である。各教科等の特質に応じた物事を捉える視点や考え方である「見方・考え方」を，習得・活用・探究という学びの過程の中で働かせることを通じて，より質の高い深い学びにつなげることが重要である。
>
> 保健体育科においては，例えば次の視点等を踏まえて授業改善を行うことにより，育成を目指す資質・能力を育んだり，体育や保健の見方・考え方を更に豊かなものにしたりすることにつなげることが大切である。
>
> ・運動の楽しさや健康の意義等を発見し，運動や健康についての興味や関心を高め，課題の解決に向けて粘り強く自ら取り組み，学習を振り返るとともにそれを考察し，課題を修正したり新たな課題を設定したりするなどの主体的な学びを促すこと。

・運動や健康についての課題の解決に向けて，生徒が他者(書物等を含む)との対話を通して，自己の思考を広げ深め，課題の解決を目指して学習に取り組むなどの対話的な学びを促すこと。
・習得・活用・探究という学びの過程を通して，自他の運動や健康についての課題を発見し，解決に向けて試行錯誤を重ねながら，思考を深め，よりよく解決するなどの深い学びを促すこと。

ア　習得・活用・探究という学びの過程をそれぞれ独立して取り上げることが重要である。
イ　習得・活用・探究という学びの過程は，順序性や階層性を示すものでないことに留意することが大切である。
ウ　主体的・対話的で深い学びの実現に向けた授業改善の推進に向けては，指導方法を工夫して必要な知識及び技能を指導しながら，子供たちの思考を深めるために発言や意見交換を促したり，気付いていない視点を提示したりするなど，学びに必要な指導の在り方を工夫し，必要な学習環境を積極的に整備していくことが大切である。
エ　各運動領域の特性や魅力に応じた体を動かす楽しさや特性に触れる喜びを味わうことができるようにすることよりも，知識及び技能の定着が図られるよう，動きを反復させることが大切である。
オ　健康の大切さを実感することができるよう指導方法を工夫することが大切である。

(☆☆◎◎◎◎)

【2】「中学校学習指導要領(平成29年告示)解説　保健体育編　第2章　保健体育科の目標及び内容　第2節　各分野の目標及び内容　〔体育分野〕2　内容」について，次の各問いに答えなさい。

(1)　次の文は，「(2)　思考力，判断力，表現力等」の一部である。文中の(　　)に当てはまる語句の組合せとして正しいものを以下の選択肢から1つ選び，記号で答えなさい。ただし，同じ番号には同じ語句が入るものとする。

思考力，判断力，表現力等とは，各領域における学習課題に応じて，これまでに学習した内容を学習場面に適用したり，(　①　)したりして，他者に伝えることであるが，第1学年及び第2学年では，基本的な知識や技能を活用して，学習課題への取り組み方を工夫できるようにし，自己の課題の発見や解決に向けて考えたことを，他者にわかりやすく伝えられるようにすること，第3学年においては，領域及び運動の選択の幅が広がることから，これまで学習した知識や技能を活用して，自己や仲間の課題に応じた解決が求められることを強調したものである。

具体的には，第1学年及び第2学年においては，各領域の特性に応じて，改善すべきポイントを発見すること，課題に応じて適切な練習方法を選ぶことなどの「体の動かし方や運動の行い方に関する思考力，判断力，表現力等」，「体力や健康・安全に関する思考力，判断力，表現力等」及び「(　②　)に関する思考力，判断力，表現力等」を育成することが大切である。また，第3学年においては，これらに加えて，運動を継続して楽しむための自己に適した関わり方を見付けるなど，「(　③　)に関する思考力，判断力，表現力等」について育成することが大切である。　(中略)

これらの指導に際しては，体の動かし方や協力の仕方などの「どのように」行うのかといった(　④　)だけではなく，その運動を支える原理や原則，意義などの「何のために」行うのかといった(　⑤　)を関連させて理解させた上で，学習場面に適応したり(　①　)したりすることが大切である。

ア ① 応用 ② 生涯スポーツの設計
③ 運動実践につながる態度 ④ 汎用的な知識
⑤ 具体的な知識

イ ① 活用 ② 生涯スポーツの設計
③ 運動実践につながる態度 ④ 具体的な知識
⑤ 汎用的な知識

ウ ① 応用 ② 運動実践につながる態度
③ 生涯スポーツの設計 ④ 汎用的な知識
⑤ 具体的な知識

エ ① 活用 ② 運動実践につながる態度
③ 生涯スポーツの設計 ④ 汎用的な知識
⑤ 具体的な知識

オ ① 応用 ② 運動実践につながる態度
③ 生涯スポーツの設計 ④ 具体的な知識
⑤ 汎用的な知識

カ ① 活用 ② 生涯スポーツの設計
③ 運動実践につながる態度 ④ 汎用的な知識
⑤ 具体的な知識

キ ① 活用 ② 運動実践につながる態度
③ 生涯スポーツの設計 ④ 具体的な知識
⑤ 汎用的な知識

(2) 次の文は，「(3) 学びに向かう力，人間性等」の一部である。文中の(　　)に当てはまる語句の組合せとして正しいものを以下の選択肢から1つ選び，記号で答えなさい。ただし，同じ番号には同じ語句が入るものとする。

「学びに向かう力，人間性等」については，第1学年及び第2学年の目標で示した，(①)に取り組む，互いに(②)する，自己の(③)を果たす，一人一人の違いを(④)とするなどの意欲を育てること，第3学年の目標で示した，(①)に取り組む，互いに(②)する，自己の(⑤)を果たす，参画する，一人一人の違いを(　⑥　)とするなどの意欲を育てることを，体育分野の学習に関わる「学びに向かう力，人間性等」の指導内容として具体化したものである。
第1学年及び第2学年においては，各領域に(　⑦　)に取り組むことを示している。これは，各領域の学習に進んで取り組めるようにすることが大切であることを強調したものである。このため，指導に際しては，人には誰でも学習によって技能や体力が向上する可能性があるといった挑戦することの意義を理解させ，発達の段階や学習の段階に適した課題を設定したり，練習の進め方や場づくりの方法などを示したりするなど，生徒が記録の向上，競争や攻防，演技や発表などに意欲をもって取り組めるようにすることが大切である。
第3学年においては，各領域に(　⑧　)に取り組むことを示している。これは，義務教育の修了段階であることを踏まえ，各領域に自ら進んで取り組めるようにすることが大切であることを強調したものである。このため，指導に際しては，上達していくためには繰り返し粘り強く取り組むことが大切であることなどを理解させ，取り組むべき課題を明確にしたり，課題に応じた練習方法を選択することなどを示したりするなど，生徒が，練習や試合，発表などに意欲をもって取り組めるようにすることが大切である。

ア　①　公正　②　尊重　③　責任
　　④　大切にしよう　⑤　役割　⑥　認めよう
　　⑦　積極的　⑧　自主的
イ　①　公平　②　尊重　③　責任
　　④　大切にしよう　⑤　役割　⑥　認めよう
　　⑦　自主的　⑧　積極的
ウ　①　公正　②　協力　③　責任
　　④　認めよう　⑤　役割　⑥　大切にしよう

⑦ 積極的 ⑧ 自主的
エ ① 公正 ② 協力 ③ 役割
④ 大切にしよう ⑤ 責任 ⑥ 認めよう
⑦ 自主的 ⑧ 積極的
オ ① 公平 ② 尊重 ③ 責任
④ 大切にしよう ⑤ 役割 ⑥ 認めよう
⑦ 積極的 ⑧ 自主的
カ ① 公正 ② 協力 ③ 役割
④ 認めよう ⑤ 責任 ⑥ 大切にしよう
⑦ 積極的 ⑧ 自主的
キ ① 公平 ② 協力 ③ 役割
④ 認めよう ⑤ 責任 ⑥ 大切にしよう
⑦ 自主的 ⑧ 積極的
ク ① 公正 ② 協力 ③ 役割
④ 認めよう ⑤ 責任 ⑥ 大切にしよう
⑦ 自主的 ⑧ 積極的

(☆☆◎◎◎◎)

【3】「中学校学習指導要領(平成29年告示)解説　保健体育編　第2章　保健体育科の目標及び内容　第2節　各分野の目標及び内容〔体育分野〕2　内容　C　陸上競技　[第1学年及び第2学年]」について，次の各問いに答えなさい。

(1) 次の文は，解説の一部である。文中の(　　)に当てはまる語句を，それぞれの選択肢から1つずつ選び，記号で答えなさい。ただし，同じ番号には同じ語句が入るものとする。

> 陸上競技は，「走る」，「跳ぶ」及び「投げる」などの運動で構成され，記録に挑戦したり，相手と競争したりする楽しさや喜びを味わうことのできる運動である。
>
> 小学校では，低学年の「(　①　)の運動遊び」，中学年の

「(①)の運動」，高学年の「陸上運動」で幅広い(①)に関する運動の動きの学習をしている。

中学校では，これらの学習を受けて，陸上競技に求められる基本的な動きや効率のよい動きを発展させて，各種目特有の技能を身に付けることができるようにすることが求められる。

したがって，第1学年及び第2学年では，記録の向上や競争の楽しさや喜びを味わい，技術の名称や行い方などを理解し，基本的な動きや効率のよい動きを身に付けることができるようにする。その際，(②)を発見し，合理的な解決に向けて運動の取り組み方を工夫するとともに，自己の考えたことを他者に伝えることができるようにすることが大切である。また，陸上競技の学習に積極的に取り組み，ルールやマナーを守ることや一人一人の違いに応じた(③)ことなどに意欲をもち，健康や安全に気を配ることができるようにすることが大切である。

なお，指導に際しては，知識の理解を基に運動の技能を身に付けたり，運動の技能を身に付けることで一層知識を深めたりするなど，知識と技能を関連させて学習させることや，「知識及び技能」，「思考力，判断力，表現力等」，「学びに向かう力，人間性等」の内容をバランスよく学習させるようにすることが大切である。

① ア　走・跳　　イ　走・投
　ウ　跳・投　　エ　走・跳・投

② ア　技能のポイント　　イ　自他の課題
　ウ　動きなどの仕組み　　エ　動きなどの自己の課題

③ ア　現状や課題を大切にする　　イ　現状や課題を楽しむ
　ウ　課題や挑戦を認める　　エ　課題や挑戦を楽しむ

(2) 「(1)　知識及び技能　○　技能　ア　短距離走・リレー」の〈例

示〉として示されているものを次の選択肢から1つ選び，記号で答えなさい。

ア	・クラウチングスタートから徐々に上体を起こしていき加速すること。 ・スタートダッシュでは地面を力強くキックして，徐々に上体を起こしていき加速すること。 ・リレーでは，次走者がスタートするタイミングやバトンを受け渡すタイミングを合わせること。
イ	・クラウチングスタートから徐々に上体を起こしていき加速すること。 ・後半でスピードが著しく低下しないよう，力みのないリズミカルな動きで走ること。 ・リレーでは，次走者がスタートするタイミングやバトンを受け渡すタイミングを合わせること。
ウ	・クラウチングスタートから徐々に上体を起こしていき加速すること。 ・自己に合ったピッチとストライドで速く走ること。 ・リレーでは，次走者はスタートを切った後スムーズに加速して，スピードを十分に高めること。
エ	・クラウチングスタートから徐々に上体を起こしていき加速すること。 ・自己に合ったピッチとストライドで速く走ること。 ・リレーでは，次走者がスタートするタイミングやバトンを受け渡すタイミングを合わせること。

(3)「(1) 知識及び技能 ○ 技能 エ 走り幅跳び」の〈例示〉として示されているものを次の選択肢から3つ選び，記号で答えなさい。ただし，解答の順序は問わない。

ア 7～9歩程度のリズミカルな助走をすること。

イ 自己に適した距離，又は歩数の助走をすること。

ウ 踏切線に足を合わせて踏み切ること。

エ 踏み切り前3～4歩からリズムアップして踏み切りに移ること。

オ かがみ跳びなどの空間動作からの流れの中で着地すること。

カ 脚と腕のタイミングを合わせて踏み切り，大きなはさみ動作で跳ぶこと。

キ かがみ跳びから両足で着地すること。

ク 踏み切りでは上体を起こして，地面を踏みつけるようにキックし，振り上げ脚を素早く引き上げること。

ケ スタートダッシュでは地面を力強くキックして，徐々に上体を起こしていき加速すること。

(☆☆☆☆◎◎)

【４】次の文は，「中学校学習指導要領(平成29年告示)解説　保健体育編　第2章　保健体育科の目標及び内容　第2節　各分野の目標及び内容〔体育分野〕 2　内容　E　球技 [第3学年] (1)　知識及び技能」の一部である。以下の各問いに答えなさい。

> (1)　次の運動について，勝敗を競う楽しさや喜びを味わい，技術の名称や行い方，A体力の高め方，B運動観察の方法などを理解するとともに，作戦に応じた技能で仲間と連携しゲームを展開すること。
>
> ア　ゴール型では，安定したボール操作と(　　)
>
> イ　ネット型では，役割に応じたボール操作や安定した用具の操作と連携した動きによって空いた場所をめぐる攻防をすること。
>
> ウ　ベースボール型では，安定したバット操作と走塁での攻撃，ボール操作と連携した守備などによって攻防をすること。

(1)　上の文の(　　)に当てはまる最も適当なものを次の選択肢の中から1つ選び，記号で答えなさい。

ア　空間に走り込むなどの動きによってゴール前での攻防をすること。

イ　空間に走り込むなどの動きによってゴール前での侵入などから攻防をすること。

ウ　空間を作りだすなどの動きによってゴール前への攻防をすること。

エ　空間を作りだすなどの動きによってゴール前への侵入などから攻防をすること。

(2)　下線部A体力の高め方について説明した次の文の(　　)に当てはまる最も適当なものを以下の選択肢の中から1つ選び，記号で答えなさい。

> 体力の高め方では，球技のパフォーマンスは，型や運動種目によって，様々な体力要素に強く影響される。そのため，(　　)を取り入れ，繰り返したり，継続して行ったりすることで，結果として体力を高めることができることを理解できるようにする。

ア　簡易的なゲーム
イ　ゲームに必要な技術と関連させた補助運動や部分練習
ウ　主として巧緻性，敏捷性，スピード，筋持久力などを高める運動
エ　主として巧緻性，敏捷性，スピード，全身持久力などを高める運動

(3)　下線部B運動観察の方法について説明した次の文の(　　)に当てはまる最も適当なものを以下の選択肢の中から1つ選び，記号で答えなさい。

> 運動観察の方法では，ゲームの課題に応じて，練習やゲーム中の技能を観察したり分析したりするには，自己観察や他者観察などの方法があることを理解できるようにする。例えば，各型のゲームの課題に応じて，(　　)並びにそれらに関連したプレイの判断に着目し観察することで，個人やチームの学習課題が明確になり，学習成果を高められることを理解できるようにする。

ア　安定したボール操作や用具の操作
イ　ボールを持たないときの動き
ウ　ボール操作とボールを持たないときの動き
エ　ボールを持たないときの動きで仲間と連携すること

(☆☆☆☆◎◎)

【5】「中学校学習指導要領(平成29年告示)解説　保健体育編　第2章　保健体育科の目標及び内容　第2節　各分野の目標及び内容〔体育分野〕　2　内容　E　球技　[第1学年及び第2学年]　(1)　知識及び技能　○　技能　ア　ゴール型」の〈例示〉について，次の各問いに答えなさい。

(1)　「ボール操作」の〈例示〉として示されているものを次の選択肢から1つ選び，記号で答えなさい。

ア	・ゴール方向に守備者がいない位置でシュートをすること。 ・マークされていない味方にパスを出すこと。 ・得点しやすい空間にいる味方にパスを出すこと。 ・パスやドリブルなどでボールをキープすること。
イ	・相手に取られない位置でドリブルをすること。 ・味方が操作しやすいパスを送ること。 ・得点しやすい空間にいる味方にパスを出すこと。 ・パスやドリブルなどでボールをキープすること。
ウ	・ゴール方向に守備者がいない位置でシュートをすること。 ・近くにいるフリーの味方へパスを出すこと。 ・得点しやすい場所への移動とパスを受けてからシュートをすること。 ・守備者とボールの間に自分の体を入れてボールをキープすること。
エ	・近くにいるフリーの味方へのパスを出すこと。 ・マークされていない味方にパスを出すこと。 ・ゴールの枠内にシュートをコントロールすること。 ・守備者とボールの間に自分の体を入れてボールをキープすること。

(2)　「空間に走り込むなどの動き」の〈例示〉として，示されていないものを次の選択肢から1つ選び，記号で答えなさい。

ア　ボールとゴールが同時に見える場所に立つこと。

イ　パスを出した後に次のパスを受ける動きをすること。

ウ　パスを受けるために，ゴール前の空いている場所に動くこと。

エ　ボールを持っている相手をマークすること。

(☆☆☆☆◎◎)

【6】次の文は，「中学校学習指導要領(平成29年告示)解説　保健体育編　第2章　保健体育科の目標及び内容　第2節　各分野の目標及び内容〔体育分野〕　2　内容　H　体育理論　内容の取扱い」の一部である。文中の(　　)に当てはまる語句の組合せとして正しいものを以下の選択肢から1つ選び，記号で答えなさい。

(イ)　第1学年においては，(1)(　①　)を，第2学年においては，(2)(　②　)を，第3学年においては，(1)(　③　)をそれぞれ取り上げることとする。

(中略)

(エ)　第1学年及び第2学年の内容の(2)の(ア)「運動やスポーツが心身及び社会性に及ぼす効果」を取り上げる際には，以下の点を踏まえて他の領域との関連を図る。

・体力に関連した内容については，「A体つくり運動」では，体つくり運動の意義や動きの高め方を扱うとともに，その他の運動に関する領域では，各領域に関連して高まる体力やその高め方を扱うこととしていること。

・(　④　)が一体として互いに関係していることについては，「A体つくり運動」のア「体ほぐしの運動」では具体的な運動の視点から，保健分野の(1)「心身の機能の発達と心の健康」の(エ)㋑「欲求やストレスとその対処」では欲求やストレスへの適切な対処の視点から，それぞれ取り上げているため，この点を十分考慮して指導すること。

(オ)　主体的・対話的で深い学びの実現に向けた授業改善を推進する観点から，必要な(　⑤　)の定着を図る学習とともに，生徒の(　⑥　)を深めるために発言を促したり，気付いていない視点を提示したりするなど，学びに必要な指導の在り方を追究し，生徒の学習状況を捉えて指導を改善していくことが大切である。

ア　①　運動やスポーツの多様性
　　②　文化としてのスポーツの意義
　　③　運動やスポーツの意義や効果と学び方や安全な行い方
　　④　心と体　　⑤　技能　　⑥　思考

イ　①　運動やスポーツの意義や効果と学び方や安全な行い方
　　②　運動やスポーツの多様性

③　文化としてのスポーツの意義
④　頭と体　　⑤　技能　　⑥　思考
ウ　①　運動やスポーツの多様性
②　運動やスポーツの意義や効果と学び方や安全な行い方
③　文化としてのスポーツの意義
④　頭と体　　⑤　知識　　⑥　対話
エ　①　運動やスポーツの多様性
②　運動やスポーツの意義や効果と学び方や安全な行い方
③　文化としてのスポーツの意義
④　心と体　　⑤　知識　　⑥　思考
オ　①　運動やスポーツの意義や効果と学び方や安全な行い方
②　運動やスポーツの多様性
③　文化としてのスポーツの意義
④　心と体　　⑤　知識　　⑥　対話
カ　①　運動やスポーツの多様性
②　運動やスポーツの意義や効果と学び方や安全な行い方
③　文化としてのスポーツの意義
④　心と体　　⑤　知識　　⑥　対話

(☆☆☆◎◎◎)

【7】次の文は「中学校学習指導要領(平成29年告示)解説　保健体育編　第2章　保健体育科の目標及び内容　第2節　各分野の目標及び内容〔体育分野〕　3　内容の取扱い」の一部である。以下の各問いに答えなさい。

(3)　内容の「A体つくり運動」から「Gダンス」までの領域及び運動の選択並びにその指導に当たっては，学校や地域の実態及び生徒の特性等を考慮するものとする。また，(ア)<u>第3学年の領域の選択に当たっては，安全を十分に確保した上で，生徒が自由に選択して履修することができるよう配慮する</u>こと。

その際，指導に当たっては，内容の「B器械運動」から「Gダンス」までの領域については，それぞれの運動の特性に触れるために必要な体力を生徒自ら高めるように留意するものとする。

(中略)

(5) (イ)集合，整頓（とん），列の増減，方向変換などの行動の仕方を身に付け，能率的で安全な集団としての行動ができるようにするための指導については，(以下省略)。

(1) 下線部(ア)第3学年の領域の選択に当たっては，安全を十分に確保した上で，生徒が自由に選択して履修することができるよう配慮するについての説明として誤っているものを次の選択肢から2つ選び，記号で答えなさい。ただし，解答の順序は問わない。

ア 複数教員配置校においては，学習指導要領の趣旨を踏まえ，生徒が領域や領域の内容の選択ができるようにすること，単数教員配置校については，生徒が希望する領域や領域の内容を可能な範囲で学習できるよう教育課程を編成することが求められる。

イ 領域や領域の内容を選択できるようオリエンテーションの充実や自主的な学習を促す指導の充実を図る必要がある。

ウ 生徒の自主性を尊重するあまり，指導の充実や健康・安全の確保が困難となる選択の拡大を促すものではないことにも配慮し計画する必要がある。

エ 「B器械運動」,「C陸上競技」,「D水泳」のまとまりから1領域以上を生徒が選択して履修することができるようにする。

オ 「E球技」,「F武道」,「Gダンス」のまとまりから1領域以上を生徒が選択して履修することができるようにする。

(2) 下線部(イ)集合，整頓，列の増減，方向変換などの行動の仕方を身に付け，能率的で安全な集団としての行動ができるようにするための指導についての説明として誤っているものを次の選択肢から1つ選び，記号で答えなさい。

ア　集団として必要な行動の仕方を身に付け，能率的で安全な集団としての行動ができるようにすることは，運動の学習においても大切なことである。

イ　能率的で安全な集団としての行動については，運動の学習に直接必要なものを取り扱うようにする。

ウ　体つくり運動からダンスまでの各運動に関する領域の学習との関連を図って適切に行うことに留意する必要がある。

エ　集団行動の指導の効果を上げるためには，保健体育科だけに絞って指導する必要がある。

(☆☆☆◎◎)

【8】「中学校学習指導要領(平成29年告示)解説　保健体育編　第2章　保健体育科の目標及び内容　第2節　各分野の目標及び内容　[保健分野]　1　目標」について，次の各問いに答えなさい。

(1)　〔保健分野〕目標(1)として正しいものを次の選択肢から1つ選び，記号で答えなさい。

ア　社会生活における健康・安全について理解するとともに，基本的な技能を身に付けるようにする。

イ　社会生活における健康・安全について理解するとともに，応用的な技能を身に付けるようにする。

ウ　個人生活における健康・安全について理解するとともに，応用的な技能を身に付けるようにする。

エ　個人生活における健康・安全について理解するとともに，基本的な技能を身に付けるようにする。

(2)　〔保健分野〕目標(3)として正しいものを次の選択肢から1つ選び，記号で答えなさい。

ア　心身の健康の保持増進を目指し，豊かな生活を営む態度を養う。

イ　心身の健康の保持増進を目指し，明るく豊かな生活を営む態度を養う。

ウ　生涯を通じて心身の健康の保持増進を目指し，豊かな生活を営む態度を養う。

エ　生涯を通じて心身の健康の保持増進を目指し，明るく豊かな生活を営む態度を養う。

(3)　〔保健分野〕目標(2)の説明として誤っているものを次の選択肢から1つ選び，記号で答えなさい。

ア　健康に関わる事象や健康情報などから自他の課題を発見し，よりよい解決に向けて思考したり，様々な解決方法の中から適切な方法を選択するなどの判断をしたりするとともに，それらを他者に表現することができるようにすることを目指したものである。

イ　現在及び将来の生活における健康に関する課題に直面した場合などに，的確な思考・判断・表現等を行うことができるよう，健康を適切に管理し改善していく思考力，判断力，表現力等の資質・能力を育成することにつながるものである。

ウ　学習の展開の基本的な方向として，小学校での身近な生活における健康・安全に関する基礎的な内容について思考，判断し，それらを表現することができるようにするという考え方を生かす。

エ　抽象的な思考なども可能になるという発達の段階を踏まえて，個人生活における健康・安全に関する内容について総合的に思考し，判断するとともに，それらを筋道を立てて他者に表現できるようにすることを目指している。

(☆☆☆◎◎◎◎)

【9】「中学校保健教育参考資料　改訂　『生きる力』を育む中学校保健教育の手引(令和2年3月)　第1章　総説　第3節　内容及び指導方法　2．保健教育の指導方法」の「表1　保健教育で用いられる指導方法の例」で示されている内容の中で誤っているものを次の選択肢の中から2つ選び，記号で答えなさい。ただし，解答の順序は問わない。

ア　ブレインストーミングとは，様々なアイデアや意見を出していくことである。

イ　実験の例として，照度計を用いた二酸化炭素濃度の測定がある。

ウ　ロールプレイングとは，健康課題に直面する場面を設定し，当事者の心理状態や対処の仕方等を疑似体験することである。

エ　実習の例は，心肺蘇生の意義と方法のみが挙げられている。

オ　フィールドワークとは，実情を見に行ったり，課題解決に必要な情報に詳しい人に質問したりすることである。

(☆☆◎◎◎)

【10】「平成30年度スポーツ庁委託事業　学校における体育活動での事故防止対策推進事業　学校屋外プールにおける熱中症対策(平成31年3月) 3. 熱中症予防のための留意点」について，次の各問いに答えなさい。

(1)　「(1)　水中での活動の留意点」として誤っているものを次の選択肢から1つ選び，記号で答えなさい。

ア　水温が中性水温(33℃～34℃)より高い場合は，水中でじっとしていても体温が上がるため，体温を下げる工夫をする。

イ　体温を下げるには，プール外の風通しのよい日陰で休憩する，シャワーを浴びる，風に当たる等が有効である。

ウ　水着での活動であり，また，運動強度が高いという水泳の特性等を考慮する。

エ　口腔内が水で濡れるため，水分補給は必要ない。

(2)　「(2)　プールサイドでの活動(見学・監視を含む)の留意点」として誤っているものを次の選択肢から1つ選び，記号で答えなさい。

ア　プールサイドで活動する場合は，気温のみを考慮する。

イ　プールサイドで見学する場合は，帽子や日傘の使用や，見学場所の工夫により直射日光に当たらないようにする。

ウ　冷たいタオルや団扇の用意，衣服(短パン・Tシャツ)の工夫により身体を冷やすようにする。

エ　施設床面が高温になるので，サンダルを履く。

(☆☆☆◎◎)

【11】次の表は，「『指導と評価の一体化』のための学習評価に関する参考資料　中学校　保健体育(令和2年3月)　第3編　単元ごとの学習評価について(事例)　第1章『内容のまとまりごとの評価規準』の考え方を踏まえた評価規準の作成　2　単元の評価規準の作成のポイント　【保健分野】　『単元の評価規準』の作成の考え方　エ　『内容のまとまりごとの評価規準(例)』及び『単元の評価規準(例)』」(第3学年の「健康と環境」)の【単元の評価規準】の一部である。表中の(　　)に当てはまる語句を，それぞれの選択肢から1つ選び，記号で答えなさい。ただし，同じ記号には同じ語句が入るものとする。

知識・技能
①身体には，環境の変化に対応した調節機能があり，一定の範囲内で環境の変化に適応する能力があること，また，体温を一定に保つ身体の適応能力には限界があること，その限界を超えると健康に重大な影響が見られることから，(　A　)の適切な利用が有効であることについて，理解したことを言ったり書いたりしている。 ②温度，湿度，気流の温熱条件には，人間が活動しやすい(　B　)があること，温熱条件の(　B　)は，体温を容易に一定に保つことができる範囲であること，明るさについては，視作業を行う際には，物がよく見え，目が疲労しにくい(　B　)があること，その範囲は，学習や作業などの種類により異なることについて，理解したことを言ったり書いたりしている。 ③水は，人間の生命の維持や健康な生活と密接な関わりがあり重要な役割を果たしていること，飲料水の水質については一定の(　C　)が設けられており，水道施設を設けて衛生的な水を確保していること，飲料水としての適否は科学的な方法によって検査し，管理されていることについて，理解したことを言ったり書いたりしている。 ④室内の(　D　)は，人体の呼吸作用や物質の燃焼により増加す

ること，そのため，室内の空気が汚れてきているという指標となること，定期的な換気は室内の(　D　)の濃度を衛生的に管理できること，空気中の(　E　)は，主に物質の不完全燃焼によって発生し，吸入すると(　E　)中毒を容易に起こし，人体に有害であることについて，理解したことを言ったり書いたりしている。

⑤人間の生活に伴って生じた(　F　)はその種類に即して自然環境を汚染しないように衛生的に処理されなければならないことについて，理解したことを言ったり書いたりしている。

A	ア	温度計	イ	気象情報
	ウ	図書室	エ	インターネット
B	ア	環境範囲	イ	最適範囲
	ウ	至適範囲	エ	条件範囲
C	ア	きまり	イ	水準
	ウ	検査	エ	基準
D	ア	窒素	イ	酸素
	ウ	二酸化炭素	エ	一酸化炭素
E	ア	窒素	イ	酸素
	ウ	二酸化炭素	エ	一酸化炭素
F	ア	フロンガス	イ	二酸化炭素
	ウ	し尿やごみなどの廃棄物	エ	し尿やごみなどの産業廃棄物

(☆☆◎◎◎)

【高等学校】

【1】次の文は，『高等学校学習指導要領(平成30年告示)解説　保健体育編　体育編　第1部　保健体育編　第2章　保健体育科の目標及び内容　第1節　教科の目標及び内容　1　教科の目標』から抜粋したものである。以下の各問いに答えなさい。

体育や保健の見方・考え方を働かせ，課題を発見し，合理的，計画的な解決に向けた学習過程を通して，心と体を一体として捉え，(A)生涯にわたって心身の健康を保持増進し(B)豊かなスポーツライフを継続するための資質・能力を次のとおり育成することを目指す。

(1) 各種の運動の特性に応じた技能等及び社会生活における(①)について理解するとともに，技能を身に付けるようにする。

(2) 運動や健康についての自他や社会の課題を発見し，合理的，計画的な解決に向けて思考し判断するとともに，他者に(②)を養う。

(3) 生涯にわたって(③)運動に親しむとともに健康の保持増進と(C)体力の向上を目指し，明るく豊かで活力ある生活を営む態度を養う。

(1) 上の文中の( )に当てはまる語句として正しい組合せを，次の選択肢から1つ選び，記号で答えなさい。

ア ① 健康・安全 ② 学ぶ力 ③ 主体的に
イ ① 健康・体力 ② 学ぶ力 ③ 継続して
ウ ① 健康・体力 ② 伝える力 ③ 主体的に
エ ① 健康・安全 ② 伝える力 ③ 継続して

(2) 次の文は下線部(A)生涯にわたって心身の健康を保持増進しについて説明したものである。( )に当てはまる語句として正しい組合せを，以下の選択肢から1つ選び，記号で答えなさい。ただし，同じ番号には，同じ語句が入るものとする。

生涯にわたって心身の健康を保持増進しとは，(①)を通して培う包括的な目標を示したものである。現在及び将来の生活において，(②)の健康やそれを支える(③)に関心をもち，その大切さについての認識を深めるとともに，健康に関する課題に対して(①)の知識及び技能等を習得，活用して，(　②　)の健康の保持増進や回復，それを支える(　③　)を目指して的確に思考，判断し，それらを表現することができるような資質・能力を育成することを目指している。

ア　①　保健　②　自分　③　情報管理
イ　①　体育　②　自分　③　環境づくり
ウ　①　保健　②　自他　③　環境づくり
エ　①　体育　②　自他　③　情報管理

(3)　次の文は下線部(B)豊かなスポーツライフを継続するための資質・能力について説明したものである。(　　)に当てはまる語句として正しい組合せを，以下の選択肢から1つ選び，記号で答えなさい。

> 生涯にわたって豊かなスポーツライフを継続するための資質・能力とは，それぞれの運動が有する特性や魅力に応じて，その楽しさや喜びを深く味わおうとすることに(　①　)に取り組む資質・能力を示している。
> これは，(　②　)に取り組む，互いに協力する，自己の(　③　)を果たす，参画する，(　④　)を大切にしようとするなどへの意欲や(　⑤　)への態度，運動を合理的，計画的に実践するための運動の知識や技能，それらを運動実践に応用したり活用したりするなどの思考力，判断力，表現力等を(　⑥　)育むことで，その基盤が培われるものである。

ア　①　主体的　②　公正　③　責任
　　④　一人一人の違い　⑤　健康・安全　⑥　バランスよく
イ　①　主体的　②　公正　③　目的
　　④　個　⑤　関わる人　⑥　バランスよく
ウ　①　主体的　②　自分なり　③　目的
　　④　一人一人の違い　⑤　関わる人　⑥　特定の時期に
エ　①　主体的　②　自分なり　③　責任
　　④　個　⑤　健康・安全　⑥　特定の時期に

オ	①	自主的	②	公正	③	目的
	④	一人一人の違い	⑤	健康・安全	⑥	バランスよく
カ	①	自主的	②	自分なり	③	責任
	④	一人一人の違い	⑤	関わる人	⑥	バランスよく
キ	①	自主的	②	自分なり	③	責任
	④	個	⑤	関わる人	⑥	特定の時期に

(4) 次の文は下線部(C)体力の向上を目指しについて説明したものである。(　　)に当てはまる語句を，以下の選択肢からそれぞれ1つずつ選び，記号で答えなさい。

> 体力の向上を目指しとは，運動を適切に行うことによって，自己の状況に応じて体力の向上を図る能力を育て，心身の調和的発達を図ることである。そのためには，体育で学習する(①)などや保健で学習する(②)をもとに，自己の体力の状況を捉えて，目的に適した運動の計画や自己の体力や生活に応じた運動の計画を立て，実生活に役立てることができるようにすることが必要である。

ア　陸上競技の長距離走
イ　体つくり運動の「実生活への取り入れ方」
ウ　心身の健康の保持増進に関する内容
エ　水泳の個人メドレー
オ　加齢と健康
カ　精神疾患の予防と回復
キ　ライフステージにおけるスポーツの楽しみ方
ク　スポーツの技術と技能及びその変化

(☆☆☆◎◎◎◎)

【2】次の文は，『高等学校学習指導要領(平成30年告示)解説　保健体育編　体育編　第1部　保健体育編　第2章　保健体育科の目標及び内容　第2節　各科目の目標及び内容　「体育」　3　内容　A　体つくり運

動』から抜粋したものである。以下の各問いに答えなさい。

[入学年次]

途中省略

(3)　学びに向かう力，人間性等

体つくり運動について，次の事項を身に付けることができるよう指導する。

(3)　体つくり運動に(　①　)に取り組むとともに，互いに助け合い(　②　)とすること，一人一人の違いに応じた動きなどを大切にしようとすること，(　③　)に貢献しようとすることなどや，健康・安全を確保すること。

[入学年次の次の年次以降]

途中省略

(3)　学びに向かう力，人間性等

体つくり運動について，次の事項を身に付けることができるよう指導する。

(3)　(A)体つくり運動に主体的に取り組むとともに，互いに助け合い高め合おうとすること，一人一人の違いに応じた動きなどを大切にしようとすること，合意形成に貢献しようとすることなどや，(B)健康・安全を確保すること。

(1)　上の文中の(　　)に当てはまる語句として正しい組合せを，次の選択肢から1つ選び，記号で答えなさい。

ア　①　積極的　　②　教え合おう　　③　場の設定

イ　①　自主的　　②　学び合おう　　③　場の設定

ウ　①　自主的　　②　教え合おう　　③　話合い

エ　①　積極的　　②　学び合おう　　③　話合い

(2)　次の文は下線部(A)体つくり運動に主体的に取り組むについて説明したものである。(　　)に当てはまる語句を，以下の選択肢から1つ選び，記号で答えなさい。

> 体つくり運動に主体的に取り組むとは，(　　)などの学習に主体的に取り組もうとすることを示している。そのため，主体的に学習に取り組むことは，生涯にわたる豊かなスポーツライフの継続につながることなどを理解し，取り組めるようにする。

ア 「する，得る，支える，生かす」
イ 「する，みる，捉える，生かす」
ウ 「する，得る，捉える，知る」
エ 「する，みる，支える，知る」

(3) 次の文は下線部(B)<u>健康・安全を確保する</u>について説明したものである。(　　)に当てはまる語句として正しい組合せを，以下の選択肢から1つ選び，記号で答えなさい。ただし，同じ番号には，同じ語句が入るものとする。

> 健康・安全を確保するとは，主体的な学習の段階では，(　①　)の変化に注意を払いながら運動を行うこと，けが等を未然に防ぐために必要に応じて，(　②　)をしながら回避行動をとることなど，体の状態のみならず心の状態にも配慮し，自己や仲間の健康を維持したり安全を保持したりすることなどを示している。そのため，自己の体力の程度，(　①　)の変化に応じてけが等を回避するための適正な(　③　)やとるべき行動を認識し，念頭に置いて活動することで，健康・安全を確保することにつながることを理解し，取り組めるようにする。

ア	① 天候	② 場所の移動	③ 運動量
イ	① 体調や環境	② 危険の予測	③ 運動量
ウ	① 体調や環境	② 場所の移動	③ 準備
エ	① 天候	② 危険の予測	③ 準備

(☆☆☆◎◎◎)

【3】次の文は，『高等学校学習指導要領(平成30年告示)解説　保健体育編　体育編　第1部　保健体育編　第2章　保健体育科の目標及び内容　第2節　各科目の目標及び内容　「体育」　3　内容　C　陸上競技』から抜粋したものである。以下の各問いに答えなさい。

[入学年次の次の年次以降]

途中省略

(1)　知識及び技能

陸上競技について，次の事項を身に付けることができるよう指導する。

(1)　次の運動について，記録の向上や競争及び自己や仲間の課題を解決するなどの多様な楽しさや喜びを味わい，(A)技術の名称や行い方，体力の高め方，課題解決の方法，競技会の仕方などを理解するとともに，各種目特有の技能を身に付けること。

ア　短距離走・リレーでは，中間走の高いスピードを維持して速く走ることやバトンの受渡しで次走者と前走者の距離を長くすること，長距離走では，ペースの変化に対応して走ること，ハードル走では，スピードを維持した走りからハードルを低くリズミカルに越すこと。

イ　走り幅跳びでは，スピードに乗った助走と力強い(B)踏み切りから着地までの動きを滑らかにして跳ぶこと，走り高跳びでは，スピードのあるリズミカルな助走から力強く踏み切り，滑らかな空間動作で跳ぶこと，三段跳びでは，短い助走からリズミカルに連続して跳ぶこと。

ウ　砲丸投げでは，(C)立ち投げなどから砲丸を突き出して投げること，やり投げでは，短い助走からやりを前方にまっすぐ投げること。

(1) 次の文は下線部(A)技術の名称や行い方について説明したものである。(　　)に当てはまる語句として正しい組合せを，以下の選択肢から1つ選び，記号で答えなさい。

技術の名称や行い方では，局面ごとに技術の名称があること，それぞれの技術には，記録の向上につながる重要な動きのポイントがあること，それらを身に付けるための安全(　①　)，(　②　)な練習の仕方があることを理解できるようにする。

ア　①　合理的　　②　効果的
イ　①　合理的　　②　計画的
ウ　①　実践的　　②　効果的
エ　①　実践的　　②　計画的

(2) 下線部(B)踏み切りから着地までの動きを滑らかにして跳ぶについて，(　　)に当てはまる語句として正しい組合せを，以下の選択肢から1つ選び，記号で答えなさい。

指導に際しては，より遠くへ跳んだり，競争したりする走り幅跳びの特性や魅力を深く味わえるよう，走り幅跳び特有の技能を身に付けることに取り組ませることが大切である。

〈例示〉

・加速に十分な距離から，高いスピードで踏み切りに移ること。
・タイミングよく(　①　)・(　②　)を引き上げ，力強く踏み切ること。

ア　①　腕　　②　膝
イ　①　肘　　②　膝
ウ　①　肘　　②　肩

エ　①　腕　　②　肩

(3)　下線部(C)立ち投げの説明として，最も適当なものを，次の選択肢から1つ選び，記号で答えなさい。

ア　立ち投げとは，助走をつけずに，その場で上体を大きく後方にひねり，そのひねり戻しの勢いで砲丸を突き出す投げ方のことである。

イ　立ち投げとは，助走をつけずに，その場で上体を大きく後方に反らせ，その反り戻しの勢いで砲丸を突き出す投げ方のことである。

ウ　立ち投げとは，助走をつけずに，その場で重心を落とし，その伸び上がりの勢いで砲丸を突き出す投げ方のことである。

エ　立ち投げとは，助走をつけずに，その場で大きく回転し，その遠心力の勢いで砲丸を突き出す投げ方のことである。

(☆☆☆☆◎◎)

【4】次の文は，『高等学校学習指導要領(平成30年告示)解説　保健体育編　体育編　第1部　保健体育編　第2章　保健体育科の目標及び内容　第2節　各科目の目標及び内容　「体育」　3　内容　E　球技』から抜粋したものである。以下の各問いに答えなさい。

[入学年次]

途中省略

(1)　知識及び技能

球技について，次の事項を身に付けることができるよう指導する。

(1)　次の運動について，勝敗を競う楽しさや喜びを味わい，技術の名称や行い方，体力の高め方，運動観察の方法などを理解するとともに，作戦に応じた技能で仲間と連携しゲームを展開すること。

ア　ゴール型では，安定したボール操作と空間を作りだすなどの動きによってゴール前への侵入などから攻防をすること。
イ　ネット型では，役割に応じたボール操作や安定した用具の操作と連携した動きによって空いた場所をめぐる攻防をすること。
ウ　ベースボール型では，安定したバット操作と走塁での攻撃，ボール操作と連携した守備などによって攻防をすること。

(1)　下線部の体力の高め方について，(　　)に当てはまる語句を，以下の選択肢から1つ選び，記号で答えなさい。

体力の高め方では，球技のパフォーマンスは，型や運動種目によって，様々な体力要素に強く影響される。そのため，ゲームに必要な技術と関連させた補助運動や(　　)を取り入れ，繰り返したり，継続して行ったりすることで，結果として体力を高めることができることを理解できるようにする。

ア　基本練習　　イ　応用練習　　ウ　複合練習　　エ　部分練習

(2)「イ　ネット型」の「技能」の〈例示〉について，(　　)に当てはまる語句を，以下の選択肢から1つ選び，記号で答えなさい。

[入学年次]
〈例示〉
・ネット付近でボールの侵入を防いだり，打ち返したりすること。
[入学年次の次の年次以降]
〈例示〉
・(　　)ネット付近でボールの侵入を防いだり，打ち返したりすること。

ア　相手の動きに応じて　　イ　仲間と連動して
ウ　味方の指示に応じて　　エ　個の能力を発揮して

(3) 「ウ　ベースボール型」の「技能」の〈例示〉について，(　　)に当てはまる語句として正しい組合せを，以下の選択肢から1つ選び，記号で答えなさい。

> [入学年次]
> 〈例示〉
> ・タイミングを合わせてボールを捉えること。
> [入学年次の次の年次以降]
> 〈例示〉
> ・ボールの(　①　)や(　②　)などにタイミングを合わせてボールをとらえること。

ア　①　変化　　②　高さ
イ　①　コース　②　速さ
ウ　①　高さ　　②　コース
エ　①　速さ　　②　変化

(☆☆☆☆◎◎)

【5】次の文は，『高等学校学習指導要領(平成30年告示)解説　保健体育編　体育編　第1部　保健体育編　第2章　保健体育科の目標及び内容　第2節　各科目の目標及び内容　「体育」　3　内容　H　体育理論』から抜粋したものである。以下の各問いに答えなさい。

> 2　運動やスポーツの効果的な学習の仕方
> ア　知識
> 途中省略
> ここでは，卒業後の将来においても運動やスポーツの楽しさや喜びを深く味わい，生涯にわたる豊かなスポーツライフを多様に実践できるようにするためには，単に運動や

> スポーツを受動的に楽しむだけでなく，(　①　)の関わりとそれらを適切に高める必要性や，(　②　)に応じた高め方があること，運動やスポーツの(　③　)な学習の仕方などについての理解を基に，選択した運動に関する領域の学習に生すことができるようにする必要がある。

(1)　上の文中の(　　)に当てはまる語句として正しい組合せを，次の選択肢から1つ選び，記号で答えなさい。

ア　①　生涯スポーツ　　②　年齢　　　③　安全で効果的
イ　①　生涯スポーツ　　②　技能の型　③　総合的
ウ　①　体力と技能　　　②　技能の型　③　安全で効果的
エ　①　体力と技能　　　②　年齢　　　③　総合的

(2)　下線部の運動やスポーツの効果的な学習の仕方の内容の構成として誤っているものを，次の選択肢から1つ選び，記号で答えなさい。

ア　運動やスポーツの技能と体力及びスポーツによる障害
イ　スポーツの技術と技能及びその変化
ウ　運動やスポーツ活動の運営の仕方
エ　運動やスポーツの活動時の健康・安全の確保の仕方

(3)　「2　運動やスポーツの効果的な学習の仕方」を取り扱う時期について，正しいものを次の選択肢から1つ選び，記号で答えなさい。

ア　入学年次
イ　入学年次の次の年次
ウ　入学年次の次の年次以降の年次

(☆☆☆☆◎◎)

【6】次の文は，『高等学校学習指導要領(平成30年告示)解説　保健体育編　体育編　第1部　保健体育編　第2章　保健体育科の目標及び内容　第2節　各科目の目標及び内容　「保健」　3　内容　(3)　生涯を通じる健康』から抜粋したものである。以下の各問いに答えなさい。

(3)　生涯を通じる健康について，自他や社会の課題を発見し，その解決を目指した活動を通して，次の事項を身に付けることができるよう指導する。

ア　生涯を通じる健康について理解を深めること。

(ア)　生涯の各段階における健康

生涯を通じる健康の保持増進や回復には，生涯の各段階の健康課題に応じた自己の(　①　)が関わっていること。

(イ)　労働と健康

労働災害の防止には，(　②　)に起因する傷害や職業病などを踏まえた適切な健康管理及び安全管理をする必要があること。

イ　生涯を通じる健康に関する情報から課題を発見し，健康に関する原則や概念に着目して解決の方法を(　③　)し(　④　)するとともに，それらを(　⑤　)すること。

(1)　上の文中の(　①　)に当てはまる語句を，次の選択肢から1つ選び，記号で答えなさい。

ア　健康管理及び環境づくり

イ　目標設定及び自己管理

ウ　生活環境及び健康状態

エ　意思決定及び行動選択

(2)　上の文中の(　②　)に当てはまる語句を，次の選択肢から1つ選び，記号で答えなさい。

ア　生活環境の変化

イ　健康状態の変化

ウ　精神状態の変化

エ　労働環境の変化

(3)　上の文中の(　③　)(　④　)(　⑤　)に当てはまる語句として正しい組合せを，次の選択肢から1つ選び，記号で答えなさい。

ア　③　設定　④　管理　⑤　実現
イ　③　選択　④　実践　⑤　評価
ウ　③　思考　④　判断　⑤　表現
エ　③　模索　④　決定　⑤　履行

(☆☆☆◎◎◎)

【7】次の文は，『高等学校学習指導要領(平成30年告示)解説　保健体育編　体育編　第1部　保健体育編　第3章　各科目にわたる指導計画の作成と内容の取扱い　第1節　指導計画作成上の配慮事項　1　「体育」』から抜粋したものである。以下の各問いに答えなさい。

> 学校における体育・健康に関する指導については，第1章総則第1款2(3)で，「学校における体育・健康に関する指導を，生徒の(　①　)を考慮して，学校の教育活動全体を通じて適切に行うことにより，健康で安全な生活と豊かなスポーツライフの実現を目指した教育の充実に努めること。特に，学校における(　②　)並びに体力の向上に関する指導，安全に関する指導及び心身の健康の保持増進に関する指導については，保健体育科，(　③　)及び特別活動の時間はもとより，各教科，道徳科及び総合的な探究の時間などにおいてもそれぞれの特質に応じて適切に行うよう努めること。

(1)　上の文中の(　①　)に当てはまる語句を，次の選択肢から1つ選び，記号で答えなさい。

ア　発達の段階　イ　実態や経験　ウ　興味や関心
エ　成長の段階

(2)　上の文中の(　②　)に当てはまる語句を，次の選択肢から1つ選び，記号で答えなさい。

ア　食育の推進　イ　生涯スポーツの推進
ウ　運動の取り組み方　エ　知識及び技能の習得

(3)　上の文中の(　③　)に当てはまる語句を，次の選択肢から1つ選び，記号で答えなさい。

ア　部活動　　イ　登下校　　ウ　情報科　　エ　技術・家庭科

(☆☆☆◎◎◎◎)

【8】次の文は，『高等学校学習指導要領(平成30年告示)解説　保健体育編　体育編　第1部　保健体育編　第3章　各科目にわたる指導計画の作成と内容の取扱い　第1節　指導計画作成上の配慮事項　3　「体育」及び「保健」』から抜粋したものである。以下の各問いに答えなさい。

> (2)　障害のある生徒などへの指導
>
> > (6)　障害のある生徒などについては，学習活動を行う場合に生じる(　①　)に応じた指導内容や指導方法の工夫を計画的，(　②　)に行うこと。

(1)　上の文中の(　①　)に当てはまる語句を，次の選択肢から1つ選び，記号で答えなさい。

ア　困難さ　　イ　状況　　ウ　困り感　　エ　課題

(2)　上の文中の(　②　)に当てはまる語句を，次の選択肢から1つ選び，記号で答えなさい。

ア　継続的　　イ　組織的　　ウ　弾力的　　エ　合理的

(☆☆◎◎◎◎)

【9】次の文は，「高等学校学習指導要領(平成30年告示)解説　保健体育編　体育編　第1部　保健体育編　第3章　各科目にわたる指導計画の作成と内容の取扱い　第2節　内容の取扱いに当たっての配慮事項　3　運動の多様な楽しみ方」から抜粋したものである。以下の各問いに答えなさい。

> (　①　)や(　②　)の程度及び性別の違い等にかかわらず，仲間とともに学ぶ体験は，生涯にわたる(　③　)に向けた重要な学習の機会であることから，原則として男女共習で学習を行うこ

とが求められる。

(1) 上の文中の(①)に当てはまる語句を，次の選択肢から1つ選び，記号で答えなさい。

ア 環境　　イ 身体　　ウ 能力　　エ 体力

(2) 上の文中の(②)に当てはまる語句を，次の選択肢から1つ選び，記号で答えなさい。

ア 技能　　イ 習得　　ウ 技術　　エ 理解

(3) 上の文中の(③)に当てはまる語句を，次の選択肢から1つ選び，記号で答えなさい。

ア スポーツを通じた共生社会の実現

イ 多様なスポーツの実践

ウ スポーツ実践力の育成

エ 豊かなスポーツライフの実現

(☆☆◎◎◎◎)

【10】次の文は，「高等学校学習指導要領(平成30年告示)解説 保健体育編 体育編 第1部 保健体育編 第3章 各科目にわたる指導計画の作成と内容の取扱い 第2節 内容の取扱いに当たっての配慮事項 4 体験活動」から抜粋したものである。以下の各問いに答えなさい。

(4) 「体育」におけるスポーツとの(①)や「保健」の指導については，(②)を伴う学習の工夫を行うよう留意すること。

(1) 上の文中の(①)に当てはまる語句を，次の選択肢から1つ選び，記号で答えなさい。

ア 多様な関わり方　　イ 向き合い方　　ウ 違いや特性

エ 一層の関連

(2) 上の文中の(②)に当てはまる語句を，次の選択肢から1つ選び，記号で答えなさい。

ア 体験の機会　　イ 課題を解決する体験　　ウ 具体的な体験

エ　体験の概念形成

(☆☆☆◎◎)

解答・解説

【中学校】

【1】(1)　カ　　(2)　エ　　(3)　ア，エ

〈解説〉(1)　①　年間授業時数は1週間に3時間，1年間を35週とすると，1年間で105時間となる。　②，③　3学年間で各分野に当てる授業時数は，「体育分野267単位時間程度，保健分野48単位時間程度を配当する」という規定しかない。「程度」としているのは，例えば，体ほぐしの運動と心の健康，水泳と応急手当などの指導に当たっては，体育分野と保健分野との密接な関連をもたせて指導する配慮が必要なため，若干の幅をもたせている。　④，⑤「A体つくり運動」と「H体育理論」は，豊かなスポーツライフの実現に向けた基盤となる学習であることから，すべての学年で履修させるとともに，授業時数は「A体つくり運動」は各学年で7単位時間以上，「H体育理論」は各学年で3単位時間以上を配当している。　⑥　障害のある生徒などの指導に当たっては，学習活動を行う場合に生じる困難さが異なることに留意し，個々の生徒の困難さに応じた指導内容や指導方法を工夫することが大切である。　⑦　保健体育科における道徳教育の指導は，学習活動や学習態度への配慮，教師の態度や行動による感化とともに，保健体育科と道徳教育との関連を明確に意識しながら，適切な指導を行う必要がある。　(2)　①　体力や技能の程度及び性別の違い等にかかわらず，仲間とともに学ぶ体験は，生涯にわたる豊かなスポーツライフの実現に向けた重要な学習の機会である。　②「生涯にわたって豊かなスポーツライフを実現するための資質・能力」は，体育を通して培う包括的な目標を示しており，学校の教育活動全体に運動を積極的に取り入

れ，実生活，実社会の中などで汎用的に生かすことができるようにすることを目指したものである。　③　保健体育科における言語活動は，筋道を立てて練習や作戦について話し合う活動や，個人生活における健康の保持増進や回復について話し合う活動などを通して，コミュニケーション能力や論理的な思考力の育成を促すものである。
④「情報活用能力」とは，世の中の様々な事象を情報とその結び付きとして捉えて把握し，情報及び情報技術を適切かつ効果的に活用して，問題を発見・解決したり自分の考えを形成したりしていくための資質・能力のことである。　⑤　体育分野と保健分野の連携を図った指導の重要性を示したものである。相互の関連を図る工夫の例としては，「体ほぐしの運動」と「欲求やストレスへの対処」，「水泳の事故防止」と「応急手当」の連携などがある。　(3)　ア「習得・活用・探究という学びの過程をそれぞれ独立して取り上げるのではなく，相互に関連を図り，保健体育科で求められる学びを一層充実させることが重要である」が正しく，「……独立して取り上げることが重要である」は誤りである。　エ「各運動領域の特性や魅力に応じた体を動かす楽しさや特性に触れる喜びを味わうことができるよう，また，健康の大切さを実感することができるよう指導方法を工夫することが大切である」が正しく，「……楽しさや特性に触れる喜びを味わうことができるようにするよりも，知識や技能の定着が図られるよう，動きを反復させることが大切である」は誤りである。

【2】(1)　オ　　(2)　カ

〈解説〉(1)　①「これまでに学習した内容を学習場面に適用したり，応用したり」とは，学習した知識や技能を活用して，自己や仲間の課題を解決すること。　②，③　各領域の「思考力，判断力，表現力等」の例示は，第1学年及び第2学年では「運動に関する思考力，判断力，表現力」，「体力，健康・安全に関する思考力，判断力，表現力」，「運動実践につながる思考力，判断力，表現力」の3つの観点から示され，第3学年はこれらに「生涯スポーツの実践に関する思考力，判断力，表現力」が加えられた4つの観点から示されている。　④，⑤　知識の指導内容には，技の名称や運動の行い方，体の動かし方や用具の操作方法などの具体的な知識と，関連して高まる体力や運動観察の方法などの生涯スポーツにつながる汎用的な知識がある。例えば，協力の仕方の例などは具体的な知識で，なぜ協力するのかといった協力することの意義などは汎用的な知識である。　(2)　①　公正に関する事項として，「勝敗などを冷静に受け止め，ルールやマナー，フェアなプレイを守ったり大切にしようとしたりすること及び相手を尊重し，伝統的な行動の仕方を大切にしようとすること」を示している。　②，③，⑤「協力や責任」に関する事項として，第1学年及び第2学年においては，「よい演技を認めようとすること及び仲間の学習を援助しようとすること，分担した役割を果たそうとすること」，第3学年においては，「よい演技を讃えようとすること及び互いに助け合い教え合おうとすること，自己の責任を果たそうとすること」を示している。④，⑥「参画」や「共生」に関する事項として，第1学年及び第2学年においては，「話合いに参加しようとすること，一人一人の違いを認めようとすること」，第3学年においては，「話合いに貢献しようとすること，一人一人の違いを大切にしようとすること」を示している。⑦，⑧　運動に対する愛好的な態度の育成については，中学校第1学年及び第2学年では「積極的に取り組む」，中学校第3学年，高等学校入学年次では「自主的に取り組む」，その次の年次以降では，「主体的に取り組む」ことを情意面の目標として示している。

【3】(1)　①　ア　②　エ　③　ウ　(2)　エ　(3)　イ，ウ，オ

〈解説〉(1)　①　小学校低学年の「走・跳の運動遊び」，中学年の「走・跳の運動」，高学年の「陸上運動」では，走・跳の運動を中心に取り扱うこととしている。また，中学校では「陸上競技は，走，跳及び投種目で構成するのが一般的であるが，安全や施設面を考慮して，投種目を除いて構成している」としている。　②「動きなどの自己の課題を発見し」とは，陸上競技の特性を踏まえて，動きなどの改善につい

てのポイントを発見したり，仲間との関わり合いや健康・安全などについての自己の取り組み方の課題を発見したりすること。　③「一人一人の違いに応じた課題や挑戦を認めようとする」とは，体力や技能の程度，性別や障害の有無等に応じて，自己の状況に合った実現可能な課題の設定や挑戦を認めようとすること。　(2)　ア「スタートダッシュでは地面を力強くキックして，徐々に上体を起こしていき加速すること」は，第3学年における短距離走・リレーの例示である。
イ「後半でスピードが著しく低下しないよう，力みのないリズミカルな動きで走ること」は，第3学年における短距離走・リレーの例示である。　ウ「リレーでは，次走者はスタートを切った後スムーズに加速して，スピードを十分に高めること」は，第3学年における短距離走・リレーの例示である。　エ　すべてが中学校第1学年及び第2学年の例示である。　(3)　ア「7～9歩程度のリズミカルな助走をすること」は，小学校第5学年及び第6学年の走り幅跳びの例示である。
エ「踏み切り前3～4歩からリズムアップして踏み切りに移ること」は，中学校第3学年の走り幅跳びの例示である。　カ「脚と腕のタイミングを合わせて踏み切り，大きなはさみ動作で跳ぶこと」は，中学校第1学年及び第2学年の走り高跳びの例示である。　キ「かがみ跳びから両足で着地すること」は，小学校第5学年及び第6学年の走り幅跳びの例示である。　ク「踏み切りでは上体を起こして，地面を踏みつけるようにキックし，振り上げ脚を素早く引き上げること」は，中学校第3学年の走り幅跳びの例示である。　ケ「スタートダッシュでは地面を力強くキックして，徐々に上体を起こしていき加速すること」は，中学校第3学年の短距離走・リレーの例示である。

【4】(1)　エ　(2)　イ　(3)　ウ
〈解説〉(1)　第1学年及び第2学年の「ゴール前での攻防をすること」とは，空間に仲間と連携して走り込み，マークを交わしてゴール前での攻防を展開すること，第3学年の「ゴール前への侵入などから攻防すること」とは，仲間と連携した動きによってゴール前に空間を作り出

してゴール前へと侵入する攻防を展開することである。
(2)　イ 「補助運動や部分練習」は，球技全体について示され，3つの型に共通で示されている内容である。　ア 「簡易的なゲーム」は，体力を高めるためではなく，基本的な技能や動きを高めるために行うことである。　ウ 「巧緻性，敏捷性，スピード，筋持久力」は，ネット型の球技で高まる体力要素を示している。　エ 「巧緻性，敏捷性，スピード，全身持久力」は，ゴール型の球技で高まる体力要素を示している。　(3)　球技の技術は，「ボール操作」と「ボールを持たないときの動き」に大別でき，「ボール操作」と「ボールを持たないときの動き」に着目させて学習に取り組ませ，観察することで，個人やチームの学習課題が明確になる。ア，イ，エには，その2つが含まれていないので誤りである。

【5】(1)　ア　　(2)　イ
〈解説〉(1) 「相手に取られない位置でドリブルをすること」，「近くにいるフリーの味方にパスを出すこと」，「得点しやすい場所に移動し，パスを受けてシュートなどをすること」は小学校第5学年及び第6学年，「味方が操作しやすいパスを送ること」，「ゴールの枠内にシュートをコントロールすること」，「守備者とボールの間に自分の体を入れてボールをキープすること」は中学校第3学年にそれぞれ例示として示されている内容である。　(2)　ア，ウ，エは中学校第1学年及び第2学年に示されている例示であるが，イは第3学年に示されている例示である。

【6】エ
〈解説〉①，②，③　体育理論の内容は，豊かなスポーツライフを実現するための資質・能力を育成するため，第1学年では「運動やスポーツの多様性」，第2学年では「運動やスポーツの効果と学び方」，第3学年では「文化としてのスポーツの意義」を中心に構成されている。
④ 「心と体が一体として互いに関係している」とは，適切に運動やス

ポーツを行うことで達成感を得たり，自己の能力に対する自信をもったりするとともに，ストレスを解消したりリラックスしたりすることができること。 ⑤，⑥ 主体的・対話的で深い学びの実現に向けた授業改善を推進するために，全ての領域に示されている内容である。指導方法を工夫して必要な「知識及び技能」を指導しながら，子供たちの「思考」を深めるために発言や意見交換を促したり，気付いていない視点を提示したりするなど，学びに必要な指導の在り方を工夫することが大切である。

【7】(1) エ，オ　(2) エ

〈解説〉(1) エ「B器械運動，C陸上競技，D水泳のまとまりから……」が誤りである。正しくは，技を高めたり，記録に挑戦したり，表現したりする楽しさや喜びを味わうことができる「B器械運動」，「C陸上競技」，「D水泳」，「Gダンス」のまとまりから1領域以上を選択する。オ「E球技，F武道，Gダンスのまとまりから……」が誤りである。正しくは，集団や個人で，相手との攻防を展開する楽しさや喜びを味わうことができる「E球技」，「F武道」のまとまりから1領域以上を選択する。 (2) エ「保健体育科だけに絞って指導する必要がある」が誤りで，正しくは「集団行動の指導の効果を上げるためには，保健体育科だけでなく，学校の教育活動全体において指導するよう配慮する必要がある」である。

【8】(1) エ　(2) エ　(3) エ

〈解説〉ア，イ，ウ「社会生活における健康・安全」や「応用的な技能」が誤りである。 (2) ア，イ，ウ それぞれ「生涯を通じて」と「明るく」の言葉がないので誤りである。 (3) エ「個人生活における健康・安全に関する内容について『科学的』に思考し，判断するとともに」が正しく，「健康・安全に関する内容について『総合的』に思考し，判断する」は誤りである。

【9】イ，エ

〈解説〉　イ　保健教育で用いられる指導方法の実験の例としては，「気体検知管による二酸化炭素濃度の測定」と「照度計による教室内の明るさの測定」が示されている。　　エ　実習の例としては，「リラクセーション法の意義と方法」と「心肺蘇生の意義と方法」の2つがある。

【10】(1)　エ　　(2)　ア

〈解説〉(1)　エ「口腔内が水で濡れるため，水分補給は必要ない」は誤りである。水中運動時でも水温が高くなればかなりの汗をかくが，口腔内が水で濡れるため，のどの渇きを感じにくくなるので，適切な水分補給を行う必要がある。　(2)　ア「プールサイドで活動する場合は，気温のみを考慮する」は誤りである。プールサイドは直射日光を遮る物体がないので輻射熱が大きく，高温になる。プールサイドで活動する場合は，気温やWBGT値(暑さ指数)を考慮し，こまめに日陰で休憩する，プールサイドでの活動時間を短くするなど，活動を工夫する必要がある。

【11】A　イ　　B　ウ　　C　エ　　D　ウ　　E　エ　　F　ウ

〈解説〉A　体の適応能力には限界があり，暑い日には熱中症にかかったり，冬山で遭難すれば低体温症になったりする。これらを防ぐには，「気象情報」の適切な利用が有効であり，天気予報の情報を基に判断し，適切な行動をとることが大切である。　B　暑さや寒さは，気温，湿度，気流を組み合わせた温熱条件から感じ取る。温熱条件には，体温を一定に保ち，生活や活動をしやすい範囲の「至適範囲」がある。C　上水道の水は，浄水場でゴミや細菌などが取り除かれ，塩素消毒された後，水質検査によって「基準」を満たしていることが確認されたうえで供給される。　D　室内の「二酸化炭素」は，人体の呼吸作用や物質の燃焼により増加する。そのため，室内の空気が汚れてきているという指標となる。定期的な換気は，室内の二酸化炭素の濃度を衛生的に管理できる。　E「一酸化炭素」は，主に物質が不完全燃焼することにより発生する無色無臭の気体である。体内に入ると，赤血球中のヘモグロビンと結び付くために酸素が欠乏し，一酸化炭素中毒を引き起こす。　F　人間の生活に伴って生じる「廃棄物」は，「し尿とゴミ」に大別され，焼却や埋め立てなどにより衛生的に処理されることが環境や健康にとって大切である。

【高等学校】

【1】(1)　エ　　(2)　ウ　　(3)　ア　　(4)　①　イ　　②　ウ

〈解説〉(1)　①「社会生活における健康・安全について理解する」とは，主に「保健」における知識を示している。個人生活のみならず社会生活との関わりを含めた健康・安全に関する内容を総合的に理解することを通して，生涯を通じて健康や安全の課題に適切に対応できるようにすることを目指している。　②「他者に伝える」とは，自己や仲間の課題について，思考し判断したことを言葉や文章及び動作などで表したり，仲間などの他者に理由を添えて伝えたりすることである。③「生涯にわたって継続して運動に親しむ」とは，運動やスポーツとの多様な関わり方を状況に応じて選択し，卒業後も継続して多様に実践できるようにすることである。　(2)　①「豊かなスポーツライフを継続するための資質・能力」が体育を通して培う包括的な目標に対して，「生涯にわたって心身の健康を保持増進し」は保健を通して培う包括的な目標を示している。　②「自他の健康」については，自分はもとより他者の健康に関心をもてるようにすること。　③「健康を支える環境づくり」について，健康の保持増進には，環境と健康，食品と健康などの「自然環境」と，個人を取り巻く社会の制度，活動などの「社会環境」が関わっている。　(3)　①　運動に対する愛好的な態度の育成については，中学校第1学年及び第2学年では「積極的に取り組む」，中学校第3学年，高等学校入学年次では「自主的に取り組む」，その次の年次以降では「主体的に取り組む」ことを情意面の目標として示している。　②，③，④，⑤　これらの公正(伝統的な行動の仕方)，協力，責任，参画，共生については，「学びに向かう力，人間性等」における運動への愛好的態度及び「健康・安全」に関わる目標や指導内容として各領域で示している。　⑥「知識及び技能」,「思考力，判断力，表現力等」,「学びに向かう力，人間性等」の内容をバランスよく学習させ，自己に適したスポーツとの多様な関わり方を考える機会を充実することで，生涯にわたる豊かなスポーツライフの実現を目指すことが大切である。　(4)　①　体つくり運動の「実生活に生かす運動の計画」では，ねらいに応じて健康の保持増進や調和のとれた体力の向上を図るための運動の計画を立て，取り組むことをねらいとしている。　②　心身の健康を保持増進するには，豊かなスポーツライフの実現が重要である。例えば,「現代社会と健康」では生活習慣病などの予防と回復の視点から日常生活にスポーツを計画的に取り入れること,「健康を支える環境づくり」では地域の保健・医療機関の活用の視点から，生涯スポーツの実践を支える環境づくりやその活用などを指導する。

【2】(1)　ウ　　(2)　エ　　(3)　イ

〈解説〉(1)　①　運動に対する愛好的な態度の育成については，高等学校入学年次では「自主的に取り組む」，その次の年次以降では「主体的に取り組む」ことを情意面の目標として示している。　②「互いに助け合い教え合おうとする」とは，運動を行う際，互いの心の変化に気付いたり，仲間の動きをよく見たりして，仲間に課題を伝え合いながら取り組もうとすること。　③「話合いに貢献しようとする」とは，自己や仲間の課題の解決に向けて，自己の考えを述べたり相手の話を聞いたりするなど，話合いに責任をもって関わろうとすること。なお，その次の年次以降では「合意形成に貢献する」と示している。

(2)　スポーツや運動を生涯にわたって楽しむためには，ライフステージやライフスタイルに応じて「する，みる，支える，知る」などの多様な関わり方から自己に適した関わり方を見付けることが大切である。そのためには,「する，みる，支える，知る」の視点から課題を発見し，解決する学習に主体的に取り組めることが必要である。
(3)　健康や安全を確保するために，体調や環境に応じた適切な練習方法や，一人一人の違いに応じた課題や挑戦を大切にした練習計画，危険を予測しながら回避行動をとること，自己や仲間の体力や環境の変化に応じた運動量などが大切である。

【3】(1)　イ　(2)　エ　(3)　ア
〈解説〉(1)「合理的，計画的な練習の仕方」とは，合理的な動き，仲間との関わり方，健康・安全の確保の仕方，豊かなスポーツライフの継続の仕方等の発見した課題を，合理的，計画的に解決したり，新たな課題の発見につなげたりすることができるよう知識を活用したり，応用したりすること。　(2)　走り幅跳びの踏み切りでは，振り上げ脚(踏み切り脚と反対の脚)と一緒に腕や肩をタイミングよく上方に引き上げることで，上昇力を引き出すことができる。　(3)「立ち投げ」とは，助走をつけずにその場で上体を大きく後方にひねり，そのひねり戻しの勢いで砲丸を突き出す投げ方のことである。投げ方には，サイドステップやグライドといった準備動作を用いた投げ方もある。

【4】(1)　エ　(2)　イ　(3)　ウ
〈解説〉(1)　ゲーム形式で行う全体練習に対して，パス練習やシュート練習などの技術を個別に練習する方法が「部分練習」である。
(2)「状況に応じて仲間と連動する」とは，ゲーム中に生じる味方の状況の変化に応じて，次のプレイが行いやすい仲間にボールをつないだり，空いた場所に移動してボール操作や安定した用具の操作をしたりすること。　(3)　入学年次では「安定したバット操作」，その次の年次以降では「状況に応じたバット操作」と示されている。「状況に応じたバット操作」とは，安定したバット操作に加えて投球の高さやコースの変化，走者の位置などに対応して，ヒットの出やすい空いた場所などにボールを打ち返したりバントをしたりするバット操作のこと。

【5】(1)　ウ　　(2)　ウ　　(3)　イ

〈解説〉(1)　①　運動やスポーツの技能は，体力と相互に関連しており，技能は身長や体重などの体格や巧みさなどの体力との関連で発揮される。また，運動やスポーツの技能を発揮する際には，個々の技能に関連した体力を高めることが必要である。　②「技能」とは，練習を通して技術が身に付けられた合理的な動き方として発揮されるものであり，技能には，クローズドスキル型とオープンスキル型の技能がある。オープンスキル型は，対人的な競技などで絶えず変化する状況の多くで発揮される技能，クローズドスキル型は，個人的な競技などで状況の変化が少ないところで発揮される技能のこと。　③「安全で効果的な学習の仕方」については，運動やスポーツの技能と体力及び障害の予防，スポーツの技術と技能及びその変化，運動やスポーツの技能の上達過程，運動やスポーツの活動時の健康・安全の確保の仕方について理解すること。　(2)「運動やスポーツの効果的な学習の仕方」は，「運動やスポーツの技能と体力及びスポーツによる障害」，「スポーツの技術と技能及びその変化」，「運動やスポーツの技能の上達過程」，「運動やスポーツの活動時の健康・安全の確保の仕方」で構成している。　(3)　高等学校の「H体育理論」は，「1スポーツの文化的特性や現代のスポーツの発展」，「2運動やスポーツの効果的な学習の仕方」，「3豊かなスポーツライフの設計の仕方」で構成され，1は入学年次，2はその次の年次，3はそれ以降の年次で取り上げることとしている。なお，各年次では6単位時間以上を配当する。

【6】(1)　ア　　(2)　エ　　(3)　ウ

〈解説〉(1)　生涯にわたって健康に生きていくためには，生涯の各段階と健康との関わりを踏まえて，適切な意思決定や行動選択及び社会環境づくりにより，自他の健康管理，安全管理及び環境づくりを行う必要がある。　(2)　労働災害は，労働形態や労働環境の変化に伴い質や量が変化してきている。労働災害を防止するには，労働形態や労働環境の改善，長時間労働をはじめとする過重労働の防止を含む健康管理と安全管理が必要である。　(3)「(3)生涯を通じる健康」における，思考力，判断力，表現力等に関する資質・能力の育成について示したものである。健康に関わる事象や健康情報などから自他や社会の課題を発見し，よりよい解決に向けて思考したり，様々な解決方法の中から適切な方法を選択するなどの判断をしたりするとともに，それらを他者に表現することができるようにすることを目指している。

【7】(1)　ア　　(2)　ア　　(3)　エ

〈解説〉(1)　生徒が心身の成長発達に関して適切に理解し，行動することができるようにする指導に当たっては，学校の教育活動全体で共通理解を図り，家庭の理解を得ることに配慮するとともに，関連する教科等において，発達の段階を考慮して指導することが重要である。
(2)　生徒の心身の調和的発達を図るためには，運動を通して体力を養うとともに，食育の推進を通して望ましい食習慣を身に付けるなど，健康的な生活習慣を形成することが必要である。　(3)　体育・健康に関する指導は，保健体育科の時間だけではなく技術・家庭科や特別活動のほか，関連の教科，総合的な探究の時間なども含めた学校の教育活動全体を通じて行うことによって，その一層の充実を図ることができる。

【8】(1)　ア　　(2)　イ

〈解説〉(1)　個々の生徒によって，見えにくさ，聞こえにくさ，道具の操作の困難さ，移動上の制約，健康面や安全面での制約，発音のしにくさ，心理的な不安定，人間関係形成の困難さ，読み書きや計算等の困難さ，注意の集中を持続することが苦手であることなど，学習活動を行う場合に生じる困難さが異なることに留意し，個々の生徒の困難さに応じた指導内容や指導方法を工夫することが大切である。
(2)　指導に当たっては，生徒の障害に起因する困難さに応じて，個別の指導計画を作成し，必要な配慮を記載して他教科の教員とも共有し，複数教員による指導や個別指導を行うなど，計画的，組織的な指導が大切である。

【9】(1)　エ　　(2)　ア　　(3)　エ

〈解説〉生涯にわたって豊かなスポーツライフを実現する資質・能力の育成に向けては，体力や技能の程度，性別や障害の有無等にかかわらず，運動やスポーツとの多様な関わり方を状況に応じて選択し，卒業後も継続して実践することができるようにすることが重要である。

【10】(1)　ア　　(2)　ウ

〈解説〉(1)　科目体育においては，体育で学習した成果を，教科外の活動や学校や地域の実態等に応じた活動などの学校教育活動に生かすことができるよう，「自然との関わりの深いスキー，スケートや水辺活動など」の指導を積極的に取り入れるなど，結果として体験活動の充実に資することが必要である。また，体育の見方・考え方には，「自己の適性等に応じた『する・みる・支える・知る』の多様な関わり方と関連付けること」と示されている。　(2)　科目保健においては，知識の指導に偏ることなく，資質・能力の三つの柱をバランスよく育むことができるよう，実験や実習等の体験活動を取り入れるなどの学習過程を工夫することが必要である。

2023年度　実施問題

【中学校】

【1】次の文は,「中学校学習指導要領(平成29年告示)　第2章　各教科　第7節　保健体育　第2　各学年の目標及び内容　〔体育分野　第1学年及び第2学年〕　1　目標」及び「中学校学習指導要領(平成29年告示)　第2章　各教科　第7節　保健体育　第2　各学年の目標及び内容　〔体育分野　第3学年〕　1　目標」である。文中の(　　)に当てはまる語句を，それぞれの選択肢から1つ選び，記号で答えなさい。ただし，同じ番号には同じ語句が入るものとする。

〔体育分野　第1学年及び第2学年〕

1　目　標

(1)　運動の合理的な実践を通して，運動の楽しさや喜びを味わい，運動を豊かに実践することができるようにするため，運動，体力の必要性について理解するとともに，基本的な技能を身に付けるようにする。

(2)　運動についての自己の課題を発見し，合理的な解決に向けて思考し判断するとともに，(　①　)の考えたことを他者に伝える力を養う。

(3)　運動における競争や協働の経験を通して，公正に取り組む，互いに協力する，自己の役割を果たす，一人一人の違いを認めようとするなどの意欲を育てるとともに，健康・安全に留意し，自己の最善を尽くして運動をする態度を養う。

〔体育分野　第3学年〕
1 目　標
(1) 運動の合理的な実践を通して，運動の楽しさや喜びを味わい，(　②　)運動を豊かに実践することができるようにするため，運動，体力の必要性について理解するとともに，基本的な技能を身に付けるようにする。
(2) 運動についての(　①　)の課題を発見し，合理的な解決に向けて思考し判断するとともに，(　①　)の考えたことを他者に伝える力を養う。
(3) 運動における競争や協働の経験を通して，公正に取り組む，互いに協力する，自己の責任を果たす，参画する，一人一人の違いを(　③　)とするなどの意欲を育てるとともに，健康・安全を確保して，(　②　)運動に親しむ態度を養う。

①　ア　仲間　　イ　自己や仲間　　ウ　グループ
　　エ　自己やグループ
②　ア　中学校卒業後に　　イ　他者とともに
　　ウ　生涯にわたって　　エ　工夫して
③　ア　認知しよう　　イ　理解しよう　　ウ　共感しよう
　　エ　大切にしよう

(☆☆◎◎◎◎)

【2】次の文は，「スポーツ基本計画(令和4年3月25日)　第2章　中長期的なスポーツ政策の基本方針と第3期計画における『新たな視点』　(第3期計画において推進するための新たな3つの視点)」の一部である。文中の(　　)に当てはまる語句を，それぞれの選択肢から1つ選び，記号で答えなさい。

中長期的な基本方針を踏襲しつつ，第2期計画期間中に生じた社会変化や出来事等を踏まえると，第3期計画において施策を示すに当たっては，国民が(　A　)ことを真(しん)に実現できる社会を目指すため，以下の3つの「新たな視点」が必要になると考えられる。 ① 社会の変化や状況に応じて，既存の仕組みにとらわれずに柔軟に対応するというスポーツを(　B　)という視点 ② 様々な立場・背景・特性を有した人・組織が「あつまり」，(　C　)を感じながらスポーツに取り組める社会の実現を目指すという視点 ③ 性別，年齢，障害の有無，経済的事情，地域事情等にかかわらず，全ての人がスポーツにアクセスできるような社会の実現・機運の醸成を目指すという視点

A　ア 「える」「みる」「わかちあう」
　　イ 「する」「みる」「わかちあう」
　　ウ 「する」「みる」「ささえる」
　　エ 「える」「みる」「ささえる」

B　ア 「する／おこなう」
　　イ 「たのしむ／いかす」
　　ウ 「つくる／はぐくむ」
　　エ 「えらぶ／きめる」

C　ア 「たのしく」活動し，「ぬくもり」
　　イ 「ともに」活動し，「つながり」
　　ウ 「ともに」活動し，「ぬくもり」
　　エ 「たのしく」活動し，「つながり」

(☆☆☆☆◎◎◎◎◎)

【3】次の文は，「中学校学習指導要領(平成29年告示)解説　保健体育編　第2章　保健体育科の目標及び内容　第2節　各分野の目標及び内容

〔体育分野〕　2　内容　D　水泳」の[第3学年]における「(1)　知識及び技能」の一部である。以下の各問いに答えなさい。

> (1)　次の運動について，記録の向上や競争の楽しさや喜びを味わい，A技術の名称や行い方，体力の高め方，B運動観察の方法などを理解するとともに，効率的に泳ぐこと。
> ア　クロールでは，手と足の動き，呼吸のバランスを保ち，安定したペースで長く泳いだり速く泳いだりすること。
> イ　平泳ぎでは，手と足の動き，呼吸のバランスを保ち，安定したペースで長く泳いだり速く泳いだりすること。
> ウ　背泳ぎでは，手と足の動き，呼吸のバランスを保ち，安定したペースで泳ぐこと。
> エ　バタフライでは，手と足の動き，呼吸のバランスを保ち，安定したペースで泳ぐこと。
> オ　(　　)

(1)　上の文の(　　)に当てはまる項目を1つ選び，記号で答えなさい。

ア　全ての泳法を使って泳ぐこと，又は記録会をすること。
イ　複数の泳法で泳ぐこと，又は記録会をすること。
ウ　複数の泳法で泳ぐこと，又はリレーをすること。
エ　全ての泳法を使って泳ぐこと，又はリレーをすること。

(2)　下線部Aについて説明した次の文の(　　)に当てはまる語句を1つ選び，記号で答えなさい。

> 技術の名称や行い方では，水泳の各種目で用いられる技術の名称があり，それぞれの技術には，効率的に泳ぐためのポイントがあることを理解できるようにする。例えば，(　　)ために，クロールと背泳ぎには「ローリングをする」ことなどが，平泳ぎには「流線型の姿勢を意識したグライド姿勢をとる」ことなどがあり，それぞれで留意すべき特有の技術的なポイントがあることを理解できるようにする。

ア　姿勢を安定させる　　イ　浮力を最大限に活かす
ウ　水圧を軽減する　　　エ　抵抗を減らす

(3)　下線部Bについて説明した次の文の(　　)に当てはまる語句を1つ選び，記号で答えなさい。

> 運動観察の方法では，自己の動きや仲間の動き方を分析するには，自己観察や他者観察などの方法があることを理解できるようにする。例えば(　　)などで仲間の動きを観察したり，ICTを活用して自己のフォームを観察したりすることで，自己の取り組むべき技術的な課題が明確になり，学習の成果を高められることを理解できるようにする。

ア　バディシステム　　　イ　ペア学習
ウ　運動観察システム　　エ　グループ学習

(☆☆◎◎◎◎)

【4】次の文は，「中学校学習指導要領(平成29年告示)解説　保健体育編　第2章　保健体育科の目標及び内容　第2節　各分野の目標及び内容〔体育分野〕　2　内容　F　武道」の[第1学年及び第2学年]における「(1)　知識及び技能　○　技能　イ　剣道」の説明の一部である。文中の(　　)に当てはまる語句を，それぞれの選択肢から1つ選び，記号で答えなさい。

> 基本となる技とは，しかけ技の基本となる技と応じ技の基本となる技のことで，打突(だとつ)の機会を理解しやすく，相手の構えを崩したり，相手の技をかわしたりする動きが比較的容易な技のことである。(中略)
> 指導に際しては，二人一組の対人で，体さばきを用いてしかけ技の基本となる技や応じ技の基本となる技ができるようにすることが大切である。また，基本動作や基本となる技を習得する学習においては，「(　①　)」の取扱いを工夫することも効果

的である。
<例示>
○　しかけ技
<（　②　）>
・最初の小手打ちに相手が対応したとき，隙ができた面を打つこと。
・最初の面打ちに相手が対応したとき，隙ができた胴を打つこと。
<引き技>
・相手と接近した状態にあるとき，隙ができた胴を退きながら打つこと。
○　応じ技
<（　③　）>
・相手が面を打つとき，体をかわして隙ができた胴を打つこと。
(一部省略)

①　ア　約束練習　　イ　演舞　　ウ　形
　　エ　見取り稽古
②　ア　二段の技　　イ　出ばな技　　ウ　連続技
　　エ　連絡技
③　ア　返し技　　イ　すり上げ技　　ウ　払い技
　　エ　抜き技

(☆☆☆◎◎◎◎)

【5】次の文は，「中学校学習指導要領(平成29年告示)解説　保健体育編　第2章　保健体育科の目標及び内容　第2節　各分野の目標及び内容〔体育分野〕　2　内容　H　体育理論」の[第1学年及び第2学年]における「○　運動やスポーツの意義や効果と学び方や安全な行い方　ア知識」の「(イ)　運動やスポーツの学び方」及び「(ウ)　安全な運動や

スポーツの行い方」の一部である。文中の(　　)に当てはまる語句を，それぞれの選択肢から1つ選び，記号で答えなさい。

(イ)　運動やスポーツの学び方

運動やスポーツの課題を解決するための合理的な体の動かし方などを技術といい，技能とは，合理的な練習によって身に付けた状態であること，技能は個人の体力と関連していることについて理解できるようにする。

各種の運動の技能を効果的に獲得するためには，その領域や種目に応じて，よい動き方を見付けること，合理的な練習の目標や計画を立てること，(　①　)こと，新たな課題を設定することなどの運動の課題を合理的に解決する学び方があることを理解できるようにする。

(ウ)　安全な運動やスポーツの行い方

安全に運動やスポーツを行うためには，(　②　)に適した運動やスポーツを選択し，発達の段階に応じた強度，時間，頻度に配慮した計画を立案すること，体調，施設や用具の安全を事前に確認すること，準備運動や整理運動を適切に実施すること，運動やスポーツの実施中や実施後には，適切な休憩や水分補給を行うこと，(　③　)にも配慮することなどが重要であることを理解できるようにする。

①　ア　活動に積極的に取り組み，適切に振り返りを行う
　　イ　実行した技術や戦術，表現がうまくできたかを確認する
　　ウ　仲間との役割分担を確認し，それぞれの責任を果たす
　　エ　粘り強く取り組むとともに，自己の学びを調整する

②　ア　自己の体力　　　　イ　特性や目的
　　ウ　自己や仲間の課題　　エ　場所や機会

③　ア　共に活動する仲間の安全
　　イ　仲間や指導者への感謝や思いやりの気持ちをもつこと

ウ　準備や片づけ，活動場所の整理整頓
エ　運動後の食事の内容や過ごし方

(☆☆☆◎◎◎)

【6】「中学校学習指導要領(平成29年告示)解説　保健体育編　第2章　保健体育科の目標及び内容　第2節　各分野の目標及び内容　〔保健分野〕　2　内容　(3)傷害の防止」について，以下の各問いに答えなさい。

(1)　次の文は，「ア　知識及び技能　(エ)　応急手当の意義と実際」の一部である。文中の(　　)に当てはまる語句を，それぞれの選択肢から1つ選び，記号で答えなさい。

> ㋐　応急手当の意義
>
> 傷害が発生した際に，その場に居合わせた人が行う応急手当としては，傷害を受けた人の反応の確認等状況の把握と同時に，(　①　)が基本であり，迅速かつ適切な手当は傷害の悪化を防止できることを理解できるようにする。その際，応急手当の方法として，(　②　)を取り上げ，理解できるようにする。
>
> また，心肺停止に陥った人に遭遇したときの応急手当としては，気道確保，人工呼吸，胸骨圧迫，AED(自動体外式除細動器)使用の心肺蘇(そ)生法を取り上げ，理解できるようにする。

①　ア　周囲からの観察，傷害の状態に応じた手当
　　イ　周囲の人への連絡，傷害の状態に応じた手当
　　ウ　周囲の人への連絡，反応の有無に応じた手当
　　エ　周囲からの観察，反応の有無に応じた手当

②　ア　止血や患部の消毒や保護　　イ　止血や患部の保護や固定
　　ウ　止血や患部の冷却と挙上　　エ　止血や患部の冷却や固定

(2)　次の文は，「イ　思考力，判断力，表現力等」の<例示>である。文中の(　　)に当てはまる語句の組合せとして正しいものを1つ選

び，記号で答えなさい。

<例示>

・傷害の防止における事柄や情報などについて，保健に関わる(　①　)を基に整理したり，個人生活と関連付けたりして，自他の課題を発見すること。
・交通事故，自然災害などによる傷害の防止について，(　②　)を自他の生活に適用したり，課題解決に役立てたりして，傷害を引き起こす様々な危険を予測し，回避する方法を選択すること。
・傷害に応じた適切な応急手当について，(　②　)や(　③　)を傷害の状態に合わせて活用して，傷害の悪化を防止する方法を見いだすこと。
・傷害の防止について，自他の危険の予測や回避の方法と，それを選択した理由などを，他者と話し合ったり，ノートなどに記述したりして，(　④　)伝え合うこと。

ア　①　原則や概念　②　習得した知識　③　技能
　　④　筋道を立てて
イ　①　原則や理論　②　習得した知識　③　経験
　　④　根拠に基づいて
ウ　①　原則や理論　②　学習した技能　③　経験
　　④　筋道を立てて
エ　①　原則や概念　②　学習した知識　③　技能
　　④　根拠に基づいて

(☆☆☆◎◎◎◎)

【7】次の文は，「中学校学習指導要領(平成29年告示)解説　保健体育編　第3章　指導計画の作成と内容の取扱い　1　指導計画の作成」の説明の一部である。文中の(　　)に当てはまる語句を，それぞれの選択肢から1つ選び，記号で答えなさい。

(1)　体力や技能の程度，性別や障害の有無等にかかわらず，(　①　)を共有することができるよう留意すること。

体力や技能の程度及び性別の違い等にかかわらず，仲間とともに学ぶ体験は，生涯にわたる豊かなスポーツライフの実現に向けた重要な学習の機会であることから，(　②　)が求められる。その際，心身ともに発達が著しい時期であることを踏まえ，運動種目によってはペアやグループの編成時に配慮したり，健康・安全に関する指導の充実を図ったりするなど，指導方法の工夫を図ることが大切である。

また，障害の有無等にかかわらず，仲間とともに学ぶ体験は，生涯にわたる豊かなスポーツライフの実現とともに，スポーツを通した(　③　)につながる重要な学習の機会であることから，本解説第3章の1の1　(3)に示された内容等を参考に指導の充実を図ることが大切である。

①　ア　運動の多様な楽しみ方　　イ　運動を行うための方法
　　ウ　運動の醍醐味　　　　　　エ　運動の素晴らしさ

②　ア　原則としてグループで学習を行うこと
　　イ　原則として男女共習で学習を行うこと
　　ウ　原則として自主的に学習を行うこと
　　エ　原則として誰とでも学習を行うこと

③　ア　共生社会の実現　　イ　平等社会の実現
　　ウ　協働社会の実現　　エ　共感社会の実現

(☆☆☆☆◎◎◎)

【8】「中学校学習指導要領(平成29年告示)解説　特別の教科　道徳編」について，次の各問いに答えなさい。

(1) 「第2章　道徳教育の目標　第2節　道徳科の目標」には，次のように述べられている。(　　)に当てはまる語句を以下の選択肢から1

つ選び記号で答えなさい。

第1章総則の第1の2の(2)に示す道徳教育の目標に基づき，よりよく生きるための基盤となる道徳性を養うため，道徳的諸価値についての理解を基に，自己を見つめ，物事を広い視野から多面的・多角的に考え，人間としての生き方についての考えを深める学習を通して，道徳的な判断力，(　　)，実践意欲と態度を育てる。

[選択肢]　ア　心情　　イ　表現力　　ウ　思考力　　エ　理解

(2)「第3章　道徳科の内容　第1節　内容の基本的性格　1　(1)」には，道徳科における内容の捉え方について，次のように述べられている。(　　)に当てはまる語句を以下の選択肢から1つ選び記号で答えなさい。

学習指導要領第3章の「第2　内容」は，教師と生徒が人間としてのよりよい生き方を求め，共に考え，共に語り合い，その実行に努めるための共通の課題である。学校の教育活動全体の中で，様々な場や機会を捉え，多様な方法によって進められる学習を通して，生徒自らが(　　)な道徳性を養うためのものである。

[選択肢]　ア　社会的　　イ　調和的　　ウ　独創的　　エ　安定的

(3)「第4章　指導計画の作成と内容の取扱い　第3節　指導の配慮事項　3　(2)」には，生徒が自ら考え理解し，主体的に学習に取り組む工夫について，次のように述べられている。(　　)に当てはまる語句を以下の選択肢から1つ選び記号で答えなさい。

道徳科の目標や指導のねらいを明らかにして，生徒一人一人が(　　)をもって主体的に考え，学ぶことができるようにする必要がある。また，道徳科の目標と指導内容との関係を明確にして取り組み，道徳的な内容を学ぶことの意義を理解させたり，学んだことを振り返らせたりする指導が重要である。

[選択肢]　ア　目的意識　　イ　問題意識　　ウ　見通し
　　　　　エ　意欲

(4) 「第5章　道徳科の評価　第2節　道徳科における生徒の学習状況及び成長の様子についての評価　1」には，評価の基本的態度について，次のように述べられている。(　　)に当てはまる語句を以下の選択肢から1つ選び記号で答えなさい。

> 道徳性の評価の基盤には，教師と生徒との(　　)な触れ合いによる共感的な理解が存在することが重要である。その上で，生徒の成長を見守り，努力を認めたり，励ましたりすることによって，生徒が自らの成長を実感し，更に意欲的に取り組もうとするきっかけとなるような評価を目指すことが求められる。

[選択肢]　ア　本質的　　イ　誠実的　　ウ　対話的　　エ　人格的

(☆☆☆◎◎◎)

【高等学校】

【1】次の文は，『高等学校学習指導要領(平成30年告示)解説　保健体育編　体育編　第1部　保健体育編　第2章　保健体育科の目標及び内容　第2節　各科目の目標及び内容　「保健」　2　目標』から抜粋したものである。以下の各問いに答えなさい。

> (ア)<u>保健の見方・考え方</u>を働かせ，合理的，計画的な解決に向けた学習過程を通して，生涯を通じて人々が自らの健康や環境を適切に管理し，改善していくための(イ)<u>資質・能力</u>を次のとおり育成する。
>
> (1)　個人及び社会生活における健康・安全について理解を深めるとともに，(ウ)<u>技能</u>を身に付けるようにする。
>
> (2)　(エ)<u>健康についての自他や社会の課題を発見し，合理的，計画的な解決に向けて思考し判断するとともに，目的や状況に応じて他者に伝える力を養う。</u>

(3) 生涯を通じて自他の健康の保持増進やそれを支える(　　)を目指し，明るく豊かで活力ある生活を営む態度を養う。

(1) 上の文中の(　　)に当てはまる語句を次の選択肢から1つ選び，記号で答えなさい。

ア　環境づくり　　イ　地域　　ウ　実践力　　エ　将来

(2) 下線部(ア)保健の見方・考え方について正しく説明しているものを次の選択肢から1つ選び，記号で答えなさい。

ア　運動やスポーツを，その価値や特性に着目して，楽しさや喜びとともに体力の向上に果たす役割の視点から捉え，自己の適性等に応じた『する・みる・支える・知る』の多様な関わり方と関連付けること。

イ　運動する子供とそうでない子供の二極化傾向が見られることや，様々な人々と協働し自らの生き方を育んでいくことの重要性などが指摘されている中で，体力や技能の程度，年齢や性別，障害の有無等にかかわらず，運動やスポーツの特性や魅力を実感したり，運動やスポーツが多様な人々を結び付けたり豊かな人生を送ったりする上で重要であることを認識したりすること。

ウ　各種の運動やスポーツが有する楽しさや喜び及び関連して高まる体力などの視点から，自己の適性等に応じた多様な関わり方を見いだすことができるようになるための指導の充実を図ること。

エ　個人及び社会生活における課題や情報を，健康や安全に関する原則や概念に着目して捉え，疾病等のリスクの軽減や生活の質の向上，健康を支える環境づくりと関連付けること。

(3) 下線部(イ)資質・能力を育成する観点から，正しい内容を次の選択肢から1つ選び，記号で答えなさい。

ア 「小学校，中学校，高等学校を通じて系統性のある指導ができるように示す必要がある。」としていることを踏まえ，「知識及び技能」のみの内容構成とした。

イ　「学びに向かう力，人間性等」については，目標において全体としてまとめて示し，内容のまとまりごとに指導内容を示さないことを基本としている。

ウ　「小学校，中学校，高等学校を通じて系統性のある指導ができるように示す必要がある。」としていることを踏まえ，「思考力，判断力，表現力等」の内容構成とした。

エ　従前より「態度」を内容として示していることから，内容のまとまりごとに「学びに向かう力，人間性等」に対応した指導内容を示すこととした。

(4)　下線部(ウ)技能についての内容が示されているのは次のうちどれか，正しいものを次の選択肢から1つ選び，記号で答えなさい。

ア　現代社会と健康

イ　生涯を通じる健康と安全な社会生活

ウ　安全な社会生活

エ　生涯を通じる健康と健康を支える環境づくり

(5)　次の文は下線部(エ)健康についての自他や社会の課題を発見し，合理的，計画的な解決に向けて思考し判断するとともに，目的や状況に応じて他者に伝える力を養う。について説明したものである。(　　)に当てはまる語句を以下の選択肢から1つ選び，記号で答えなさい。

健康に関わる事象や健康情報などから自他や社会の課題を発見し，よりよい解決に向けて(　①　)したり，様々な解決方法の中から適切な方法を選択するなどの(　②　)をしたりするとともに，それらを他者に表現することができるようにすることを目指したものである。

ア　①　判断　　②　発見　　イ　①　表現　　②　判断

ウ　①　思考　　②　判断　　エ　①　表現　　②　思考

(☆☆☆☆◎◎◎)

【2】次の文は，『高等学校学習指導要領(平成30年告示)解説　保健体育編　体育編　第1部　保健体育編　第2章　保健体育科の目標及び内容　第2節　各科目の目標及び内容　「体育」　3　内容　A　体つくり運動』から抜粋したものである。以下の各問いに答えなさい。

内容の取扱い

(2)　内容の「A体つくり運動」から「H体育理論」までに示す事項については，各年次において次のとおり取り扱うものとする。

ア　「A体つくり運動」に示す事項については，(　①　)の生徒に履修させること。なお，(1)のアの運動については，「B器械運動」から「Gダンス」までにおいても関連を図って指導することができるとともに，「保健」における(　②　)などの内容との関連を図ること。(1)のイの運動については，日常的に取り組める運動例を組み合わせることに重点を置くなど指導方法の工夫を図ること。

(1)　上の文中の(　①　)に当てはまる語句を次の選択肢から1つ選び，記号で答えなさい。

ア　入学年次　　イ　入学年次の次の年次以降

ウ　全て　　エ　選択希望

(2)　上の文中の(　②　)に当てはまる語句を次の選択肢から1つ選び，記号で答えなさい。

ア　健康の考え方　　イ　現代の感染症とその予防

ウ　生活習慣病などの予防と回復　　エ　精神疾患の予防と回復

(3)　下線部(1)のアの運動の「体ほぐしの運動」について正しいものを次の選択肢から1つ選び，記号で答えなさい。

ア　全ての学年で年度当初に取り扱うこととしている。

イ　「B器械運動」から「Gダンス」までの運動に関する領域におい

ても関連を図って指導することができる。

ウ　各運動の領域で行われる準備運動，補強運動，整理運動とは別に指導しなければならない。

エ　「保健」における感染症の予防と回復などの内容との関連を図ることとしている。

(4)　下線部(1)のイの運動の「実生活に生かす運動の計画」について正しいものを次の選択肢から1つ選び，記号で答えなさい。

ア　学校教育活動全体や実生活で生かすことができるように，日常的に取り組める簡単な運動の組合せを取り上げるなど，指導方法の工夫を図ることに留意すること。

イ　学校教育活動全体や実生活で生かすことができるように，運動を組合せて，健康の保持増進や調和のとれた体力向上を図るための運動を年代別で計画しなければならない。

ウ　学校教育活動全体や実生活で生かすことができるように，個人のねらいが異なることから，同じねらいをもった仲間同士で運動の組合せ方を検討したり情報を共有できればよい。

エ　学校教育活動全体や実生活で生かすことができるように，主体的・対話的で深い学びの実現に向けた授業改善を推進する観点から，体を動かす機会よりICTを効果的に活用することが大切である。

(5)　体つくり運動の領域は，各学年において，全ての生徒に履修させることとしている。また，「各科目にわたる指導計画の作成と内容の取扱い」において，授業時数については，各年次で定められているが，単位時間について各年次で定められている授業時数として正しいものを次の選択肢から1つ選び，記号で答えなさい。

ア　7単位時間程度

イ　10単位時間程度

ウ　7～10単位時間程度

エ　7又は10単位時間

(☆☆☆◎◎◎◎)

【3】次の文は，『高等学校学習指導要領(平成30年告示)解説　保健体育編　体育編　第1部　保健体育編　第2章　保健体育科の目標及び内容　第2節　各科目の目標及び内容　「体育」　3　内容　C　陸上競技』から抜粋したものである。以下の各問いに答えなさい。

> [入学年次]
> 途中省略
> (1)　知識及び技能
> 陸上競技について，次の事項を身に付けることができるよう指導する。
>
> > (1)　次の運動について，記録の向上や競争の楽しさや喜びを味わい，技術の名称や行い方，(ア)体力の高め方，運動観察の方法などを理解するとともに，各種目特有の技能を身に付けること。
> > ア　短距離走・リレーでは，(　　)へのつなぎを滑らかにして速く走ることやバトンの受渡しで次走者のスピードを十分高めること，長距離走では，(イ)自己に適したペースを維持して走ること，ハードル走では，スピードを維持した走りからハードルを低く越すこと。
> > イ　走り幅跳びでは，スピードに乗った助走から(ウ)力強く踏み切って跳ぶこと，走り高跳びでは，リズミカルな助走から力強く踏み切り滑らかな空間動作で跳ぶこと。

(1)　上の文中の(　　)に当てはまる語句を次の選択肢から1つ選び，記号で答えなさい。

ア　スタートダッシュ　　イ　中間走　　ウ　フィニッシュ
エ　次走者

(2)　陸上競技について，高等学校で初めて学習する種目の組合せとして正しいものを次の選択肢から1つ選び，記号で答えなさい。

ア　三段跳び・棒高跳び・砲丸投げ

イ　三段跳び・砲丸投げ・円盤投げ

ウ　棒高跳び・やり投げ・円盤投げ

エ　三段跳び・砲丸投げ・やり投げ

(3)　下線部(ア)体力の高め方について，次の文の(　　)に当てはまる語句の組合せを以下の選択肢から1つ選び，記号で答えなさい。

陸上競技のパフォーマンスは，体力要素の中でも，短距離走や跳躍種目などでは主として(　①　)や(　②　)に，長距離走では主として全身持久力などに強く影響される。

ア　①　敏捷(しょう)性　　②　瞬発力

イ　①　筋力　　②　瞬発力

ウ　①　巧緻性　　②　敏捷(しょう)性

エ　①　巧緻性　　②　筋力

(4)　下線部(イ)自己に適したペースを維持して走るについて，正しく説明しているものを次の選択肢から1つ選び，記号で答えなさい。

ア　自らペース変化のあるペースを設定して走ったり，仲間のペースの変化に応じて走ったりすることである。

イ　スタートダッシュでの加速を終え，ほぼ定速で走る区間の走りを，走る距離に応じた高いスピードをできる限りフィニッシュ近くまで保つことである。

ウ　自分で設定したペースの変化や仲間のペースに応じて，ストライドやピッチを切り替えて走ることである。

エ　目標タイムを達成するペース配分を自己の体力や技能の程度に合わせて設定し，そのペースに応じたスピードを維持して走ることである。

(5)　下線部(ウ)力強く踏み切ってについて，次の文の(　　)に当てはまる語句を以下の選択肢から1つ選び，記号で答えなさい。

力強く踏み切ってとは，速い助走から適切な角度で跳び出すために地面を強く(　　)ことである。

ア　押す　　イ　駆け抜ける　　ウ　キックする　　エ　踏み込む

(☆☆☆◎◎◎◎)

【4】次の文は，『高等学校学習指導要領(平成30年告示)解説　保健体育編　体育編　第1部　保健体育編　第2章　保健体育科の目標及び内容　第2節　各科目の目標及び内容　「体育」　3　内容　E　球技』から抜粋したものである。以下の各問いに答えなさい。

> [入学年次]
>
> 途中省略
>
> (1)　知識及び技能
>
> 球技について，次の事項を身に付けることができるよう指導する。
>
> > (1)　次の運動について，勝敗を競う楽しさや喜びを味わい，技術の名称や行い方，体力の高め方，運動観察の方法などを理解するとともに，作戦に応じた技能で(　　)と連携しゲームを展開すること。
> >
> > ア　ゴール型では，安定したボール操作と空間を作りだすなどの動きによってゴール前への侵入などから攻防をすること。
> >
> > イ　ネット型では，役割に応じたボール操作や安定した用具の操作と連携した動きによって空いた場所をめぐる攻防をすること。
> >
> > ウ　ベースボール型では，安定したバット操作と走塁での攻撃，ボール操作と連携した守備などによって攻防をすること。

(1)　上の文中の(　　)に当てはまる語句を次の選択肢から1つ選び，記号で答えなさい。

ア　相手　　イ　審判　　ウ　競技者全員　　エ　仲間

(2)　下線部について，正しく説明しているものを次の選択肢から1つ選び，記号で答えなさい。

ア　マークされていない味方にパスを出すこと

イ　相手に取られない位置でのドリブル

ウ　味方が操作しやすいパスを送ること

エ　味方が作り出した空間にパスを送ること

(3)「ア　ゴール型」の「技能」の＜例示＞について，次の(　　)に当てはまる語句を以下の選択肢から1つ選び，記号で答えなさい。

[入学年次]

＜例示＞

・守備者とボールの間に自分の体を入れてボールをキープすること。

[入学年次の次の年次以降]

＜例示＞

・守備者とボールの間に自分の体を入れて，(　　)ボールをキープすること。

ア　コートの外に出ないように

イ　味方と相手の動きを見ながら

ウ　相手にとられないように

エ　ゴールを見ながら

(4)「イ　ネット型」の「技能」の＜例示＞について，次の(　　)に当てはまる語句を以下の選択肢から1つ選び，記号で答えなさい。

[入学年次]

＜例示＞

・ラリーの中で，味方の動きに合わせてコート上の空いている場所をカバーすること。

[入学年次の次の年次以降]

＜例示＞

・ラリーの中で，(　　)や味方の移動で生じる空間をカバーして，守備のバランスを維持する動きをすること。

ア　相手の攻撃　　イ　味方の攻撃　　ウ　味方の指示
エ　仲間の連携

(5)「ウ　ベースボール型」の「技能」の<例示>について，次の(　　)に当てはまる語句を以下の選択肢から1つ選び，記号で答えなさい。

[入学年次]
<例示>
・打球や守備の状況に応じた塁の回り方で，塁を進んだり戻ったりすること。
[入学年次の次の年次以降]
<例示>
・(　　)，塁を進んだり戻ったりすること。

ア　仲間の声を聞いて
イ　仲間の走者の動きに合わせて
ウ　相手の技能の習熟度を考えて
エ　自分の考えを仲間に伝えて

(☆☆☆☆◎◎◎)

【5】次の文は，『高等学校学習指導要領(平成30年告示)解説　保健体育編　体育編　第1部　保健体育編　第2章　保健体育科の目標及び内容　第2節　各科目の目標及び内容　「体育」　3　内容　H　体育理論』から抜粋したものである。以下の各問いに答えなさい。

H　体育理論
体育理論の内容は，中学校体育理論の学習成果を踏まえ，「する，みる，支える，知る」といった生涯にわたる豊かなスポーツライフを卒業後にも主体的に実践できるようにするため，主に現代におけるスポーツの意義や価値，科学的，効果的なスポーツの実践，豊かなスポーツライフの設計等に関わる内容で構成されている。

特に，高等学校では，スポーツから得られる恩恵とスポーツについての課題の双方から，多角的に思考し判断し表現する学習を通して，個人がスポーツ文化を創造する主体となっていることに気付くことを目指している。

なお，運動に関する領域との関連で指導することが効果的な内容については，各運動に関する領域の(「(1)　A　」)で扱うこととしている。

指導に際しては，運動に関する領域において，具体的な知識と汎用的な知識との往還を図るなどして，知識を効果的に理解することができるようにするとともに，体育理論，(　B　)及び保健の学習成果を関連させ，それぞれの領域の学習に生かすこととしていることから，その基盤となる体育理論で学ぶ知識を確実に身に付けておくことが重要である。

(1)　下線部の現代におけるスポーツの意義や価値，科学的，効果的なスポーツの実践，豊かなスポーツライフの設計等に関わる内容で，該当しないものを次の選択肢から1つ選び，記号で答えなさい。

ア　スポーツの文化的特性や現代のスポーツの発展

イ　豊かなスポーツライフの設計の仕方

ウ　運動やスポーツの効果的な学習の仕方

エ　運動やスポーツの多様性

(2)　下線部(「(1)　A　」)に当てはまる語句で正しいものを次の選択肢から1つ選び，記号で答えなさい。

ア　知識及び技能　　　　　　　イ　知識及び運動

ウ　思考力，判断力，表現力等　エ　学びに向かう力，人間性等

(3)　下線部(　B　)に当てはまる語句で正しいものを次の選択肢から1

つ選び，記号で答えなさい。

ア　ダンス　　イ　球技　　ウ　器械運動　　エ　体つくり運動

(4)　次の文について，以下の各問いに答えなさい。

内容の取扱い 途中省略 (ア)　「H体育理論」は，(C)において，全ての生徒に履修させるとともに，「各科目にわたる指導計画の作成と内容の取扱い」に，授業時数を(C)で6単位時間以上を配当することとしている。

①　下線部(C)に当てはまる語句で正しいものを次の選択肢から1つ選び，記号で答えなさい。

ア　3年間　　イ　各運動領域　　ウ　各年次　　エ　1学期

②　波線部6単位時間以上を配当することと配慮した理由で正しくないものを次の選択肢から1つ選び，記号で答えなさい。

ア　各運動に関する領域で具体的事項を中心に実践的に取り上げ，カリキュラム・マネジメントの視点から配慮した。

イ　各領域に共通する内容や，まとまりで学習することが効果的な内容に精選することに配慮した。

ウ　中学校との接続を考慮して単元を構成し，十分な定着が図られるように配慮した。

エ　主体的・対話的で深い学びの実現に向けて事例などを用いたディスカッションや課題学習などを各学校の実態に応じて取り入れることができるように配慮した。

(☆☆☆◎◎)

解答・解説

【中学校】

【1】① イ　② ウ　③ エ

〈解説〉① 「目標」の項目(2)は，体育分野の思考力，判断力，表現力等に関する目標を示したものである。課題の発見については，第1学年及び第2学年では「自己の課題」，第3学年では「自己や仲間の課題」と示している。他者に伝える力については，全学年とも「自己や仲間の考えたことを伝える」と示している。　② 「目標」の項目(3)は，学びに向かう力，人間性等の育成に向けた運動についての態度の具体的な目標を示したものである。第1学年及び第2学年では「自己の最善を尽くして運動に取り組む」，第3学年では「生涯にわたって運動に親しむ」など，運動への愛好的な態度を育成することを目指している。③ 「共生」に関する事項では，体力や技能，性別や障害の有無等にかかわらず，一人一人の動きや課題及び挑戦には違いがあり，それらの一人一人の違いに対して，第1学年及び第2学年では「認めようとする」，第3学年では「大切にしようとする」と示している。

【2】A ウ　B ウ　C イ

〈解説〉A　スポーツ基本計画では，スポーツについて，「スポーツは，『する』『みる』『ささえる』という，様々な形での『自発的な』参画を通して，人々が感じる『楽しさ』や『喜び』に本質を持つもの」と捉えている。　B・C　第3期スポーツ基本計画における3つの新たな視点とは，「1　スポーツを『つくる／はぐくむ』」，「2　スポーツで『あつまり，ともに，つながる』」，「3　スポーツに『誰もがアクセスできる』」である。「つくる／はぐくむ」は，社会の変化や状況に応じて，既存の仕組みにとらわれずに柔軟に見直し・改善し，最適な手法・ルールを考え，作り出すこと。「あつまり，ともに，つながる」は，様々な立場・背景・特性を有した人・組織があつまり，課題の対応や活動の実施を図ること。「誰もがアクセスできる」は，性別や年齢，障害の有無，経済・地域事情等の違いによって，スポーツ活動の開始や継続に差が生じないような社会の実現や機運の醸成を図ること。

【3】(1) ウ　(2) エ　(3) ア

〈解説〉(1) 「複数の泳法で泳ぐ」とは，これまで学習したクロール，平泳ぎ，背泳ぎ，バタフライの4種目から2～4種目を選択し，続けて泳ぐこと。「リレーをする」とは，競泳的なリレー種目として，単一の泳法や複数の泳法を使ってチームで競い合うこと。　(2) 水泳は，浮力，抵抗，水圧などの影響を受けながら，水の中で浮く，呼吸をする，進むという技術の組み合わせにより行う。「抵抗」は，主に水中で身体を進める力に関する運動に影響する。水中で推進力を生み出すために必要な体の姿勢の維持，特に抵抗を少なくした流線型の姿勢(stream line)について理解することが重要である。　(3) バディシステムの目的は，安全を確認し合うだけでなく，互いに進歩の様子を確かめ合ったり，欠点を矯正する手助けをしたりすることである。

【4】① ウ　② ア　③ エ

〈解説〉① 「形」は，技や礼法における最も基本的で正確な所作や動作のことである。形は最初に身に付けたい動きであり，形をしっかりと身に付けることではじめて，高度な応用や個性の発揮が可能になっていく。　② 「二段の技」とは，1本目の打突が外れたときに，続いて2本目の打突を行うことで，例えば「小手→面」,「面→胴」などがある。　③ 「抜き技」とは，相手がしかけてきたとき体をかわして相手を空振りさせ，その隙に自分が打つ技である。

【5】① イ　② イ　③ ア

〈解説〉① 運動の学び方としては，次のような方法がある。「今ある力を確かめたうえで，目標となる動きを見つけ，練習の計画を立てる」→「計画に沿って練習する」→「記録や録画，ゲームなどにより練習の成果を確かめる」→「成果に応じて目標や計画を修正する」。
② 安全に運動やスポーツを行うには，スポーツ障害や外傷を起こさないことや，その予防も含めて安全面を考え，それぞれのスポーツの特性を理解し，自分の目的に適したスポーツを選ぶことが大切である。
③ 活動前，活動中，活動後のそれぞれで，体調や施設・用具の安全確認，準備運動・整理運動の実施，適切な休憩・水分補給が必要であるが，同時に，一緒に活動する仲間の安全に配慮することも必須である。

【6】(1) ① イ ② イ (2) ア

〈解説〉(1) ①「応急手当」とは，けが人や病人が出た場合，その場に居合わせた人が，傷病者の状態と周囲の状況を観察し，適切な手当てや通報を行うこと。 ② 傷の手当の基本は，「出血を止める」，「細菌感染を防ぐ」，「痛みを和らげる」である。出血が多い場合は生命に関わるので直ちに止血が必要であり，骨折が疑われる場合は患部を動かさないよう固定する必要がある。 (2) ① 保健に関わる原則や概念とは，疾病や傷害を防止するとともに，生活の質や生きがいを重視した健康に関する観点のこと。 ②「習得した知識を適用する」とは，これまでに学習した内容を学習場面に適用したり応用したりして，自己や仲間の課題を解決すること。 ③ 保健分野の「技能」については，ストレスへの対処及び心肺蘇生法等の応急手当を取り上げ，個人生活における健康・安全に関する基本的な技能を身に付けるよう指導することとしている。学習指導要領では，これまでは理解することにとどめていたが，改訂にともない技能として「できるようにすること」が求められている。 ④「筋道を立てて伝え合う」とは，自己や仲間の課題について，思考し判断したことを，言葉や文章及び動作などで表したり，仲間や教師などに理由を添えて伝えたりすること。

【7】① ア　② イ　③ ア

〈解説〉① 各種の運動やスポーツが有する楽しさや喜び及び関連して高まる体力などの視点から，自己の適性等に応じた「運動の多様な楽しみ方」を見いだせるようになることが，体育分野での学習と社会をつなぐ上で重要である。 ② 生涯にわたって豊かなスポーツライフを実現する資質・能力の育成に向けて，体力や技能の程度，性別や障害の有無等にかかわらず，運動やスポーツの多様な楽しみ方を共有できるように，「男女共習」が求められる。 ③ 障害の有無等にかかわらず運動やスポーツに親しむ資質・能力を育成するため，特別な配慮を要する生徒への手立て，共生の視点に基づく各領域における指導の充実を通して「共生社会の実現」を図る。例えば，練習やゲーム，競技会や発表会などの場面において，一人一人の違いを大切にしようとしたり，参加する仲間の状況に応じて楽しむ方法を学んだりするなど，指導方法の工夫が求められる。

【8】(1) ア　(2) イ　(3) ウ　(4) エ

〈解説〉(1) 道徳科の目標における「道徳的な判断力，心情，実践意欲と態度」はキーワードとして覚えておきたい。道徳科の目標は，主体的な判断に基づいて道徳的実践を行い，自立した人間として他者と共によりよく生きるための基盤となる道徳性を養うことである。つまり，道徳性を養うために重視すべきより具体的な資質・能力とは何かを明確にし，生徒の発達の段階を踏まえて計画的な指導を充実する観点から規定されており，その際，道徳的価値や人間としての生き方についての自覚を深め，道徳的実践につなげていくことができるようにすることが求められている。 (2) 道徳科における「内容」に記載されている事柄は，教師と生徒が人間としてのよりよい生き方を求め，共に考え，共に語り合い，その実行に努めるための共通の課題である。つまり，「全教育活動において指導されるべきもの」であり，出題にあるように「教育活動全体の様々な場や機会を捉え，多様な方法で進められる学習を通して，生徒自らが調和的な道徳性を養うためのもの」

であり，また，「生徒が人間として他者と共によりよく生きていく上で学ぶことが 必要と考えられる道徳的価値を含む内容を短い文章で平易に表現したもの」であり，「生徒自らが道徳性を養うための手掛かり」であると捉えられる。　(3)　道徳科の授業において，教師が特定の価値観を生徒に押し付けたり，指示どおりに主体性をもたず言われるままに行動するよう指導したりすることは，道徳教育が目指す方向の対極にあるものである。中学生になると，自分の考え方や生き方を主体的に見つめ直し，人間としての生き方や在り方について考えを深め，自分自身の人生の課題や目標を見つけようとする傾向が強まる。したがって，生徒自身が人生の課題や目標に向き合い，道徳的価値を視点に自らの人生を振り返り，これからの自己の生き方を主体的に判断するとともに，人間としての生き方について理解を深めることができるよう支援することが大切になる。　(4)　道徳科で養う道徳性は，生徒が将来いかに人間としてよりよく生きるか，いかに諸問題に適切に対応するかといった個人の問題に関わるものである。つまり，道徳性は極めて多様な生徒の人格全体に関わるものであることから，評価に当たっては，個人内の成長の過程を重視すべきである。出題の項目は，道徳教育を進めていく上で，他の教科や学習活動以上に「教師と生徒の人格的な触れ合いによる共感的な理解の存在」の大切さを示したものである。教員を志望するに当たっては，ここに示された内容を深く理解して準備を進めていくことが極めて大切である。

【高等学校】

【1】(1)　ア　(2)　エ　(3)　イ　(4)　ウ　(5)　ウ

〈解説〉(1)　保健の「学びに向かう力，人間性等」に関する資質・能力の育成についての目標である。「健康の保持増進」と「それを支える環境づくり」は，主体と環境といった保健や健康に関して基本となる考え方である。　(2)　アは体育の見方・考え方。イは，体育において見方・考え方を働かせること。ウは，体育において見方・考え方を働かせるための指導についてである。　(3)　保健の指導内容は，小学校，中学校，高等学校の系統性を踏まえて，「知識及び技能」，「思考力，判断力，表現力等」の内容構成としている。アは，「知識及び技能」のみであり，ウは，「思考力，判断力，表現力等」のみであるため誤りである。エは，保健ではなく体育における資質・能力を育成する指導内容を示している。 (4) 健康・安全に関する「技能」の例として，「安全な社会生活」の項で扱われる止血や固定，AEDなどを用いた心肺蘇生法などがある。 (5) 保健の「思考力，判断力，表現力等」に関する資質・能力の育成についての目標である。

【2】(1) ウ (2) エ (3) イ (4) ア (5) ウ

〈解説〉(1) 体つくり運動は，各年次で全ての生徒が履修することとしている。生涯にわたって継続して運動に親しむ上で，全ての生徒が体を動かす楽しさや心地よさを味わい，心と体をほぐしたり，体力を高めたりすることができることが大切である，という考え方に基づいている。 (2)「精神疾患の予防と回復」では，心身に起こった反応については，体ほぐしの運動などのリラクセーション法によるストレス緩和が重要であることを，生徒に理解させることが示されている。

(3) アは，「年度当初」ではなく，「指導計画を作成し段階的に指導する」である。ウは，「準備運動，補強運動，整理運動とは別に指導」ではなく，「準備運動，補強運動，整理運動等との整理を図り，指導と評価ができるようにする」である。エは，「感染症の予防と回復」ではなく，「精神疾患の予防と回復」である。 (4) イは，「運動を年代別に計画」ではなく，「運動の計画を立てて取り組む」である。ウは，「情報を共有できればよい」ではなく，「実践した運動の計画例を発表したりして自己のねらいと異なる運動の組み立て方についても情報を共有できるようにするなどの工夫を図るようにする」である。エは，「ICTを活用することが大切」ではなく，「ICTを効果的に活用するなどして，体を動かす機会を適切に確保することが大切」である。

(5) 授業時数については，各年次で7～10単位時間程度としている。これは，授業時数が2単位の学年については7単位時間以上とし，3単位の学年については10単位時間を目安として配当することを示したものである。

【3】(1)　イ　(2)　エ　(3)　ア　(4)　エ　(5)　ウ

〈解説〉(1)「中間走」とは，スタートダッシュでの加速を終え，ほぼ定速で走る区間の走りのこと。　(2)　陸上競技は，一般に，走・跳及び投種目で構成されるが，安全や施設面などを考慮して，中学校では投種目を除いている。ア，イ，ウにある「棒高跳び」と「円盤投げ」は，高等学校でも扱わない。高等学校では，跳躍としての走り幅跳び，走り高跳びに加えて「三段跳び」，投てきとしての「砲丸投げ」及び「やり投げ」を扱うこととしている。　(3)　陸上競技は，全身的な運動であることから，総合的に体力を高めることができる。種目によって影響される体力要素は異なり，短距離走や跳躍種目では敏捷性や瞬発力，長距離走では全身持久力，ハードル走ではリズム感や巧緻性などが高まる。　(4)　ア，イ，ウはいずれも入学年次の次の年次以降の内容なので誤り。アは，長距離走における「ペースの変化に対応して走る」こと，イは，短距離走やリレーにおける「中間走の高いスピードを維持して速く走る」こと，ウは，「ペースの変化に対応して走る」ことの具体的な走り方の例。　(5)　走り幅跳びで力強く踏み切るとは「地面を踏みつけるように強くキックすること」，走り高跳びで強く踏み切るとは「足裏全体で強く地面を押すようにキックすること」である。

【4】(1)　エ　(2)　ウ　(3)　イ　(4)　ア　(5)　イ

〈解説〉(1)　高等学校の球技では，勝敗を競ったりチームや自己の課題を解決したりするなどの多様な楽しさや喜びを味わい，作戦や状況に応じた技能や仲間と連携した動きを高めてゲームが展開できるようにすることなどが求められる。　(2)　アの「マークされていない味方にパスを出すこと」は中学校第1学年及び第2学年において，イの「相手に取られない位置でのドリブル」は小学校第5学年及び第6学年において，エの「味方が作り出した空間にパスを送ること」は高等学校入学年次の次の年次以降において，それぞれ示されているボール操作である。　(3)　ゴール型のボール操作に関わる技能として，入学年次では「安定したボール操作」，入学年次の次の年次以降では「状況に応じたボール操作」と示されている。「状況に応じたボール操作」を行うには，味方や相手の動きを見ながらボール操作を行うことが必要である。(4)　ネット型の「ボールを持たないときの動き」のうち，「連携した動き」に関わる技能である。入学年次では，連携プレイのための基本的なフォーメーションに応じた位置に動くことが求められるが，入学年次の次の年次以降では，相手の攻撃の変化に応じて仲間とタイミングを合わせて守備位置を移動したり，ポジションに応じて相手を引き付けたりする動きが求められる。　(5)　ベースボール型の走塁に関わる技能である。入学年次では「スピードを落とさずに円を描くように塁間を走り，打球や守備の状況に応じて次の塁への進塁をねらう動き」と示され，入学年次の次の年次以降では「打球や守備の状況，進塁した仲間の走塁に応じて走るスピードをコントロールしたり，タイミングよく離塁したりして進塁をねらう動き」と示されている。

【5】(1)　エ　　(2)　ア　　(3)　エ　　(4)　①　ウ　　②　ア

〈解説〉(1)　エの「運動やスポーツの多様性」は，高等学校ではなく中学校の体育理論における指導内容である。高等学校における体育理論は，「1　スポーツの文化的特性や現代のスポーツの発展」，「2　運動やスポーツの効果的な学習の仕方」，「3　豊かなスポーツライフの設計の仕方」で構成されている。　(2)　各領域との関連で指導することが効果的な領域の特性や成り立ち，技術の名称や行い方，課題解決の方法などの知識については，各領域の「知識及び技能」に示し，「知識及び技能」を相互に関連させて学習させることとしている。

(3)　体つくり運動では，「実生活に生かす運動の計画の行い方」，「体力の構成要素」，「実生活への取り入れ方」などが示されており，体育理論では体格，体力・運動能力と技能の関連についての概念の理解に重点を置いて取り扱う。　(4)　①　体育理論の「1　スポーツの文化的特性や現代のスポーツの発展」は入学年次，「2　運動やスポーツの効果的な学習の仕方」はその次の年次，「3　豊かなスポーツライフの設計の仕方」はそれ以降の年次で取り上げ，各年次において履修させる。　②　体育理論では主に概念的，理念的な知識を中心に取り上げ，指導方法の工夫などにより，確実に習得させるようにする。各領域との関連で指導することが効果的な内容については，運動に関する領域と体育理論を相互に関連させて学習させることにより，知識の重要性を一層実感できるように配慮することが示されているが，「体育理論」を6単位時間以上配当することへの配慮ではない。

2022年度　実施問題

【中学校】

【1】次の文は，「中学校学習指導要領(平成29年告示)解説　保健体育編　第2章　保健体育科の目標及び内容　第1節　教科の目標及び内容　1　教科の目標」の一部である。以下の各問いに答えなさい。

> 体育や保健の(　①　)を働かせ，課題を発見し，合理的な解決に向けた学習過程を通して，心と体を一体として捉え，生涯にわたって心身の健康を保持増進し豊かなスポーツライフを実現するための資質・能力を次のとおり育成することを目指す。
> (1)　各種の運動の特性に応じた技能等及び個人生活における健康・安全について理解するとともに，(　②　)を身に付けるようにする。
> (2)　運動や健康についての自他の課題を発見し，合理的な解決に向けて思考し判断するとともに，他者に伝える力を養う。
> (3)　生涯にわたって運動に親しむとともに健康の保持増進と体力の向上を目指し，明るく豊かな生活を営む態度を養う。

(1)　上の文の(　　)に当てはまる語句を答えなさい。

(2)　次の文は，下線部を説明したものである。文中の(　　)に当てはまる語句を答えなさい。

> 他者に伝えるとは，自己や仲間の課題について，思考し判断したことを，言葉や文章及び(　①　)などで表したり，仲間や教師などに(　②　)を添えて伝えたりすることを示している。

(☆☆☆◎◎◎)

【2】次の文は,「中学校学習指導要領(平成29年告示)　第2章　各教科　第7節　保健体育　第2　各学年の目標及び内容〔体育分野　第3学年〕2　内容　H　体育理論」の一部である。文中の(　　)に当てはまる語句を答えなさい。

> ア　文化としてのスポーツの意義について理解すること。
> (ア)　スポーツは,文化的な生活を営みよりよく生きていくために重要であること。
> (イ)　オリンピックやパラリンピック及び国際的なスポーツ大会などは,(　①　)や(　②　)に大きな役割を果たしていること。
> (ウ)　スポーツは,民族や国,人種や性,(　③　)の違いなどを超えて人々を結び付けていること。

(☆☆☆☆◎◎◎)

【3】次の文は,「中学校学習指導要領(平成29年告示)解説　保健体育編　第2章　保健体育科の目標及び内容　第2節　各分野の目標及び内容〔体育分野〕2　内容　E　球技」の[第1学年及び第2学年]における「(1)　知識及び技能　○　技能　イ　ネット型」の説明の一部である。文中の(　　)に当てはまる語句を答えなさい。ただし,同じ番号には同じ語句が入るものとする。

> 第1学年及び第2学年では(　①　)を続けることを重視し,ア<u>ボールや用具の操作</u>とイ<u>定位置に戻るなどの動き</u>によって(　②　)をめぐる攻防を展開できるようにする。
> 指導に際しては,(　②　)への攻撃を中心とした(　①　)の継続についての学習課題を追究しやすいように,プレイヤーの人数,コートの広さ,用具,プレイ上の制限を工夫したゲームを取り入れ,ボールや用具の操作とボールを持たないときの動きに着目させ,学習に取り組ませることが大切である。

下線部アについての<例示>

・サービスでは，ボールやラケットの中心付近で捉えること。
・ボールを返す方向に(　③　)を向けて打つこと。
・味方が操作しやすい位置にボールをつなぐこと。
・相手側のコートの(　②　)にボールを返すこと。
・テイクバックをとって肩より高い位置からボールを打ち込むこと。

下線部イについての<例示>

・相手の打球に備えた(　④　)をとること。
・プレイを開始するときは，各ポジションの定位置に戻ること。
・ボールを打ったり受けたりした後，ボールや相手に正対すること。

(☆☆☆☆◎◎◎)

【4】次の文は，「中学校学習指導要領(平成29年告示)解説　保健体育編　第2章　保健体育科の目標及び内容　第2節　各分野の目標及び内容〔体育分野〕2　内容　G　ダンス」の[第1学年及び第2学年]における「(1)　知識及び技能」の一部である。以下の各問いに答えなさい。

(1)　次の運動について，感じを込めて踊ったりみんなで踊ったりする楽しさや喜びを味わい，ダンスの特性や由来，表現の仕方，その運動に関連して高まる体力などを理解するとともに，イメージを捉えた表現や踊りを通した交流をすること。
ア　(　　)では，多様なテーマから表したいイメージを捉え，動きに変化を付けて即興的に表現したり，変化のあるひとまとまりの表現にしたりして踊ること。
イ　フォークダンスでは，日本の民踊(よう)や外国の踊りから，それらの踊り方の特徴を捉え，音楽に合わせて特徴的なステップや動きで踊ること。

ウ　現代的なリズムのダンスでは，リズムの特徴を捉え，変化のある動きを組み合わせて，リズムに乗って全身で踊ること。

(1)　上の文の(　　)に当てはまる語句を答えなさい。

(2)　下線部について，「中学校学習指導要領(平成29年告示)解説　保健体育編　第2章　保健体育科の目標及び内容　第2節　各分野の目標及び内容〔体育分野〕2　内容　G　ダンス」における「現代的なリズムのダンスのリズムと動きの例」では，次の表のようにまとめている。表中の(　　)に当てはまる語句を答えなさい。ただし，同じ番号には同じ語句が入るものとする。

	中学校１・２年	中学校３年
リズムに乗って全身で自由に踊る	・リズムの特徴を捉え，軽快なリズムに乗って体幹部を中心に全身で自由に弾んで踊る ・(　①　)はシンプルなビートを強調して踊る ・ヒップホップは一拍ごとにアクセントのある細分化されたビートを強調して踊る ・簡単な繰り返しのリズムで踊る	・リズムの特徴を捉え，リズムに乗って体幹部を中心に全身で自由に弾んで踊る ・(　①　)は全身でビートに合わせて弾んで踊る ・ヒップホップは膝の上下に合わせて腕を動かしたりして踊る ・仲間と関わって踊る
まとまりを付けて踊る	・リズムに変化を付けて踊る ・仲間と動きを合わせたりずらしたりして踊る ・変化のある動きを組み合わせて続けて踊る	・踊りたいリズムや音楽の特徴を捉えて踊る ・動きの変化や，個と群の動きを協調してまとまりを付けて連続して踊る
発表や交流	・動きを見せ合って交流する	・(　②　)を見せ合う

(☆☆☆☆◎◎◎)

【５】次の図は，「中学校学習指導要領(平成29年告示)解説　保健体育編　第2章　保健体育科の目標及び内容　第2節　各分野の目標及び内容〔保健分野〕　2　内容　(1)　健康な生活と疾病の予防」について表し

たものである。図中の(　　)に当てはまる語句を答えなさい。ただし，同じ番号には同じ語句が入るものとする。

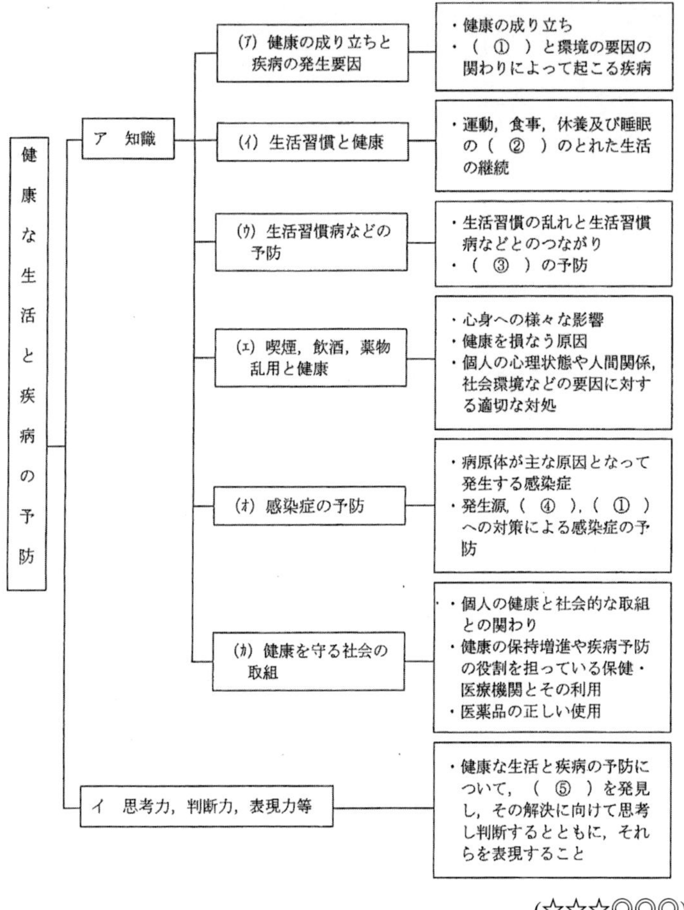

(☆☆☆◎◎◎)

【6】次の文は，「教育の情報化に関する手引(令和元年12月)　第4章　教科等の指導におけるICTの活用　第3節　各教科等におけるICTを活用した教育の充実　2. 中学校の各教科等におけるICTを活用した教育の充実　(7)　保健体育」の一部で，保健体育科の授業において，ICTを

効果的に活用できる7つの場面を示したものである。以下の各問いに答えなさい。

① 生徒の学習に対する興味・関心を高める場面 ② 生徒一人一人が課題を明確に把握する場面 ③ 動きを撮影した画像を基に，グループでの(　　)を活性化させる場面 ④ 学習の成果を確認し，評価の資料とする場面 ⑤ 動画視聴による課題発見，課題解決の場面 ⑥ アンケート機能の活用による生徒の意見を効率的に可視化する場面 ⑦ 情報の収集や表現をする場面

(1) 上の文の(　　)に当てはまる語句を答えなさい。

(2) 体育分野における運動の実践で，生徒がICTを活用する時の留意点を，「情報モラルへの配慮に関すること」及び「タブレット端末等の取扱いや操作に関すること」以外で一つ挙げなさい。

(☆☆☆☆☆◎◎)

【7】「中学校学習指導要領(平成29年告示)解説　特別の教科　道徳編」について，次の各問いに答えなさい。

(1) 「第2章　道徳教育の目標　第2節　道徳科の目標」には，道徳教育の要である道徳科の目標について，次のように述べられている。(　　)に当てはまる語句を答えなさい。

第1章総則の第1の2の(2)に示す道徳教育の目標に基づき，よりよく生きるための基盤となる道徳性を養うため，道徳的諸価値についての(　①　)を基に，自己を見つめ，物事を広い視野から多面的・多角的に考え，人間としての(　②　)についての考えを深める学習を通して，道徳的な判断力，心情，実践意欲と態度を育てる。

(2) 「第3章　道徳科の内容　第1節　内容の基本的性格　2　内容の取扱い方　(1)」には，関連的，発展的な取扱いの工夫について，次のように述べられている。(　　)に当てはまる語句を答えなさい。

> 道徳科の指導に当たっては，内容項目間の(　①　)を十分に考慮したり，指導の(　②　)を工夫したりして，生徒の実態に応じた適切な指導を行うことが大切である。そして，全ての内容項目が調和的に関わり合いながら，生徒の道徳性が養われるように工夫する必要がある。

(3) 「第4章　指導計画の作成と内容の取扱い　第3節　指導の配慮事項　5　問題解決的な学習など多様な方法を取り入れた指導　(1)」には，道徳科における問題解決的な学習の工夫について，次のように述べられている。(　　)に当てはまる語句を答えなさい。

> 道徳科における問題解決的な学習とは，生徒一人一人が生きる上で出会う様々な道徳上の問題や課題を多面的・多角的に考え，(　①　)に判断し実行し，よりよく生きていくための資質・能力を養う学習である。そうした問題や課題は，多くの場合，道徳的な判断や心情，意欲に誤りがあったり，複数の道徳的価値が衝突したりするために生じるものである。指導方法は，(　②　)に即して，目標である道徳性を養うことに資するものでなければならない。

(4) 「第5章　道徳科の評価　第2節　1　評価の基本的態度」には，指導と評価の関連性について，次のように述べられている。(　　)に当てはまる語句を，以下の[選択肢]からそれぞれ選び，記号で答えなさい。

道徳性を養うことを学習活動として行う道徳科の指導では，その学習状況や(　①　)を適切に把握し評価することが求められる。生徒の学習状況は，指導によって変わる。道徳科における生徒の学習状況の把握と評価については，教師が道徳科における指導と評価の考え方について明確にした(　②　)の作成が求められる。道徳性を養う道徳教育の要である道徳科の授業を改善していくことの重要性はここにある。

[選択肢]　ア　指導計画　　イ　成長の様子　　ウ　評価計画
　　　　　エ　学習の様子

(☆☆☆☆◎◎◎◎)

【高等学校】

【1】次の文は，「高等学校学習指導要領(平成30年告示)解説　保健体育編　体育編　第1部　保健体育編　第2章　保健体育科の目標及び内容　第1節　教科の目標及び内容　1　教科の目標」である。文中の(　　)に当てはまる語句を答えなさい。

体育や保健の見方・考え方を働かせ，課題を発見し，合理的，計画的な解決に向けた学習過程を通して，心と体を一体として捉え，生涯にわたって心身の健康を保持増進し(　①　)を継続するための資質・能力を次のとおり育成することを目指す。 (1)　各種の運動の特性に応じた技能等及び社会生活における健康・安全について理解するとともに，技能を身に付けるようにする。 (2)　運動や健康についての自他や社会の課題を発見し，合理的，計画的な解決に向けて思考し判断するとともに，他者に伝える力を養う。 (3)　生涯にわたって継続して運動に親しむとともに健康の保持増進と(　②　)を目指し，明るく豊かで活力ある生活を営む態度を養う。

(☆☆☆◎◎◎)

【2】次の表は，「高等学校学習指導要領(平成30年告示)解説　保健体育編　体育編　第1部　保健体育編　第2章　保健体育科の目標及び内容　第2節　各科目の目標及び内容　4　内容の取扱い」に示されている『「体育」の領域及び内容の取扱い』の一部を抜粋したものである。表中の(　　)に当てはまる語句を答えなさい。ただし，同じ記号には同じ語句が入るものとする。

「体育」の領域及び内容の取扱い

	内容の取扱い		
領　　域	入学年次	その次の年次	それ以降の年次
A 体つくり運動	（ ア ）	（ ア ）	（ ア ）
B 器械運動	B，C，D，G から①以上選択	B，C，D，E，F，Gから②以上選択	B，C，D，E，F，Gから②以上選択
C 陸上競技			
D 水泳			
E 球技	E，F から①以上選択		
F （ イ ）			
G ダンス	B，C，D，G から①以上選択		
H （ ウ ）	（ ア ）	（ ア ）	（ ア ）

(☆☆◎◎◎)

【3】次の文は，「高等学校学習指導要領(平成30年告示)解説　保健体育編　体育編　第1部　保健体育編　第2章　保健体育科の目標及び内容　第2節　各科目の目標及び内容「体育」3　内容　D　水泳」から抜粋したものである。以下の各問いに答えなさい。

[入学年次の次の年次以降]

(1)　知識及び技能

水泳について，次の事項を身に付けることができるよう指導する。

(1)　次の運動について，記録の向上や競争及び自己や仲間の課題を解決するなどの多様な(　①　)や喜びを味わい，技術の名称や行い方，体力の高め方，課題解決の方法，競技会の仕方などを理解するとともに，自己に適した泳法の効率を高めて泳ぐこと。

ア　クロールでは，手と足の動き，呼吸のバランスを保ち，(　②　)のある動作と安定したペースで長く泳いだり速く泳いだりすること。
イ　平泳ぎでは，手と足の動き，呼吸のバランスを保ち，(　②　)のある動作と安定したペースで長く泳いだり速く泳いだりすること。
ウ　背泳ぎでは，手と足の動き，呼吸のバランスを保ち，安定したペースで長く泳いだり速く泳いだりすること。
エ　バタフライでは，手と足の動き，呼吸のバランスを保ち，安定したペースで長く泳いだり速く泳いだりすること。
オ　複数の泳法で長く泳ぐこと又はリレーをすること。

(1)　上の文中の，(　　)に当てはまる語句を答えなさい。ただし，同じ番号には同じ語句が入るものとする。

(2)　[入学年次の次の年次以降]における「ア　スタート」の指導について，次の文の(　　)に当てはまる語句を答えなさい。

特に，スタートの「(　①　)」，「力強く蹴りだす」，「(　②　)」といった各局面を，各泳法に適した一連の動きで安全にできるようにすることが大切である。

(3)　[入学年次の次の年次以降]における「イ　ターン」の指導について，次の文の(　　)に当てはまる語句を答えなさい。

なお，(　①　)を取り扱う場合は水深に十分注意して行うようにする。また(　②　)では，長く泳ぐ際の呼吸の入れ方を指導することも大切である。

(☆☆◎◎◎)

【4】次の文は，「高等学校学習指導要領(平成30年告示)解説　保健体育編　体育編　第1部　保健体育編　第2章　保健体育科の目標及び内容　第2節　各科目の目標及び内容「体育」3　内容　G　ダンス」から抜粋したものである。文中の(　　)に当てはまる語句を答えなさい。ただし，同じ番号には同じ語句が入るものとする。

[入学年次の次の年次以降]

(1)　知識及び技能

ダンスについて，次の事項を身に付けることができるよう指導する。

(1)　次の運動について，感じを込めて踊ったり仲間と自由に踊ったり，自己や仲間の課題を解決したりするなどの多様な楽しさや喜びを味わい，ダンスの名称や用語，文化的背景と表現の仕方，交流や発表の仕方，課題解決の方法，体力の高め方などを理解するとともに，それぞれ特有の表現や踊りを身に付けて交流や発表をすること。

ア　創作ダンスでは，表したい(　①　)にふさわしい(　②　)を捉え，個や群で，対極の動きや空間の使い方で変化を付けて即興的に表現したり，(　②　)を強調した作品にまとめたりして踊ること。

イ　フォークダンスでは，日本の(　③　)や外国の踊りから，それらの踊り方の特徴を強調して，音楽に合わせて多様な(　④　)や動きと組み方で仲間と対応して踊ること。

ウ　現代的なリズムのダンスでは，リズムの特徴を強調して(　⑤　)で自由に踊ったり，変化とまとまりを付けて仲間と対応したりして踊ること。

(☆☆☆◎◎◎)

【5】次の文は，「高等学校学習指導要領(平成30年告示)解説　保健体育編　体育編　第1部　保健体育編　第2章　保健体育科の目標及び内容　第2節　各科目の目標及び内容「体育」3　内容　B　器械運動」から抜粋したものである。以下の各問いに答えなさい。

[入学年次]

> (1)　知識及び技能
>
> 器械運動について，次の事項を身に付けることができるよう指導する。
>
> > (1)　次の運動について，技ができる楽しさや喜びを味わい，技の名称や行い方，運動観察の方法，体力の高め方などを理解するとともに，自己に適した技で演技すること。
> >
> > ア　マット運動では，回転系や(　①　)の基本的な技を(　②　)安定して行うこと，条件を変えた技や発展技を行うこと及びそれらを構成し演技すること。
> >
> > イ　鉄棒運動では，(　③　)や懸垂系の基本的な技を(　②　)安定して行うこと，条件を変えた技や発展技を行うこと及びそれらを構成し演技すること。
> >
> > ウ　平均台運動では，体操系やバランス系の基本的な技を(　②　)安定して行うこと，条件を変えた技や発展技を行うこと及びそれらを構成し演技すること。
> >
> > エ　跳び箱運動では，切り返し系や回転系の基本的な技を(　②　)安定して行うこと，条件を変えた技や発展技を行うこと。

(1)　上の文中の(　　)に当てはまる語句を答えなさい。ただし，同じ番号には同じ語句が入るものとする。

(2)　跳び箱運動について，次の表の(　　)に当てはまる技を答えなさい。

跳び箱運動の主な技の例

系	グループ	基本的な技 (主に中1・2で例示)	発展技
切り返し系	切り返し跳び	開脚跳び──────→	(①)
		かかえ込み跳び───→	屈伸跳び
回転系	回転跳び	前方屈腕倒立回転跳び→	前方倒立回転跳び →(②)

(☆☆☆◎◎◎)

【6】次の各問いに答えなさい。

(1) 次の文は,「高等学校学習指導要領(平成30年告示)解説 保健体育編 体育編 第1部 保健体育編 第2章 保健体育科の目標及び内容 第2節 各科目の目標及び内容「保健」3 内容 (1) 現代社会と健康 ア 知識 (オ) 精神疾患の予防と回復 ⓘ 精神疾患への対処」から抜粋したものである。( )に当てはまる語句を答えなさい。

> 精神疾患の予防と回復には,身体の健康と同じく,適切な(①),食事,(②)及び睡眠など,(③)のとれた生活を実践すること,早期に心身の不調に気付くこと,心身に起こった反応については体ほぐしの運動などのリラクセーションの方法で(④)を緩和することなどが重要であることを理解できるようにする。

(2) 次の文は,「高等学校学習指導要領(平成30年告示)解説 保健体育編 体育編 第1部 保健体育編 第2章 保健体育科の目標及び内容 第2節 各科目の目標及び内容 「保健」 3 内容 (2) 安全な社会生活 ア 知識及び技能 (イ) 応急手当 ⓤ 心肺蘇(そ)生法」から抜粋したものである。( )に当てはまる語句を答えなさい。ただし,同じ番号には同じ語句が入るものとする。

> 心肺停止状態においては，急速に回復の可能性が失われつつあり，速やかな(　①　)，人工呼吸，(　②　)，(　③　)の使用などが必要であること，及び方法や手順について，実習を通して理解し，(　③　)などを用いて心肺蘇(そ)生法ができるようにする。
> その際，複数人数で対処することがより有効であること，(　②　)を優先することについて触れるようにする。

(☆☆☆◎◎◎)

解答・解説

【中学校】

【1】(1)　①　見方・考え方　　②　基本的な技能　　(2)　①　動作　②　理由

〈解説〉(1)　目標の改善として示されているもので，教科の目標については，従前，「心と体を一体としてとらえ，運動や健康・安全についての理解と運動の合理的な実践を通して，生涯にわたって運動に親しむ資質や能力を育てるとともに健康の保持増進のための実践力の育成と体力の向上を図り，明るく豊かな生活を営む態度を育てる」としていたものである。体育の見方・考え方については，生涯にわたる豊かなスポーツライフを実現する観点を踏まえ，「運動やスポーツを，その価値や特性に着目して，楽しさや喜びとともに体力の向上に果たす役割の視点から捉え，自己の適性等に応じた『する・みる・支える・知る』の多様な関わり方と関連付けること」，保健の見方・考え方については，疾病や傷害を防止するとともに，生活の質や生きがいを重視した健康に関する観点を踏まえ，「個人及び社会生活における課題や情報を，健康や安全に関する原則や概念に着目して捉え，疾病等のリスクの軽減や生活の質の向上，健康を支える環境づくりと関連付けること」であると考えられる。 (2) 学校教育法において，「生涯にわたり学習する基盤が培われるよう，基礎的な知識及び技能を習得させるとともに，これらを活用して課題を解決するために必要な思考力，判断力，表現力その他の能力をはぐくみ，主体的に学習に取り組む態度を養うことに，特に意を用いなければならない」(第30条)と規定されていることから，このようなことが示されている。

【2】① 国際親善 ② 世界平和 ③ 障害

〈解説〉スポーツが人々の生活や人生を豊かにするかけがえのない文化となっていること，また，そのような文化としてのスポーツが世界中に広まることによって，現代生活の中で重要な役割を果たしていることなど，現代スポーツの価値について理解できるようにする必要がある。「文化としてのスポーツの意義」では，現代社会においてスポーツの文化的意義が高まり，国際的なスポーツ大会などが果たす役割が重要になってきていることなどを中心として構成されている。

【3】① ラリー ② 空いた場所 ③ ラケット面 ④ 準備姿勢

〈解説〉ボールや用具の操作とは，基本となる用具の握り方(グリップ)，ボールを受ける前の身体や用具の構え方(準備姿勢)から，ボールを捉える位置への移動の仕方(ステップ)，腕や用具の振り方(テイクバックやスイング)，ボールの捉え方(インパクト)，ボールを捉えた後の身体や用具の操作(フォロースルー)などで，身体や用具を操作してボールを味方につないだり，相手側のコートに打ち返したりすることである。また，定位置に戻るなどの動きとは，相手側のコートにボールを打ち返した後，基本的なステップなどを用いて自分のコートに空いた場所を作らないように定位置に戻り，次の攻撃に備えるなどのボールを持たないときの動きのことである。

【4】(1)　①　創作ダンス　　(2)　①　ロック　　②　簡単な作品
〈解説〉ダンスは，創作ダンス，フォークダンス，現代的なリズムのダンスで構成され，イメージを捉えた表現や踊りを通した交流を通して仲間とのコミュニケーションを豊かにすることを重視する運動である。現代的なリズムのダンスは，ロックやヒップホップなどの現代的なリズムの曲で踊るダンスを示しており，リズムの特徴を捉え，変化のある動きを組み合わせて，リズムに乗って体幹部(重心部)を中心に全身で自由に弾んで踊ることをねらいとしている。指導に際しては，ロックやヒップホップなどのリズムに合った曲を，指導の段階に応じてグループごとに選曲させる。まとまりのある動きをグループで工夫するときは，一人一人の能力を生かす動きや相手と対応する動きなどを取り入れながら，仲間と関わりをもって踊ることに留意させたり，仲間やグループ間で，簡単な作品を見せ合う発表の活動を取り入れたりするようにする。

【5】①　主体　　②　調和　　③　がん　　④　感染経路　　⑤　課題
〈解説〉健康な生活と疾病の予防では，人間の健康は，主体と環境が関わり合って成り立つこと，健康を保持増進し，疾病を予防するためには，それに関わる要因に対する適切な対策があることについて理解できるようにする必要がある。また，健康な生活と疾病の予防に関する課題を発見し，その解決に向けて思考し判断するとともに，それらを表現することができるようにすることが必要である。さらに，自他の健康に関心をもち，現在だけでなく生涯を通じて健康の保持増進や回復に主体的に取り組む態度を身に付けることが必要である。健康の保持増進や生活習慣病などを予防するため，適切な運動，食事，休養及び睡眠が必要であること，生活行動と健康に関する内容として喫煙，飲酒，薬物乱用を取り上げ，これらと健康との関係を理解できるようにすること，また，疾病は主体と環境が関わりながら発生するが，疾病はそれらの要因に対する適切な対策，例えば，感染症への対策や保健・医療機関や医薬品を有効に利用することなどによって予防できること，

社会的な取組も有効であることなどの知識と，健康な生活と疾病の予防に関する課題を解決するための思考力，判断力，表現力等を中心として構成されている。

【6】(1)　話合い　　(2)　活動そのものの低下を招かない

〈解説〉保健体育科の授業においては，心と体を一体として捉え，生涯にわたって心身の健康を保持増進し豊かなスポーツライフを実現するための資質・能力を育成することを目指している。保健体育科におけるICTの活用については，教科及び領域の特性として，運動場や体育館等で手軽に用いることができること，操作等に時間を要しないこと，短時間で繰り返し活用できること等に留意することが重要である。「動きを撮影した画像を基に，グループでの話合いを活性化させる場面」とは，球技のゲームや武道の試合，ダンスの発表などを撮影し，グループでの活動後，個人の動きや相手との攻防，仲間との連携等を画像で振り返ることにより，仲間の動きを指摘し合ったり，新たな動き方などを話し合ったりすることで，自己の考えを表現するための資料とすることが期待できる。

【7】(1)　①　理解　　②　生き方　　(2)　①　関連　　②　順序
(3)　①　主体的　　②　ねらい　　(4)　①　イ　　②　ア

〈解説〉(1)　道徳教育は学校の教育活動全体を通じて行う教育活動であり，「中学校学習指導要領(平成29年3月告示)」の「第1章　総則　第1　中学校教育の基本と教育課程の役割　2(2)」には，「道徳教育は，教育基本法及び学校教育法に定められた教育の根本精神に基づき，人間としての生き方を考え，主体的な判断の下に行動し，自立した人間として他者と共によりよく生きるための基盤となる道徳性を養うことを目標とする」と示されている。出題は，この目標に基づいて作成された道徳科の目標である。文中の「よりよく生きるための道徳性」，「道徳的諸価値」，「自己を見つめ」，「人間としての生き方」，「道徳的な判断力，心情，実践意欲と態度」などの文言については，学習指導要領及び同解説を相互参照しながら，その意図するところを理解しておきたい。　(2)「第3章　第1節　2(1)　関連的，発展的な取り扱いの工夫　ア　関連性をもたせる」の項からの出題である。本項では「関連性をもたせる」ことの重要性を提起し「内容項目を熟知した上で，各学校の実態，特に生徒の実態に即して，生徒の人間的な成長をどのように図り，どのように道徳性を養うかという観点から，幾つかの内容を関連付けて指導することが考えられる」と解説している。また，語句としては示されていないが，幾つかの関連した内容などについて取り扱う場合は，関連した内容の順序を十分に考慮する必要があることは言うまでもない。本項には，「特別の教科道徳」を指導する上で重要な内容が説明されている。十分に読みこなし，教師に求められる「授業力」を身に付けておきたい。　(3)　本問については，「中学校学習指導要領(平成29年3月告示)」の「第3章　特別の教科　道徳　第3　指導計画の作成と内容の取扱い」の項を参照されたい。本項の「配慮事項」では，「道徳性を養うことの意義について，生徒自らが考え，理解し，主体的に学習に取り組むことができるようにすること」，「指導のねらいに即して，問題解決的な学習，道徳的行為に関する体験的な学習を適切に取り入れるなど，指導方法を工夫すること」と示されている。本問で提示されている「問題解決的な指導の工夫」は，この配慮事項を受けて作成されたものである。中学校学習指導要領では，指導の際の配慮事項として「主体的に判断し実行」することの視点が，一層重視されるようになっている。「多面的・多角的」という文言と併せ，重要なキーワードとして理解しておくことが大切である。なお，「問題解決的な学習」の指導には，教員としての「授業力」が必要とされる。早期からその力を付けていくことが必要である。　(4)　中学校学習指導要領(平成29年告示)の「第3章　第3　指導計画の作成と内容の取扱い」の項では，「道徳科における評価」について，「生徒の学習状況や道徳性に係る成長の様子を継続的に把握し，指導に生かすよう努める必要がある。ただし，数値などによる評価は行わないものとする」と示されている。出題の「評価の基本的態度」は，これを受け，道徳科の指導と評価に関して極めて重要で基本的な態度を説明したものである。筆記試験だけでなく，面接試験においても問われることを想定しながら，理解を深めておくことが大切である。

【高等学校】

【1】① 豊かなスポーツライフ ② 体力の向上

〈解説〉目標の改善として示されているもので，教科の目標については，平成28年12月の中央教育審議会答申において，学校教育法第30条第2項の「生涯にわたり学習する基盤が培われるよう，基礎的な知識及び技能を習得させるとともに，これらを活用して課題を解決するために必要な思考力，判断力，表現力その他の能力をはぐくみ，主体的に学習に取り組む態度を養うことに，特に意を用いなければならない」とされている規定を一層明確化するため，見直しが図られている。

【2】ア 必修 イ 武道 ウ 体育理論

〈解説〉体つくり運動に関しては，各年次において全ての生徒に履修させることとし，指導内容の定着がより一層図られるよう，「各科目にわたる指導計画の作成と内容の取扱い」に授業時数を「各年次で7～10単位時間程度」を配当すると示されている。武道に関しては，従前どおり，「柔道」又は「剣道」のいずれかを選択して履修できるようにすることとされている。また，内容の取扱いに，我が国固有の伝統と文化への理解を深める観点から，日本固有の武道の考え方に触れることができるよう，「柔道，剣道，相撲，空手道，なぎなた，弓道，合気道，少林寺拳法，銃剣道などを通して，我が国固有の伝統と文化により一層触れることができるようにすること」を新たに示すとともに，学校や地域の実態に応じて，従前から示されている相撲，なぎなた，弓道に加えて，空手道，合気道，少林寺拳法，銃剣道などについても履修させることができることを新たに示している。「体育理論」については，スポーツの意義や価値の理解につながるよう，(1)スポーツの文化的特性や現代のスポーツの発展，(2)運動やスポーツの効果的な学習の仕方，(3)豊かなスポーツライフの設計の仕方で構成されている。

【3】(1)　①　楽しさ　　②　伸び　　(2)　①　準備の姿勢をとる
②　泳ぎ始める　　(3)　①　クイックターン　　②　オープンターン

〈解説〉水泳について，入学年次の次の年次以降では，多様な楽しさや喜びを味わい，技の名称や行い方などを理解するとともに，自己に適した泳法の効率を高めて泳ぐこと，生涯にわたって運動を豊かに継続するための課題に取り組み，考えたことを他者に伝えること及び器械運動に主体的に取り組むとともに，公正，協力，共生などの意欲を育み，健康・安全を確保することができるようにする。「水泳の多様な楽しさや喜びを味わうこと」とは，記録の向上や競争を通して得られる楽しさや喜びに加えて，体力や技能の程度等にかかわらず，「する，みる，支える，知る」などのスポーツの多様な楽しさや喜びを味わうことである。各泳法において，スタート及びターンは続けて長く泳いだり速く泳いだりする上で重要な技能の一部であることから，泳法との関連において取り上げることとしたものである。スタートの指導については，事故防止の観点から，入学年次においては水中からのスタートを取り扱うこととする。入学年次の次の年次以降においても原則として水中からのスタートを取り扱うこととするが，「安全を十分に確保した上で，学校や生徒の実態に応じて段階的な指導を行うことができること」としている。

【4】①　テーマ　　②　イメージ　　③　民踊(よう)　　④　ステップ
⑤　全身

〈解説〉ダンスに関して，入学年次の次の年次(その次の年次)以降のダンスでは，多様な楽しさや喜びを味わい，ダンスの名称や用語などを理解し交流や発表をする。生涯にわたって運動を豊かに継続するための課題に取り組み，考えたことを他者に伝えること，ダンスに主体的に取り組むとともに，協力，参画，共生などの意欲を育み，健康・安全を確保することができるようにする。なお，ダンスの多様な楽しさや喜びを味わうこととは，感じを込めて踊ったり仲間と自由に踊ったりすることを通して得られる楽しさや喜びに加えて，体力や技能の程度等にかかわらず，「する，みる，支える，知る」などのスポーツの多様な楽しさや喜びを味わうことである。創作ダンスの「表したいテーマにふさわしいイメージを捉え」とは，多様なテーマから表現にふさわしいテーマを選んで，見る人に伝わりやすいようにイメージを端的に捉えるとともに，中心となるイメージを強調することである。フォークダンスの「多様なステップや動きと組み方」とは，躍動的な動きや手振り，腰を落とした動きを強調するなどの日本の民踊の多様な動き，外国のフォークダンスでのパートナーとの多様なステップや動きとオープン・ポジションやクローズド・ポジションをはじめとした様々な組み方のことである。現代的なリズムのダンスの「リズムの特徴を強調して全身で自由に踊ったり」とは，ロックやヒップホップのリズムの特徴を捉えて，リズムに乗ったり外したり，重心の上下動や非対称の動きを強調したりして全身で自由に踊ることである。

【5】(1) ① 巧技系　② 滑らかに　③ 支持系　(2) ① 開脚伸身跳び　② 側方倒立回転跳び

〈解説〉器械運動について，入学年次では，技ができる楽しさや喜びを味わい，運動観察の方法や体力の高め方などを理解するとともに，自己に適した技で演技することができるようにする。その際，技などの自己や仲間の課題を発見し，合理的な解決に向けて運動の取り組み方を工夫するとともに，自己の考えたことを他者に伝えることができるようにすることが大切である。また，器械運動の学習に自主的に取り組み，よい演技を讃えることや一人一人の違いに応じた課題や挑戦を大切にすることなどに意欲をもち，健康や安全を確保することができるようにすることが大切である。滑らかに安定して行うとは，技を繰り返し行っても，その技に求められる動き方が，いつでも動きが途切れずに続けてできることを示している。各運動の主な技の例は，中1・2で例示されている「基本的な技」を受けて，「発展技」として関連して示されている。

【6】(1)　①　運動　　②　休養　　③　調和　　④　ストレス
(2)　①　気道確保　　②　胸骨圧迫　　③　AED

〈解説〉(1)　精神疾患の予防と回復は，精神疾患の特徴と精神疾患への対処で構成されている。精神疾患への対処では，他に，心身の不調時には不安，抑うつ，焦燥，不眠などの精神活動の変化が通常時より強く，持続的に生じること，心身の不調の早期発見と治療や支援の早期の開始によって回復可能性が高まることを理解できるようにする。その際，自殺の背景にはうつ病をはじめとする精神疾患が存在することもあることを理解し，できるだけ早期に専門家に援助を求めることが有効であることにも触れるようにする。また，人々が精神疾患について正しく理解するとともに，専門家への相談や早期の治療などを受けやすい社会環境を整えることが重要であること，偏見や差別の対象ではないことなどを理解できるようにする。　(2)　心肺蘇生法に関して，指導に当たっては，呼吸器系及び循環器系の機能については，必要に応じ関連付けて扱う程度とする。また，「体育」における水泳などとの関連を図り，指導の効果を高めるよう配慮するものとする。

2021年度　実施問題

【中学校】

【1】次の文は，「中学校学習指導要領(平成29年告示)解説　保健体育編　第1章　総説　2　保健体育科改訂の趣旨及び要点　(2)　保健体育科改訂の要点」の一部である。文中の(　　)に当てはまる語句を答えなさい。ただし，同じ記号には同じ語句が入るものとする。

① 体育分野においては，育成を目指す資質・能力を明確にし，生涯にわたって(　ア　)を実現する資質・能力を育成することができるよう，「知識及び技能」，「思考力，判断力，表現力等」，「学びに向かう力，人間性等」の育成を重視し，目標及び内容の構造の見直しを図ること。

② 「(　イ　)」の実現及び「主体的・対話的で深い学び」の実現に向けた授業改善を推進する観点から，発達の段階のまとまりを考慮し，各領域で身に付けさせたい具体的な内容の系統性を踏まえた指導内容の一層の充実を図るとともに，保健分野との一層の関連を図った指導の充実を図ること。

③ 運動やスポーツとの多様な関わり方を重視する観点から，体力や技能の程度，性別や障害の有無等にかかわらず，運動やスポーツの多様な楽しみ方を共有することができるよう指導内容の充実を図ること。その際，共生の視点を重視して改善を図ること。

④ 生涯にわたって(　ア　)を実現する基礎を培うことを重視し，資質・能力の三つの柱ごとの指導内容の一層の明確化を図ること。

⑤ 保健分野においては，生涯にわたって健康を保持増進する資質・能力を育成することができるよう，「知識及び技能」，「思考力，判断力，表現力等」，「学びに向かう力，人間性等」

に対応した目標，内容に改善すること。
⑥　心の健康や疾病の予防に関する健康課題の解決に関わる内容，ストレス対処や心肺蘇(そ)生法等の(　ウ　)に関する内容等を充実すること。
⑦　個人生活における健康課題を解決することを重視する観点から，(　エ　)の内容を学年ごとに配当するとともに，体育分野との一層の関連を図った内容等について改善すること。

(☆☆☆◎◎◎◎◎)

【2】次の文は，「中学校学習指導要領(平成29年告示)解説　保健体育編　第2章　保健体育科の目標及び内容　第2節　各分野の目標及び内容〔体育分野〕　2　内容　B　器械運動」の[第1学年及び第2学年]における「(1)　知識及び技能」の一部である。あとの各問いに答えなさい。

(1)　次の運動について，技ができる楽しさや喜びを味わい，器械運動の特性や成り立ち，技の名称や行い方，その運動に関連して高まる体力などを理解するとともに，技をよりよく行うこと。
ア　マット運動では，<u>回転系</u>や(　①　)系の基本的な技を滑らかに行うこと，条件を変えた技や発展技を行うこと及びそれらを組み合わせること。
イ　鉄棒運動では，(　②　)系や懸垂系の基本的な技を滑らかに行うこと，条件を変えた技や発展技を行うこと及びそれらを組み合わせること。
ウ　平均台運動では，体操系やバランス系の基本的な技を滑らかに行うこと，条件を変えた技や発展技を行うこと及びそれらを組み合わせること。
エ　跳び箱運動では，(　③　)系や回転系の基本的な技を滑らかに行うこと，条件を変えた技や発展技を行うこと。

(1) 上の文の(　　)に当てはまる語句を答えなさい。

(2) 次の図は，下線部の中のほん転技群について，「学校体育実技指導資料　第10集　器械運動指導の手引(平成27年3月　文部科学省)」に示されている指導の流れを表したものである。(　　)に当てはまる技の名称を答えなさい。

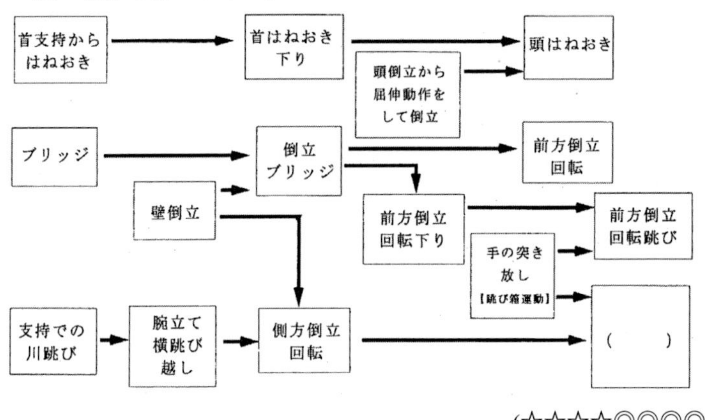

(☆☆☆☆◎◎◎◎)

【3】次の文は，「中学校学習指導要領(平成29年告示)解説　保健体育編　第3章　指導計画の作成と内容の取扱い　1　指導計画の作成」の一部である。あとの各問いに答えなさい。

(1) 単元など内容や時間のまとまりを見通して，その中で育む資質・能力の育成に向けて，生徒の主体的・対話的で深い学びの実現を図るようにすること。その際，体育や保健の(　①　)を働かせながら，運動や健康についての自他の課題を発見し，その合理的な解決のための活動の充実を図ること。また，運動の楽しさや喜びを味わったり，健康の大切さを実感したりすることができるよう留意すること

(2) 授業時数の配当については，次のとおり扱うこと。

ア　保健分野の授業時数は，3学年間で(　②　)単位時間程度配当すること。

イ　保健分野の授業時数は，3学年間を通じて適切に配当し，各学年において効果的な学習が行われるよう考慮して配当すること。
ウ　体育分野の授業時数は，各学年にわたって適切に配当すること。その際，体育分野の内容の「A体つくり運動」については，各学年で(　③　)単位時間以上を，「H体育理論」については，各学年で3単位時間以上を配当すること。
エ　体育分野の内容の「B器械運動」から「Gダンス」までの領域の授業時数は，それらの内容の習熟を図ることができるよう考慮して配当すること。

(3)　障害のある生徒などについては，学習活動を行う場合に生じる困難さに応じた指導内容や指導方法の工夫を計画的，組織的に行うこと。

(1)　上の文の(　　)に当てはまる語句を答えなさい。

(2)　次の文は，下線部の例である。文中の(　　)に当てはまる語句を答えなさい。

身体の動きに制約があり，活動に制限がある場合には，生徒の実情に応じて仲間と積極的に活動できるよう，用具や(　　)の変更を行ったり，それらの変更について仲間と話し合う活動を行ったり，必要に応じて補助用具の活用を図ったりするなどの配慮をする。

(☆☆☆☆◎◎◎◎)

【4】次の文は，「中学校学習指導要領(平成29年告示)解説　保健体育編　第2章　保健体育科の目標及び内容　第2節　各分野の目標及び内容〔体育分野〕　2　内容　H　体育理論」の[第1学年及び第2学年]における「○　運動やスポーツの多様性　ア　知識」の説明の一部である。文中の(　　)に当てはまる語句を答えなさい。ただし，同じ番号には同じ語句が入るものとする。

(ウ)　運動やスポーツの多様な楽しみ方
　(　①　)や機会に応じて，生涯にわたって運動を楽しむためには，自己に適した運動やスポーツの多様な楽しみ方を見付けたり，工夫したりすることが大切であることを理解できるようにする。
　健康を維持したりする必要性に応じて運動を実践する際には，(　②　)の学習を例に，体を動かすことの心地よさを楽しんだり，体の動きを高めることを楽しんだりする行い方があることを理解できるようにする。
　競技に応じた力を試す際には，ルールやマナーを守り(　③　)に競うこと，(　①　)や機会に応じてルールを工夫すること，勝敗にかかわらず健闘を称え合う等の行い方があることなどを理解できるようにする。

(☆☆☆☆◎◎◎)

【5】次の文は，「『がんに関する教育』指導参考資料(宮崎県版)(平成29年3月)」に示されている「Ⅰ　本県が目指す『がんに関する教育』の基本的な考え方」における「5　指導内容の取扱い」の一部である。あとの各問いに答えなさい。

○　各校種における「がんに関する教育」の取扱い
　「がんに関する教育」については，二人に一人ががんになる状況を踏まえ，小学校，中学校，高等学校等の発達の段階に応じて，(　①　)を意識しながら，確実に指導を行う必要がある。
　小学校では「身近な生活」についてより実践的に，中学校では「個人生活」についてより(　②　)に，高等学校では「個人及び社会生活」についてより総合的に学習するという体系をしっかりと踏まえることも重要である。

(1)　上の文の(　　)に当てはまる語句を答えなさい。

(2)　「がんに関する教育」の指導を行う際，当該学級にどのような児童生徒が在籍している場合に十分な配慮が求められるか，考えられることを1つ答えなさい。

(☆☆☆☆◎◎◎)

【6】次の表は，「『指導と評価の一体化』のための学習評価に関する参考資料　中学校　保健体育(令和2年3月)　巻末資料　・　中学校保健体育科における『内容のまとまりごとの評価規準(例)』」の「Ⅰ　体育分野　第1学年及び第2学年　2　内容のまとまりごとの評価規準(例)　A　体つくり運動」である。表中の(　　)に当てはまる語句を答えなさい。

知識・技能	思考・判断・表現	主体的に学習に取り組む態度
○知識 ・体つくり運動の意義と行い方，（　①　）方法などについて理解している。	・自己の課題を発見し，合理的な解決に向けて運動の取り組み方を工夫するとともに，自己や仲間の考えたことを（　②　）に伝えている。	・体つくり運動に積極的に取り組むとともに，仲間の学習を援助しようとすること，一人一人の（　③　）に応じた動きなどを認めようとすること，話合いに参加しようとすることなどをしたり，健康・安全に気を配ったりしている。

(☆☆☆☆◎◎◎)

【7】「中学校学習指導要領(平成29年告示)解説　特別の教科　道徳編」について，次の各問いに答えなさい。

(1)「第2章　第2節　道徳科の目標　3 (2)」には，物事を広い視野から多面的・多角的に考えることについて，次のように述べられている。(　　)に当てはまる語句を答えなさい。

グローバル化が進展する中で，様々な文化や価値観を背景とする人々と相互に尊重し合いながら生きることや，科学技術の発達や社会・経済の変化の中で，人間の幸福と社会の発展の(　①　)な実現を図ることが一層重要な課題となる。こうした課題に対応していくためには，人としての生き方や社会の在り方について，多様な価値観の存在を前提にして，他者と対話し(　②　)しながら，物事を広い視野から多面的・多角的に考察することが求められる。

(2)「第3章　第1節　内容の基本的性格　1 (3)」には，生徒の発達的特質に応じた内容構成の重点化について，次のように述べられている。(　　)に当てはまる数や語句を答えなさい。

道徳科の内容項目は，(　①　)項目にまとめられている。 (中略) 中学校の道徳の内容項目は，このような中学生の発達的特質を考慮し，(　②　)行動する主体の育成を目指した効果的な指導を行う観点から，重点的に示したものである。

(3)「第4章　第2節　道徳科の指導　1 (1)」には，道徳科の特質を理解することについて，次のように述べられている。(　　)に当てはまる語句を答えなさい。

道徳科は，生徒一人一人が，ねらいに含まれる道徳的価値についての理解を基に，(　①　)を見つめ，物事を広い視野から多面的・多角的に考え，人間としての生き方についての考えを深める学習を通して，内面的資質としての(　②　)を主体的に養っていく時間であることを理解する必要がある。

(4)「第5章　第1節　道徳教育における評価の意義　1」には，道徳教育における評価の意義について，次のように述べられている。(　　)に当てはまる語句を，あとの［選択肢］からそれぞれ選び，記号で答えなさい。ただし，同じ番号には，同じ語句が入るものとする。

道徳教育における評価も，常に指導に生かされ，結果的に生徒の成長につながるものでなくてはならない。学習指導要領第1章総則の第3の2の(1)では，「生徒のよい点や(　①　)の状況などを積極的に評価し，学習したことの意義や価値を実感できるようにすること」と示しており，(　②　)との比較ではなく生徒一人一人のもつよい点や可能性などの多様な側面，(　①　)の様子などを把握し，年間や学期にわたって生徒がどれだけ成長したかという視点を大切にすることが重要であるとしている。

［選択肢］　ア　個性　　イ　他者　　ウ　進歩　　エ　多様性
　　　　　　オ　自己

(☆☆☆◎◎◎)

【高等学校】

【1】次の文は，「高等学校学習指導要領(平成30年告示)解説　保健体育編　体育編　第1部　保健体育編　第2章　保健体育科の目標及び内容　第2節　各科目の目標及び内容　「体育」　2　目標」から抜粋したものである。「高等学校学習指導要領(平成30年告示)解説　保健体育編　体育編　平成30年7月」について，あとの各問いに答えなさい。

体育の見方・考え方を働かせ，課題を発見し，合理的，計画的な解決に向けた学習過程を通して，心と体を一体として捉え，生涯にわたって豊かなスポーツライフを継続するとともに，自己の状況に応じて体力の向上を図るための資質・能力を次のとおり育成することを目指す。

(1)　運動の合理的，計画的な実践を通して，運動の楽しさや喜びを深く味わい，生涯にわたって運動を豊かに(　①　)することができるようにするため，運動の(　②　)や体力の必要性について理解するとともに，それらの技能を身に付けるようにする。

(2) 生涯にわたって運動を豊かに(①)するための課題を発見し，合理的，計画的な解決に向けて(③)し判断するとともに，自己や仲間の考えたことを他者に(④)を養う。

(3) 運動における競争や協働の経験を通して，(⑤)に取り組む，互いに協力する，自己の(⑥)を果たす，参画する，一人一人の違いを大切にしようとするなどの意欲を育てるとともに，健康・安全を確保して，生涯にわたって(①)して運動に親しむ態度を養う。

(1) ( )に当てはまる語句を答えなさい。ただし，同じ番号には同じ語句が入るものとする。

(2) 下線部について，共生に関して解説した次の文の( )に当てはまる語句を答えなさい。

共生に関しては，(①)や(②)，(③)や(④)等にかかわらず，人には違いがあることに配慮し，よりよい環境づくりや活動につなげようとすることに主体的に取り組もうとする意思をもち，一人一人の違いを越えて取り組もうとする意欲を高めることである。

(☆☆☆☆◎◎◎◎◎)

【2】次の文は，「高等学校学習指導要領(平成30年告示)解説　保健体育編　体育編　第1部　保健体育編　第2章　保健体育科の目標及び内容　第2節　各科目の目標及び内容「体育」3　内容」に示されている「C 陸上競技」から抜粋したものである。「高等学校学習指導要領(平成30年告示)解説　保健体育編　体育編　平成30年7月」について，あとの各問いに答えなさい。

[入学年次の次の年次以降]

> (1)　知識及び技能
> 　陸上競技について，次の事項を身に付けることができるよう指導する。
>
> > (1)　次の運動について，(　①　)や(　②　)及び自己や仲間の課題を解決するなどの多様な楽しさや喜びを味わい，技術の名称や行い方，体力の高め方，課題解決の方法，競技会の仕方などを理解するとともに，<u>各種目特有の技能</u>を身に付けること。

(1)　(　　)に当てはまる語句をそれぞれ答えなさい。

(2)　陸上競技について，高等学校で初めて学習する跳躍種目を答えなさい。

(3)　下線部について，高等学校で初めて学習する投てきの「各種目特有の技能」は何か。砲丸投げ及びやり投げの指導事項に関する次の文の(　　)に当てはまる語句を答えなさい。

> ウ　砲丸投げでは，(　①　)などから砲丸を突き出して投げること，やり投げでは，(　②　)からやりを前方にまっすぐ投げること。

(☆☆☆☆◎◎◎◎)

【3】次の文は，「高等学校学習指導要領(平成30年告示)解説　保健体育編　体育編　第1部　保健体育編　第2章　保健体育科の目標及び内容　第2節　各科目の目標及び内容「体育」3　内容」に示されている「E　球技」から抜粋したものである。「高等学校学習指導要領(平成30年告示)解説　保健体育編　体育編　平成30年7月」について，あとの各問いに答えなさい。

[入学年次の次の年次以降]

<table><tr><td>
(1) 知識及び技能
球技について，次の事項を身に付けることができるよう指導する。
<table><tr><td>
(1) 次の運動について，勝敗を競ったりチームや自己の課題を解決したりするなどの多様な楽しさや喜びを味わい，技術などの名称や行い方，体力の高め方，課題解決の方法，<u>競技会の仕方</u>などを理解するとともに，作戦や状況に応じた技能で仲間と連携しゲームを展開すること。
ア　ゴール型では，状況に応じた(　①　)と(　②　)を埋めるなどの動きによって(　②　)への侵入などから攻防をすること。
イ　ネット型では，状況に応じた(　①　)や安定した用具の操作と連携した動きによって(　②　)を作り出すなどの攻防をすること。
ウ　ベースボール型では，状況に応じたバット操作と走塁での攻撃，安定した　(　①　)と状況に応じた守備などによって攻防をすること。
</td></tr></table>
</td></tr></table>

(1) (　　)に当てはまる語句を答えなさい。ただし，同じ番号には同じ語句が入る。

(2) 下線部について，競技会の仕方を解説した次の文の(　　)に当てはまる語句を答えなさい。

競技会の仕方では，(　①　)，トーナメントやリーグ戦などの試合方式，運営の仕方や役割に応じた行動の仕方，(　②　)ためのルール等の調整の仕方などを理解できるようにする。

(3) 「イ　ネット型」の「技能」の<例示>について，次の(　　)に当てはまる語句を答えなさい。

[入学年次]<例示>
・　サービスでは，ボールを(　①　)場所に打つこと。
[入学年次の次の年次以降]<例示>
・　サービスでは，ボールに(　②　)をつけて打つこと。

(☆☆☆◎◎◎◎◎)

【4】次の文は，「高等学校学習指導要領(平成30年告示)解説　保健体育編　体育編　第1部　保健体育編　第2章　保健体育科の目標及び内容　第2節　各科目の目標及び内容「体育」3　内容」に示されている「F　武道」から抜粋したものである。「高等学校学習指導要領(平成30年告示)解説　保健体育編　体育編　平成30年7月」について，下の各問いに答えなさい。

[入学年次]

(1)　知識及び技能
武道について，次の事項を身に付けることができるよう指導する。

(1)　次の運動について，技を高め勝敗を競う楽しさや喜びを味わい，伝統的な考え方，技の名称や見取り稽古の仕方，体力の高め方などを理解するとともに，基本動作や基本となる技を用いて攻防を展開すること。
ア　柔道では，相手の動きの変化に応じた基本動作や基本となる技，連絡技を用いて，相手を崩して投げたり，抑えたりするなどの攻防をすること。
イ　剣道では，相手の動きの変化に応じた基本動作や基本となる技を用いて，相手の構えを崩し，しかけたり応じたりするなどの攻防をすること。

(1)　下線部について，技能の指導に際しては，柔道・剣道の[入学年次]には，どのような内容が示されているか。それぞれ1つ答えなさい。

(2) 柔道の[入学年次]に取り扱う「投げ技　まわし技系」の技について，「柔道の主な技の例」に示されている技の名称を2つ答えなさい。

(3) 剣道の[入学年次の次の年次以降]に取り扱う「応じ技　すり上げ技」について，「剣道の主な技の例」に示されている技の名称を2つ答えなさい。

(☆☆☆☆☆◎◎◎)

【5】次の文は，「高等学校学習指導要領(平成30年告示)解説　保健体育編　体育編　第1部　保健体育編　第2章　保健体育科の目標及び内容　第2節　各科目の目標及び内容「保健」3　内容」に示されている「(1)　現代社会と健康　ア　知識　(イ)　現代の感染症とその予防」から抜粋したものである。「高等学校学習指導要領(平成30年告示)解説　保健体育編　体育編　平成30年7月」について，下の各問いに答えなさい。

> 感染症は，時代や地域によって自然環境や社会環境の影響を受け，発生や流行に違いが見られることを理解できるようにする。その際，(　①　)の発達により(　②　)で広がりやすくなっていること，また，新たな病原体の出現，感染症に対する社会の意識の変化等によって，腸管出血性大腸菌(O157等)感染症，結核などの新興感染症や再興感染症の発生や流行が見られることを理解できるようにする。

(1) (　　)に当てはまる語句を答えなさい。

(2) 感染症のリスクを軽減し予防するために必要な社会的対策を3つ答えなさい。

(☆☆☆☆☆◎◎◎◎)

解答・解説

【中学校】

【1】ア　豊かなスポーツライフ　　イ　カリキュラム・マネジメント　ウ　技能　　エ　健康な生活と疾病の予防

〈解説〉中央教育審議会答申(平成28年12月)の趣旨を踏まえた，保健体育科における改訂の7つの方針である。　ア　教科の目標の柱書に，「豊かなスポーツライフを実現するための資質・能力を次の通り育成する」と示されているなど，今回の改訂の重要なキーワードである。　イ　同答申においては，教育課程を軸に学校教育の改善・充実の好循環を生み出す「カリキュラム・マネジメント」の実現を目指すことなどが求められている。　ウ　今回の改訂では，保健分野については，「心身の機能の発達と心の健康」において新たにストレスへの対処についての技能の内容が示され，「障害の防止」では心肺蘇生法などの応急手当の技能の内容が明確に示された。　エ「健康な生活と疾病の予防」については，第3学年で2項目ずつ指導することとされた。

【2】(1)　①　巧技　　②　支持　　③　切り返し　　(2)　側方倒立回転跳び$\frac{1}{4}$ひねり

〈解説〉(1)　①　巧技系は，バランスをとりながら静止する平均立ち技群があり，片足平均立ちグループと倒立グループに分かれる。
②　鉄棒運動の支持系には，前方支持回転技群と後方支持回転技群がある。　③　跳び箱運動の切り返し系は，跳び箱上に支持して回転方向を切り替えて跳び越す切り返し跳びグループがある。　(2)　ほん転技は手や足の支えで回転する技で，接転技と同じように回転方向によって分けられる。側方倒立回転や前方倒立回転に，手のジャンプを入れた技がロンダートや前方倒立回転跳びである。また，手と足以外に首や頭部で支持するのがはね起き技である。学校体育実技指導資料第10集「器械運動指導の手引」(文部科学省)は必見である。

【3】(1) ①　見方・考え方　　②　48　　③　7　　(2)　ルール

〈解説〉(1)　①　主体的・対話的で深い学びの実現に向けた授業改善を進めるに当たり，各教科等の学びの深まりの鍵となるのが「見方・考え方」である。教科の目標の柱書が，「体育や保健の見方・考え方を働かせ」から始まっていることからも，その言葉の重要性がうかがえる。　②　保健体育の年間標準授業時数(各学年105時間，計315時間)，また体育分野267単位時間程度，保健分野48単位時間程度を配当することは，従前の学習指導要領と同様である。　③　体つくり運動を各学年で7単位時間以上配当することは，従前の学習指導要領と同様である。　(2)　指導計画作成上の配慮事項(3)についての解説からの出題である。ほかには，見えにくさによる制限がある場合や，複雑な動き・用具の操作等が難しい場合の配慮などが示されている。運動やスポーツとの多様な関わり方を重視する観点から，体力や技能の程度，性別や障害の有無等にかかわらず，運動やスポーツの多様な楽しみ方を共有することができるよう指導内容の充実を図ること，共生の視点を重視して改善を図ることは，新学習指導要領の改訂の要点の一つである。

【4】①　世代　　②　体つくり運動　　③　フェア

〈解説〉(1)　H体育理論は，第1学年では，運動やスポーツの多様性を，第2学年では，運動やスポーツの意義や効果と安全な行い方を，第3学年では文化としてのスポーツの意義を中心に構成されている。また，第1学年の運動やスポーツの多様性の(ウ)運動やスポーツの多様な楽しみ方では，体を動かす楽しさ，運動やスポーツの特性や魅力に応じた楽しさ，人々と協働する楽しさなどを味わう多様な楽しみ方があることなどを中心として構成されている。

【5】(1)　①　系統性　　②　科学的　　(2)　小児がんにかかっている

〈解説〉(1)　今回の学習指導要領から新たに，がんが取り上げられることになった。具体的には，中学校の保健分野における生活習慣病などの予防で，高等学校では，「保健」における生活習慣病などの予防と回復で，それぞれ取り上げられている。「がんに関する教育」の指導内容の取扱いとして，体育科・保健体育科はもとより，特別活動や道徳，総合的な学習の時間等，様々な教科及び領域等を関連付けながら，横断的に指導を行う必要があるとされている。　(2)　その他の解答例としては，「小児がんにかかったことがある」，「家族にがん患者がいる」，「家族をがんで亡くしている」，「家がたばこ農家を営んでいる」などがある。

【6】①　体の動きを高める　　②　他者　　③　違い

〈解説〉「体つくり運動」は，第1学年及び第2学年は「体ほぐしの運動」と「体の動きを高める運動」，第3学年は「体ほぐしの運動」と「実生活に生かす運動の計画」で構成されている。第1学年及び第2学年の内容を受けて，第3学年の内容があるが，評価規準においても，第1学年及び第2学年と第3学年とで共通する語句と，共通しない語句があるので，違いを確かめながら確認しておくこと。なお，体つくり運動の知識・技能においては，いずれの学年についても「技能」の評価規準は設定されていないことに注意する。

【7】(1)　①　調和的　　②　協働　　(2)　①　22　　②　自ら考え　(3)　①　自己　　②　道徳性　　(4)　①　ウ　　②　イ

〈解説〉(1)　生徒一人一人の道徳的価値に係る諸事象を，小・中学校の段階を含めたこれまでの道徳科を要とする各教科等における学習の成果や，「主として自分自身に関すること」，「主として人との関わりに関すること」，「主として集団や社会との関わりに関すること」，「主として生命や自然，崇高なものとの関わりに関すること」の4つの視点を踏まえ，多面的・多角的に考察することを目指している。諸事象の背景にある道徳的諸価値の多面性に着目させ，それを手掛かりにして考察させて，様々な角度から総合的に考察することの大切さや，いかに生きるかについて主体的に考えることの大切さに気付かせることが重要としている。 (2) 文中の「中学生の発達的特質」とは，「中学校の段階は小学校の段階よりも心身両面にわたる発達が著しく，他者との連帯を求めると同時に自我の確立を求め，自己の生き方についての関心が高まる時期であり，やがて人生観や世界観ないし価値観を模索し確立する基礎を培う高等学校生活等につながっていくこと」を示している。なお，一人一人の生徒は必ずしも同一の発達をしているわけではないため，生徒一人一人への指導は，画一的な方法ではなく，多面的に深く理解するように配慮する必要があるとしている。

(3) 道徳科においては，各教科，総合的な学習の時間及び特別活動における道徳教育と密接な関連を図りながら，年間指導計画に基づき，生徒や学級の実態に即し，道徳科の特質に基づく適切な指導を展開する必要がある。出題の「道徳科の特質を理解する」においては，このことを踏まえて提示された6つの基本方針の1つである。なお，その他の5つの基本方針は，「信頼関係や温かい人間関係を基盤に置く」，「生徒の内面的な自覚を促す指導方法を工夫する」，「生徒の発達や個に応じた指導方法を工夫する」，「問題解決的な学習，体験的な活動など多様な指導方法の工夫をする」，「道徳教育推進教師を中心とした指導体制を充実する」である。それぞれ内容を確認されたい。 (4) 学習における評価とは，生徒にとっては，自らの成長を実感し意欲の向上につなげていくものであり，教師にとっては，指導の目標や計画，指導方法の改善・充実に取り組むための資料となるものである。教育において指導の効果を上げるためには，指導計画の下に，目標に基づいて教育実践を行い，指導のねらいや内容に照らして生徒の学習状況を把握するとともに，その結果を踏まえて，学校としての取組や教師自らの指導について改善を行うという流れが重要である。学校の教育活動全体を通じて行う道徳教育における評価については，教師が生徒一人一人の人間的な成長を見守り，生徒自身の自己のよりよい生き方を求めていく努力を評価し，それを勇気付ける働きをもつようにすることが求められる。

【高等学校】

【1】(1)　①　継続　②　多様性　③　思考　④　伝える力
⑤　公正　⑥　責任　(2)　①　体力　②　技能の程度
③　性別　④　障害の有無

〈解説〉(1)　①　今回の学習指導要領の改訂においては，卒業後も継続してスポーツを実践することができるよう，資質・能力の三つの柱の育成を重視して改善が図られた。　②　運動の多様性を理解するとは，「する，みる，支える，知る」の視点から運動やスポーツの多様な楽しみ方を理解することである。　③・④　目標(2)は思考力，判断力，表現力等に関するものである。　⑤・⑥　目標(3)は学びに向かう力，人間性等に関するものである。公正に関しては，勝敗などを冷静に受け止め，ルールやマナーを大切にしようとするなどの意思をもち，公正に取り組もうとする意欲を高めることである。責任に関しては，練習や試合，発表会などを主体的に進める上で，役割を積極的に引き受け，仲間と合意した役割に責任をもって取り組もうとする意思をもち，自己の責任を果たそうとする意欲を高めることである。　(2)　運動やスポーツとの多様な関わり方を重視する観点から，体力や技能の程度，性別や障害の有無等にかかわらず，運動やスポーツの多様な楽しみ方を共有することができるよう指導内容の充実を図ること，共生の視点を重視して改善を図ることは，新学習指導要領の改訂の要点の一つである。

【2】(1)　①　記録の向上　②　競争　(2)　三段跳び
(3)　①　立ち投げ　②　短い助走

〈解説〉(1)「記録の向上」及び「競争」については共通としているが，発達段階にしたがって全体の表現が変わっていることに注意したい。(2)・(3)　高等学校では入学年次から新たに，跳躍としての三段跳び，投てきとしての砲丸投げ及びやり投げが加わることになる。砲丸投げの立ち投げとは，助走をつけずにその場で状態を大きく後方にひねり，そのひねり戻しの勢いで砲丸を突き出す投げ方である。やり投げにおける短い助走とは，投げの準備のために行う2～3回のクロスステップ(両脚の交差)のことである。

【3】(1) ① ボール操作 ② 空間 (2) ① ゲームのルール ② 全員が楽しむ (3) ① ねらった ② 変化

〈解説〉(1) ① 球技の技術は，ボール操作とボールを持たないときの動きに大別される。 ② 「空間」という言葉は特に，陸上競技における「空間動作」と，球技における「空間を埋める」「空間を作り出す」「空間への侵入」，ダンスにおける「空間の使い方」などで用いられる言葉であることを押さえておきたい。 (2) 競技会の仕方を指導事項としているのは球技の他に，陸上競技，水泳がある。学習指導要領解説(平成30年7月)では，いずれについても，競技のルールの理解や楽しむためのルールの調整の仕方の理解が指導内容として示されている。なお，器械運動では「発表の仕方」，武道においては「試合の仕方」，ダンスでは「交流や発表の仕方」として，それぞれ盛り込まれている。 (3) 入学年次では，役割に応じたボール操作や安定した用具の操作に関しての例示であり，入学年次の次の年次以降では，状況に応じたボール操作や安定した用具の操作に関しての例示である。

【4】(1) 柔道…姿勢 剣道…構え (2) まわし技系…釣り込み腰，背負い投げ (3) すり上げ技…小手すり上げ面，面すり上げ面

〈解説〉(1) 相手の動きの変化に応じた基本動作とは，柔道では「姿勢」「組み方」「崩し」「体さばき」「進退動作」「受け身」，剣道では「構え」「体さばき」「基本の打突の仕方と受け方」である。 (2) 柔道の入学年次の投げ技としては他に，刈り技系の小内刈りと大内刈りが例示されている。また，入学年次の次の年次以降の投げ技としては，まわし技系の払い腰と内股が例示されている。 (3) 剣道の入学年次の次の年次以降の応じ技では他に，「返し技」で面返し胴，「打ち落とし技」で胴打ち落とし面が例示されている。

【5】(1)　①　交通網　　②　短時間　　(2)　・衛生的な環境の整備　・検疫　　・正しい情報の発信

〈解説〉(1)　近年，自動車や飛行機などの交通手段の発達により，大量の人や，感染症の由来となる動物がペット用等として，短時間で広範囲に移動するようになったため，病原体の広がりも格段に早くなっている。また，これまで人間が踏み込まなかった未開地域の環境が，開発によって大きく変化し，人間が未知の病原体に接する機会が増えていることが，感染症の脅威を高めていると言われている。　(2)　公開解答の他には，予防接種の普及など社会的対策などがあり，併せて個人の取組みが必要である，など。感染症予防の取り組みとしては，「発生源(感染源)を除去する」，「感染経路を遮断する」，「体の抵抗力を高める」の3つの原則がある。

2020年度　実施問題

【中学校】

【1】次の文は,「中学校学習指導要領解説　保健体育編(平成20年9月)」に示されている「E　球技」における第3学年の「1　技能」の内容である。下の各問いに答えなさい。

> (1) 次の運動について,勝敗を競う楽しさや喜びを味わい,作戦に応じた技能で仲間と連携しゲームが展開できるようにする。
> ア　ゴール型では,安定したボール操作と空間を作りだすなどの動きによってゴール前への侵入などから攻防を展開すること。
> イ　ネット型では,(　　)に応じたボール操作や安定した用具の操作と$_{A}$連携した動きによって空いた場所をめぐる攻防を展開すること。
> ウ　ベースボール型では,安定したバット操作と走塁での攻撃,$_{B}$ボール操作,連携した守備などによって攻防を展開すること。

(1) 文中の(　　)に当てはまる語句を答えなさい。

(2) 下線部A,Bについて説明した次の文の(　　)に当てはまる語句を答えなさい。

> 「連携した動き」とは,空いた場所を埋める動きなどの仲間の動きに合わせて行う(　①　)の動きのことである。
> 「ボール操作」とは,移動しながらボールを捕ること,無駄のない(　②　)の動きでねらった方向へボールを投げること,仲間からの送球を塁上でタイミングよく受けたり,仲間の送球を中継したりすることである。

(3)　次の文は，ゴール型の「安定したボール操作」についての<例示>である。文中の(　　)に当てはまる語句を答えなさい。

・守備者が守りにくいタイミングでシュートを打つこと。
・ゴールの枠内にシュートをコントロールすること。
・味方が(　　)を送ること。
・守備者とボールの間に自分の体を入れてボールをキープすること。

(☆☆☆◎◎◎)

【2】「中学校学習指導要領解説　保健体育編(平成20年9月)」に示されている「F　武道」における第3学年の「3　知識，思考・判断」の内容である。次の各問いに答えなさい。

(1)　次の文は，第3学年の「知識」の内容の一部である。文中の(　　)に当てはまる語句を答えなさい。ただし，同じ番号には同じ語句が入るものとする。

「伝統的な考え方」では，我が国固有の文化である武道を学習することは，これからの国際社会で生きていく上で有意義であることを理解できるようにする。
「技の名称や(　①　)稽古の仕方」では，武道の各種目で用いられる技の名称があることを理解できるようにする。また，(　①　)稽古とは，武道特有の練習方法であり,他人の稽古を見て，相手との(　②　)や相手の隙をついて勢いよく技をしかける機会，技のかけ方や武道特有の気合いなどを学ぶことも有効な方法であることを理解できるようにする。

(2)　次の文は，第3学年「思考・判断」の<例示>である。文中の(　　)に当てはまる語句を答えなさい。

・自己の技能・体力の程度に応じた(　①　)を見付けること。
・提供された攻防の仕方から，自己に適した攻防の仕方を選ぶこと。
・仲間に対して，技術的な課題や有効な練習方法の選択について指摘すること。
・健康や安全を確保するために，体調に応じて適切な練習方法を選ぶこと。
・武道を継続して楽しむための自己に適した(　②　)を見付けること。

(☆☆☆◎◎◎)

【3】次の文は，「中学校学習指導要領解説　保健体育編(平成20年9月)」に示されている「保健分野」の説明の一部である。文中の(　　)に当てはまる語句を答えなさい。ただし，同じ番号には同じ語句が入るものとする。

(3)　傷害の防止
エ　応急手当
(ア)　応急手当の意義
　傷害が発生した際に，その場に居合わせた人が行う応急手当としては，傷害を受けた人の反応の確認等状況の把握と同時に，周囲の人への連絡，傷害の状態に応じた手当が基本であり，適切な手当は(　①　)を防止できることを理解できるようにする。
　また，必要に応じて医師や医療機関などへの連絡を行うことについても触れるようにする。
(イ)　応急手当の方法
　応急手当は，患部の保護や固定，止血を適切に行うことによって(　①　)を防止できることを理解できるようにする。ここでは，包帯法，止血法としての(　②　)などを取り上げ，実習を通して理解できるようにする。

また，心肺停止に陥った人に遭遇したときの応急手当としては，気道確保，人工呼吸，胸骨圧迫などの心肺蘇生法を取り上げ，実習を通して理解できるようにする。

なお，必要に応じてAED(自動体外式除細動器)にも触れるようにする。

(4)　健康な生活と疾病の予防

ウ　喫煙，飲酒，薬物乱用と健康

(ア)　「喫煙と健康」

喫煙については，たばこの煙の中にはニコチン，タール及び一酸化炭素などの有害物質が含まれていること，それらの作用により，毛細血管の収縮，心臓への負担，運動能力の低下など様々な(　③　)が現れること，また，常習的な喫煙により，肺がんや心臓病など様々な病気を起こしやすくなることを理解できるようにする。(後略)

(イ)　飲酒と健康

飲酒については，酒の主成分のエチルアルコールが(　④　)の働きを低下させ，思考力や自制力を低下させたり運動障害を起こしたりすること，急激に大量の飲酒をすると急性中毒を起こし意識障害や死に至ることもあることを理解できるようにする。(後略)

(☆☆☆◎◎◎)

【4】次の表は，「中学校学習指導要領(平成29年告示)解説　保健体育編」に示されている「C　陸上競技」における「(1)知識及び技能」の内容

についてまとめたものである。表中の(　　)に当てはまる語句を答えなさい。

第1学年及び第2学年	(1) 次の運動について，記録の向上や競争の楽しさや喜びを味わい，陸上競技の特性や成り立ち，技術の名称や行い方，その運動に関連して高まる体力などを理解するとともに，基本的な動きや効率のよい動きを身に付けること。 ア　短距離走・リレーでは，滑らかな動きで速く走ることやバトンの受渡しで（　①　）を合わせること，長距離走では，ペースを守って走ること，ハードル走では，リズミカルな走りから滑らかにハードルを越すこと。 イ　走り幅跳びでは，スピードに乗った助走から素早く踏み切って跳ぶこと，走り高跳びでは，リズミカルな助走から力強く踏み切って大きな動作で跳ぶこと。
第3学年	(1) 次の運動について，記録の向上や競争の楽しさや喜びを味わい，技術の名称や行い方，体力の高め方，運動観察の方法などを理解するとともに，各種目特有の技能を身に付けること。 ア　短距離走・リレーでは，中間走へのつなぎを滑らかにして速く走ることやバトンの受渡しで（　②　）のスピードを十分高めること，長距離走では，自己に適したペースを維持して走ること，ハードル走では，スピードを維持した走りからハードルを低く越すこと。 イ　走り幅跳びでは，スピードに乗った助走から力強く踏み切って跳ぶこと，走り高跳びでは，リズミカルな助走から力強く踏み切り（　③　）で跳ぶこと。

(☆☆☆◎◎◎)

【5】次の文は，「中学校学習指導要領(平成29年告示)解説　保健体育編」に示されている「H　体育理論」における第1学年及び第2学年の「ア　知識」の内容の一部である。文中の(　　)に当てはまる語句を答えなさい。ただし，同じ番号には同じ語句が入るものとする。

(ア)　運動やスポーツの必要性と楽しさ

運動やスポーツは，体を動かしたり，健康を維持したりする必要性や，競技に応じた力を試したり，記録等を達成したり，自然と親しんだり，仲間と交流したり，感情を表現したりするなどの多様な楽しさから生みだされてきたことを理解できるようにする。

運動やスポーツは，人々の生活と深く関わりながら，いろいろな欲求や必要性を満たしつつ発展し，その時々の社会の変化とともに，その捉え方が，競技としてのスポーツから，誰もが生涯にわたって楽しめるスポーツへと変容してきたことを理解できるようにする。

また，我が国の(　①　)などを適宜取り上げ，現代におけるスポーツの理念についても触れるようにする。

(イ)　運動やスポーツへの多様な関わり方

運動やスポーツには，「する，見る，支える，(　②　)」などの多様な関わり方があることを理解できるようにする。

運動やスポーツには，直接「行うこと」に加えて，「見ること」には，例えば，テレビなどのメディアや競技場等での観戦を通して一体感を味わったり，研ぎ澄まされた質の高い動きに感動したりするなどの多様な関わり方があること，「支えること」には，運動の学習で(　③　)を支援したり，大会や競技会の企画をしたりするなどの関わり方があること，「(　②　)こと」には，例えば，運動やスポーツの歴史や記録などを書物やインターネットなどを通して調べる関わり方があること，などの多様な関わり方があることを理解できるようにする。

(☆☆☆◎◎◎)

【6】次の文は，「中学校学習指導要領(平成29年告示)解説　保健体育編」に示されている保健分野の目標である。あとの各問いに答えなさい。

(1) 個人生活における健康・安全について理解するとともに，基本的な技能を身に付けるようにする。
(2) 健康についての自他の課題を発見し，よりよい解決に向けて思考し判断するとともに，(　　)を養う。
(3) 生涯を通じて心身の健康の保持増進を目指し，明るく豊かな生活を営む態度を養う。

(1) 上の文の(　　)に当てはまる語句を答えなさい。
(2) 下線部について説明した次の文中の(　　)に当てはまる語句を答えなさい。

保健の知識及び技能に関する資質・能力の育成についての目標である。健康な生活と疾病の予防，心身の機能の発達の仕方，及び精神機能の発達や自己形成，欲求やストレスへの対処などの心の健康，傷害の発生要因とその防止及び応急手当並びに自然環境を中心とした環境と心身の健康との関わり，健康に適した快適な環境の(　①　)について，個人生活を中心として(　②　)に理解できるようにするとともに，それらの内容に関わる基本的な技能を身に付けるようにすることを目指したものである。

(☆☆☆◎◎◎)

【7】「中学校学習指導要領(平成29年告示)解説　特別の教科　道徳編」について，次の各問いに答えなさい。
(1) 次の文は，「第2章　第2節　道徳科の目標」である。(　　)に当てはまる語句を答えなさい。

第1章総則の第1の2の(2)に示す道徳教育の目標に基づき，よりよく生きるための基盤となる道徳性を養うため，道徳的諸価値についての理解を基に，自己を見つめ，物事を広い視野から多面的・多角的に考え，人間としての生き方についての考えを深める学習を通して，道徳的な(　①　)，心情，(　②　)と態度を育てる。

(2) 「第3章　第1節　内容の基本的性格　1 (1)」には，道徳科において扱う内容項目を指導する上での留意事項が述べられている。(　　)に当てはまる語句を答えなさい。

内容項目は，生徒自らが道徳性を養うための(　①　)となるものである。なお，その指導に当たっては，内容を端的に表す言葉そのものを教え込んだり，(　②　)な理解にのみとどまる指導になったりすることがないよう十分留意する必要がある。

(3) 「第4章　第2節　道徳科の指導　1」には，指導にあたる際に必要な基本方針として6つ述べられている。(　　)に当てはまる語句を答えなさい。

①　道徳科の特質を理解する
②　信頼関係や温かい人間関係を基盤に置く
③　生徒の(　ア　)な自覚を促す指導方法を工夫する
④　生徒の発達や個に応じた指導方法を工夫する
⑤　問題解決的な学習，(　イ　)な活動など多様な指導方法の工夫をする
⑥　道徳教育推進教師を中心とした指導体制を充実する

(4) 「第5章　第2節　道徳科における生徒の学習状況及び成長の様子についての評価　2 (1)」には，道徳科に関する評価の基本的な考え方が述べられている。(　　)に当てはまる語句をあとの選択肢から選び，記号で答えなさい。

> 評価に当たっては，(中略)，一面的な見方から多面的・多角的な見方へと発展しているか，(　①　)の理解を(　②　)との関わりの中で深めているかといった点を重視することが重要である。

〔選択肢〕　ア　道徳的価値　　イ　内容項目　　ウ　他者
　　　　　　エ　自分自身

(☆☆☆◎◎◎)

【高等学校】

【1】「高等学校学習指導要領解説　保健体育編・体育編(平成21年12月)第1部　保健体育　第2章　各科目　第1節　体育　3　内容」に示されている「各領域　A　体つくり運動」について，次の各問いに答えなさい。

(1)　次の文は「1　運動」に示されている内容の一部である。(　　)に当てはまる語句を下の【語群】から選び，記号で答えなさい。

> 次の運動を通して，体を動かす楽しさや(　①　)を味わい，健康の保持増進や体力の向上を図り，(　②　)に適した運動の計画や自己の(　③　)や生活に応じた運動の計画を立て，実生活に役立てることができるようにする。
>
> ア　(　④　)では，心と体は互いに影響し変化することに気付き，$_{a}$<u>体の状態に応じて体の調子を整え</u>，仲間と積極的に交流するための手軽な運動や律動的な運動を行うこと。
>
> イ　(　⑤　)では，自己のねらいに応じて，健康の保持増進や調和のとれた体力の向上を図るための$_{b}$<u>継続的な運動の計画を立て取り組む</u>こと。

【語群】
ア　体つくりの運動　　　イ　体ほぐしの運動

ウ　体力を高める運動　　エ　目標
オ　喜び　　カ　体力
キ　目的　　ク　心地よさ
ケ　生活　　コ　環境

(2)　次の文は，(1)の下線部aについての説明の一部である。(　　)に当てはまる語句を答えなさい。

> 体の状態に合わせて力を抜く，筋肉を伸ばす，リズミカルに動くなどして，体の調子を整えるだけでなく，心の状態を軽やかにし，(　　)に役立つようにすることである。

(3)　次の文は，(1)の下線部bについての説明の一部である。(　　)に当てはまる語句を答えなさい。

> 定期的に運動の行い方を見直し，(　　)にも運動を継続することのできる運動の計画を立て取り組むことである。

(4)　次の文は「3　知識，思考・判断」に示されている内容の一部である。(　　)に当てはまる語句を下の【語群】から選び，記号で答えなさい。

> 体つくり運動の行い方，c体力の構成要素，(　　)への取り入れ方などを理解し，自己や仲間の課題に応じた運動を継続するための取り組み方を工夫できるようにする。

【語群】
ア　学校生活　　イ　実生活　　ウ　生涯にわたる生活
エ　体育の授業や部活動

(5)　(4)の下線部cについて，(　　)に当てはまる語句を答えなさい。

「体力の構成要素」では，体力の構成要素として(　①　)，瞬発力，持久力(全身持久力，筋持久力)，調整力(平衡性，巧緻性，敏捷性)，(　②　)があり，それらが健康に生活するための体力と運動を行うための体力に密接に関係していることを理解できるようにする。

(☆☆☆◎◎◎)

【2】「高等学校学習指導要領解説　保健体育編・体育編(平成21年12月)第1部　保健体育　第2章　各科目　第1節　体育　3　内容」に示されている「各領域　F　武道」について，次の各問いに答えなさい。

(1)　次の文は「3　知識，思考・判断」の「○思考・判断」に示されている「例示」の一部である。(　　)に当てはまる語句を下の【語群】から選び，記号で答えなさい。ただし，同じ番号には同じ語句が入る。

＜例示＞

入学年次

・自己の技能・体力の程度に応じた得意技を見付けること。
・提供された(　①　)の仕方から，自己に適した(　①　)の仕方を選ぶこと。
・仲間に対して，技術的な課題や有効な練習方法の選択について指摘すること。
・健康や安全を確保するために，(　②　)に応じて適切な練習方法を選ぶこと。
・武道を継続して楽しむための自己に適したかかわり方を見付けること。

【語群】

ア　体調　　イ　練習方法　　ウ　練習　　エ　課題
オ　戦術　　カ　攻防

(2)　次の文は,「内容の取扱い」に示されている内容の一部である。
(　　)に当てはまる語句を答えなさい。

地域や学校の実態に応じて，相撲，なぎなた，(　①　)などのその他の武道についても履修させることができることとしているが，原則として，その他の武道は，柔道又は剣道に(　②　)履修させることとし，地域や学校の特別の事情がある場合には，これらに(　③　)履修させることもできることとする。

(☆☆☆◎◎◎)

【3】「高等学校学習指導要領解説　保健体育編・体育編(平成21年12月)　第1部　保健体育　第2章　各科目　第1節　体育　3　内容」に示されている各領域「H　体育理論」について，次の各問いに答えなさい。

(1)　次の文は,「2　運動やスポーツの効果的な学習の仕方　ア　運動やスポーツの技術と技能」に示されている説明の一部である。
(　　)に当てはまる語句を答えなさい。

個々の運動やスポーツを特徴付けている技術は，練習を通して身に付けられた(　①　)な動き方としての技能という状態で発揮されること，技術には，絶えず変化する状況の下で発揮される(　②　)型と状況の変化が少ないところで発揮される(　③　)型があること，その型の違いによって学習の仕方が異なることを理解できるようにする。

(2)　次の文は,「内容の取扱い」に示されている説明の一部である。
(　　)に当てはまる語句を答えなさい。

「H体育理論」は，各年次において，(　①　)に履修させるとともに，「各科目にわたる指導計画の作成と内容の取扱い」に，授業時数を各年次で(　②　)単位時間以上を配当することとしている。

(☆☆☆◎◎◎)

【4】次の文は，「高等学校学習指導要領(平成30年告示)解説　保健体育編　体育編(平成30年7月)第1部　保健体育編　第1章　総説　第2節　保健体育科改訂の趣旨及び要点　2　保健体育科改訂の要点」に示されている内容の一部である。(　　)に当てはまる語句を答えなさい。ただし，同じ記号には同じ語句が入る。

保健体育科については，これらの平成28年12月の中央教育審議会答申の趣旨を踏まえて，次の方針によって改訂を行った。

① 「体育」においては，育成を目指す資質・能力を明確にし，生涯にわたって豊かなスポーツライフを継続する資質・能力を育成することができるよう，「知識及び技能」，「思考力，判断力，表現力等」，「(　ア　)，人間性等」の育成を重視し，目標及び内容の構造の見直しを図ること。

② 「カリキュラム・マネジメント」の実現及び「(　イ　)」の実現に向けた授業改善を推進する観点から，発達の段階のまとまりを踏まえ，指導内容の系統性を改めて整理し，各領域で身に付けさせたい指導内容の一層の充実を図ること。

③ 運動やスポーツとの多様な関わり方を重視する観点から，体力や技能の程度，性別や(　ウ　)等にかかわらず，運動やスポーツの多様な楽しみ方を卒業後も社会で実践することができるよう，共生の視点を重視して指導内容の充実を図ること。

④ 生涯にわたって豊かなスポーツライフを継続することを

重視し，小学校，中学校及び高等学校を見通した指導内容の体系化を図る観点から資質・能力の三つの柱ごとの指導内容の一層の明確化を図ること。

⑤　「保健」においては，生涯にわたって健康を保持増進する資質・能力を育成することができるよう，「知識及び技能」，「思考力，判断力，表現力等」，「(　ア　)，人間性等」に対応した目標，内容に改善すること。

⑥　個人及び社会生活における健康課題を解決することを重視する観点から，現代的な健康課題の解決に関わる内容，(　エ　)における健康の保持増進や回復に関わる内容，人々の健康を支える環境づくりに関する内容及び(　オ　)等の応急手当の技能に関する内容等を充実すること。

⑦　「体育」と一層の関連を図る観点から，心身の健康の保持増進や回復とスポーツとの関連等の内容等について改善すること。

⑧　生涯にわたって健康を保持増進し，豊かなスポーツライフを継続する観点から，「体育」と「保健」の一層の関連を図った指導等の改善を図ること。

(☆☆☆◎◎◎)

【5】次の文は，「高等学校学習指導要領(平成30年告示)解説　保健体育編　体育編(平成30年7月)第1部　保健体育編　第2章　保健体育科の目標及び内容　第1節　教科の目標及び内容　1　教科の目標」に示されている内容の一部である。下線部について，(　　)に当てはまる語句を答えなさい。ただし，同じ記号には同じ語句が入る。

体育や保健の見方・考え方を働かせ，課題を発見し，合理的，計画的な解決に向けた学習過程を通して，心と体を一体として捉え，生涯にわたって心身の健康を保持増進し豊かなスポーツライフを継続するための資質・能力を次のとおり育成することを目指す。 (1) 各種の運動の特性に応じた技能等及び社会生活における健康・安全について理解するとともに，技能を身に付けるようにする。 (2) 運動や健康についての自他や社会の課題を発見し，合理的，計画的な解決に向けて思考し判断するとともに，他者に伝える力を養う。 (3) 生涯にわたって継続して運動に親しむとともに健康の保持増進と体力の向上を目指し，明るく豊かで活力ある生活を営む態度を養う。

体育や保健の見方・考え方を働かせとは，体育の見方・考え方については，生涯にわたる豊かなスポーツライフを実現する観点を踏まえ，「運動やスポーツを，その価値や特性に着目して，(①)とともに体力の向上に果たす役割の視点から捉え，自己の適性等に応じた『(②)』の多様な関わり方と関連付けること」，保健の見方・考え方については，疾病や傷害を防止するとともに，(③)や生きがいを重視した健康に関する観点を踏まえ，「個人及び社会生活における課題や情報を，健康や安全に関する原則や概念に着目して捉え，疾病等のリスクの軽減や(③)の向上，健康を支える環境づくりと関連付けること」であると考えられる。

特に，見方・考え方については，本解説第1章総説第1節2(3)で示しているとおり，「各教科等の『見方・考え方』は，『どのような視点で物事を捉え，どのような考え方で思考していくのか』というその教科等ならではの物事を捉える視点や考え方である。各教科等を学ぶ本質的な意義の中核をなすものであり，教科等の学習と社会をつなぐものであることから，児童生徒が学習や人生において『見方・考え方』を自在に働かせることができるようにすることにこそ，教師の(　④　)が発揮されることが求められる」としている。

保健体育科においては，見方・考え方を働かせる(　⑤　)を工夫することにより，育成を目指す資質・能力がより豊かになり，その目標である，生涯にわたって心身の健康を保持増進し豊かなスポーツライフを継続するための資質・能力の育成につなげようとするものである。

(☆☆☆◎◎◎)

解答・解説

【中学校】

【1】(1)　役割　　(2)　①　ボールを持たないとき　　②　一連
(3)　操作しやすいパス

〈解説〉(1)　イの「役割に応じたボール操作や安定した用具の操作」とは，中学校学習指導要領(平成20年告示)解説　保健体育編では「仲間と連携した効果的な攻防を展開するためにゲーム中に果たすべき役割に応じて，ボールを一連の動きで操作したり，ボールの返球に対応して安定した一連の動きで用具を操作したりして，味方や相手側のコートのねらった場所にボールをつないだり打ち返したりすることである」としている。　(2)　中学校学習指導要領(平成20年告示)解説　保健体育編では，ネット型の「連携した動き」として「ラリーの中で，味方の動きに合わせてコート上の空いている場所をカバーすること」，「連携プレイのための基本的なフォーメーションに応じた位置に動くこと」等が具体的に挙げられている。また，ベースボール型の「無駄のない一連の動きでねらった方向へボールを投げること」とは，具体的には「ねらった方向へステップを踏みながら無駄のない一連の動きでボールを投げること」である。　(3)　ゴール型における「安定したボール操作」とは,「ゴールの枠内に安定してシュートを打ったり,味方が操作しやすいパスを送ったり,相手から奪われず次のプレイがしやすいようにボールをキープしたりすること」である。

【2】(1)　①　見取り　　②　距離の取り方　　(2)　①　得意技　②　かかわり方

〈解説〉(1)　中学校学習指導要領(平成20年告示)の武道における「知識」の指導内容は,伝統的な考え方,技の名称や見取り稽古の仕方,体力の高め方,運動観察の方法などを理解できるようにすることである。(2)「思考・判断」の指導内容は,自己の課題に応じた運動の取り組み方を工夫できるようにすることである。具体的には,運動の行い方や練習の仕方,活動の仕方,健康・安全の確保の仕方,運動の継続の仕方など,これまで学習した内容を,自己の課題に応じて,学習場面に適用したり,応用したりすることができるようにすることである。

【3】①　傷害の悪化　　②　直接圧迫法　　③　急性影響　　④　中枢神経

〈解説〉「(3)　傷害の防止」の打撲や捻挫の手当ては,安静(Rest),冷却(Ice, Icing),圧迫(Compression),挙上(Elevation)を基本に進める。それぞれの頭文字をとって,RICEという。「(4)　健康な生活と疾病の予防」に関して,新中学校学習指導要領(平成29年告示)では「(1)　健康な生活と疾病の予防」は第1学年から第3学年で指導することとなり,(ア)健康の成り立ちと疾病の発生要因,(イ)　生活習慣と健康は第1学年で,(ウ)　生活習慣病などの予防,(エ)　喫煙,飲酒,薬物乱用と健康は第2学年で,(オ)　感染症の予防,(カ)　健康を守る社会の取組は第3学年で指導するよう振り分けられている。

【4】①　タイミング　　②　次走者　　③　滑らかな空間動作

〈解説〉①「タイミングを合わせる」とは,次走者が前走者の走るスピードを考慮してスタートするタイミングを合わせたり，前走者と次走者がバトンの受渡しでタイミングを合わせたりすることである。
② 「次走者のスピードを十分高める」とは，前走者と次走者がスピードにのった状態でバトンの受渡しをするために，次走者のスピードを十分高めることである。　③ 「滑らかな空間動作」には，流れよく行われるはさみ跳びや背面跳びなどの一連の空間での動きがある。「背面跳び」は全ての生徒を対象とした学習では危険な場合もあると考えられるので，指導に際しては個々の生徒の技能，器具や用具等の安全性などの条件が十分に整っており，さらに生徒が安全を考慮した段階的な学び方を身に付けている場合に限って実施することとされている。

【5】① スポーツ基本法　② 知る　③ 仲間の学習
〈解説〉① 1961(昭和36)年に制定されたスポーツ振興法は，我が国のスポーツの発展に大きく貢献してきた。制定から50年が経過し，スポーツが広く国民に浸透し，スポーツを行う目的が多様化するとともに，地域におけるスポーツクラブの成長や，競技技術の向上，プロスポーツの発展，スポーツによる国際交流や貢献の活発化など，スポーツを巡る状況が大きく変化したことから，2011(平成23)年にスポーツ基本法が制定された。スポーツ基本法では，スポーツに関し，基本理念を定め，並びに国及び地方公共団体の責務並びにスポーツ団体の努力等を明らかにするとともに，スポーツに関する施策の基本となる事項を定めることにより，スポーツに関する施策を総合的かつ計画的に推進し，もって国民の心身の健全な発達，明るく豊かな国民生活の形成，活力ある社会の実現及び国際社会の調和ある発展に寄与することを目的としている。　② 現行の中学校学習指導要領(平成20年告示)では，多様な関わり方として「する」，「みる」，「支える」が示されていたが，改訂により「知る」が加えられた。　③ 支えることは，大きなスポーツ大会のボランティア活動と行ったことだけでなく，身近な体育授業や学校行事においてもそういった機会があることを理解できるよう

にする。

【6】(1)　他者に伝える力　　(2)　①　維持と改善　　②　科学的

〈解説〉(1)　保健の目標も，「知識及び技能」，「思考力，判断力，表現力等」，「学びに向かう力，人間性等」の3つの柱で整理された。他者に伝える力とは，表現力のことである。　(2)「個人生活」とは，自分という特定の個人から離れた個人一般の生活のことである。保健学習において小学校段階では実践的な，中学校段階では科学的な，高等学校段階では総合的な理解が求められる。

【7】(1)　①　判断力　　②　実践意欲　　(2)　①　手掛かり　②　知的　　(3)　ア　内面的　　イ　体験的　　(4)　①　ア　②　エ

〈解説〉(1)　道徳的な判断力とは，人間として生きるために道徳的価値が大切なことを理解し，様々な状況下において人間としてどのように対処することが望まれるかを判断する力である。道徳的実践意欲と態度は，道徳的判断力や道徳的心情によって価値があるとされた行動をとろうとする傾向性を意味する。　(2)「A　主として自分自身に関すること」，「B　主として人との関わりに関すること」，「C　主として集団や社会との関わりに関すること」，「D　主として生命や自然，崇高なものとの関わりに関すること」の項目について扱うことが学習指導要領の第3章　特別の教科　道徳の第２　内容に示されている。各項目の詳細について参照しておくこと。　(3)　道徳科での指導の基本方針は，各教科，総合的な学習の時間及び特別活動における道徳教育と密接な関連を図りながら，年間指導計画に基づき，生徒や学級の実態に即し，道徳科の特質に基づく適切な指導を展開することである。具体的には，本問の①～⑥に示されたもので，③では，生徒が道徳的価値を内面的に自覚できるよう指導方法の工夫に努めなければならないこと，⑤では，職場体験活動やボランティア活動，自然体験活動などの体験活動を生かし，体験を通して感じたことや考えたことを基に対話を深めるなど，心に響く多様な指導の工夫に努めなければならないこと，が述べられている。　(4)　道徳科の評価は，目標に明記された学習活動に着目して行われる。道徳科の学習では，生徒自身が真正面から自分のこととして道徳的価値に広い視野から多面的・多角的に向き合うことが重要であり，こうした学習における一人一人の生徒の姿を把握していくことが生徒の学習活動に着目した評価を行うことになるのである。

【高等学校】

【1】(1)　①　ク　②　キ　③　カ　④　イ　⑤　ウ
(2)　ストレスの軽減　(3)　卒業後　(4)　イ　(5)　①　筋力　②　柔軟性

〈解説〉(1)　現行の高等学校学習指導要領(平成21年告示)では，体つくり運動は「体ほぐしの運動」と「体力を高める運動」であるが，新高等学校学習指導要領(平成30年告示)においては，「体力を高める運動」は「実生活に生かす運動の計画」と改められた。　(2)　現行の高等学校学習指導要領では，「気付き」，「調整」，「交流」の3つのねらいが示されていたが，新高等学校学習指導要領においては，調整が内包され「気付き」，「関わり合い」の2つのねらいが示されている。　(3)　入学年次の「運動の計画を立て取り組む」とは，体の柔らかさ，巧みな動き，力強い動き，動きを持続する能力などを高めるための運動などから，具体的な運動例を用いて，自己の体力や実生活に応じて，日常的に継続して行う運動の計画を立てることである。その次の年次以降の「継続的な運動の計画を立て取り組む」とは，これらに加えて，設定したねらいによっては，食事や睡眠のとり方などの生活習慣を見直したり，施設や器具を用いず手軽に行う運動例を組み合わせたり，体力測定や実施した運動の記録などを参考にしたりして，定期的に運動の行い方を見直し，卒業後にも運動を継続することのできる運動の計画を立て取り組むことである。　(4)「実生活への取り入れ方」では，学校(体育の授業，休憩時間，運動部活動)や登校時・下校時，家庭などでの行動を考慮した1日・1回の運動の計画，行う運動の頻度や平日と週末を考慮した1週間の運動の計画，四季及び授業期間や長期休業期間を考慮した1年間・数か月の運動の計画，入学から卒業までの運動の計画，仲間や家族の運動の計画などの自己と違う体力の状況や加齢期における運動の計画などがあることについて理解できるようにする。　(5)　筋力とは筋肉が一回の収縮で発揮する力をいう。また，筋持久力は筋肉が繰り返し収縮し続ける能力である。運動においては，骨格の可動部分に付着している骨格筋の収縮・弛緩によって，関節を曲げ伸ばしするが，おもに関節を曲げるときに力を発揮する筋を「屈筋」，関節を伸ばすときに力を発揮する筋を「伸筋」といい，この屈筋と伸筋がバランスよく力を発揮することで思い通りに身体を動かすことができる。柔軟性とは，筋肉と腱が伸びる能力のことで，筋力・瞬発力・持久力・調整力とともに基本的な運動能力のひとつとされている。柔軟性は静的柔軟性と動的柔軟性という2つの面から捉えることができ，前者は「関節可動域」すなわち身体の柔らかさというところを表し，後者は「関節可動域における動きやすさ」すなわち運動のしなやかさを表す。

【2】(1)　①　カ　　②　ア　　(2)　①　弓道　　②　加えて
③　替えて

〈解説〉(1)　思考・判断の指導内容である「自己や仲間の課題に応じた運動を継続するための取り組み方を工夫」するとは，運動の行い方，仲間と教え合うなどの活動の仕方，健康・安全の確保の仕方，運動の継続の仕方などのこれまでの学習した内容をもとに，自己や仲間の課題に応じて，運動を継続するために，知識を新たな学習場面で適用したり，応用したりすることを示している。入学年次においては，これまで学習した知識や技能を活用して，自己や仲間の課題に応じた運動の取り組み方を工夫することができるようにする。　(2)　現行の高等学校学習指導要領(平成21年告示)では，「相撲，なぎなた，弓道などのその他の武道」とされていたものが，新高等学校学習指導要領(平成30

年告示)では，その他の武道として「空手道，なぎなた，弓道，合気道，少林寺拳法，銃剣道」が明示された。原則は，柔道または剣道の履修であり，その他の武道を柔道または剣道に「加えて行う」または「替えて行う」場合には，その要件として「ア　指導するための施設・設備及び指導者が整備されていること」,「イ　指導するための指導内容及び方法が体系的に整備されていること」,「ウ　当該校の教員が指導から評価まで行うことができる体制が整備されていること」,「エ　生徒の自発的，自主的な学習を重視する観点から，その前提となる生徒の興味，関心が高いこと」,「オ　安全を確保する観点から，学習段階や個人差を踏まえ，段階的な指導を行うことができる体制などが整備されていること。また，指導内容は，柔道及び剣道に示された指導内容を踏まえたものであること」などが示されている。

【3】(1)　①　合理的　　②　オープンスキル　　③　クローズドスキル　　(2)　①　すべての生徒　　②　6

〈解説〉(1)　オープンスキルは，外的要因に左右される状況下で発揮される技能であり，競技としては，柔道，サッカー，バレーボール等が挙げられる。クローズドスキルは，外的要因に左右されない状況下で発揮される技能であり，競技としては，体操競技，水泳，陸上競技等が挙げられる。　(2)　現行の高等学校学習指導要領(平成21年告示)では，入学年次「(1)　スポーツの歴史，文化的特性や現代のスポーツの特徴」，その次の年次「(2)　運動やスポーツの効果的な学習の仕方」，それ以降の年次「(3)　豊かなスポーツライフの設計の仕方」の取扱いとなっているが，新高等学校学習指導要領(平成30年告示)では，入学年次「(1)　スポーツの文化的特性や現代のスポーツの発展」，その次の年次「(2)　運動やスポーツの効果的な学習の仕方」，それ以降の年次「(3)　豊かなスポーツライフの設計の仕方」の取扱いとなっている。

【4】ア　学びに向かう力　　イ　主体的・対話的で深い学び　　ウ　障害の有無　　エ　ライフステージ　　オ　心肺蘇生法

〈解説〉① 体育科における「学びに向かう力，人間性等」の具体的な指導内容は，ア 共通事項(愛好的態度)，イ 公正に関する事項，ウ 協力・責任に関する事項，エ 参画・共生に関する事項，オ 健康・安全に関する事項について整理されている。 ② 主体的・対話的で深い学びの実現は，「アクティブ・ラーニングの視点に立った授業改善」のことである。これは，「授業の方法や技術の改善のみを意図するものではなく，生徒に目指す資質・能力を育むために『主体的な学び』，『対話的な学び』，『深い学び』の視点で，授業改善を進めるものであること」を示している。 ③ 新高等学校学習指導要領(平成30年告示)による改訂では，体力差，技能差，性別の差，障害の有無にかかわらず運動やスポーツに多様な形で関わるといった「共生」の視点が盛り込まれた。 ⑥ 今回の改訂では，応急手当について「心肺停止状態においては，急速に回復の可能性が失われつつあり，速やかな気道確保，人工呼吸，胸骨圧迫，AED(自動体外式除細動器)の使用などが必要であること，及び方法や手順について，実習を通して理解し，AEDなどを用いて心肺蘇(そ)生法ができるようにする」とされ，知識だけではなく技能としても位置づけられている。

【5】① 楽しさや喜び ② する・みる・支える・知る ③ 生活の質 ④ 専門性 ⑤ 学習過程

〈解説〉保健体育科の目標は「(1) 知識及び技能」,「(2) 思考力，判断力，表現力等」,「(3) 学びに向かう力，人間性等」の3つの柱で示され，これらは密接に関連し合っている。保健の見方・考え方における「生活の質」とは「Quality of Life(QOL)」のことで，治療や療養生活を送る患者の肉体的，精神的，社会的，経済的なことの，すべてを含めた生活の質を意味する。病気による症状や治療の副作用などによって，患者が治療前と同じようには生活できなくなることがあるが，このような変化の中で患者が自分らしく納得のいく生活の質の維持を目指すという考え方である。

2019年度　実施問題

【中学校】

【1】次の文は,「中学校学習指導要領(平成29年告示)解説　保健体育編」に示されている保健体育科の目標である。下の各問いに答えなさい。

> 体育や保健の見方・考え方を働かせ,課題を発見し,合理的な解決に向けた学習過程を通して,心と体を一体として捉え,生涯にわたって心身の健康を保持増進し豊かなスポーツライフを実現するための(　①　)・能力を次のとおり育成することを目指す。
> (1)　各種の運動の特性に応じた技能等及び個人生活における健康・安全について理解するとともに,基本的な技能を身に付けるようにする。
> (2)　運動や健康についての自他の課題を発見し,合理的な解決に向けて思考し判断するとともに,(　②　)を養う。
> (3)　生涯にわたって運動に親しむとともに健康の保持増進と体力の向上を目指し,明るく豊かな生活を営む態度を養う。

(1)　上の文の(　　)に当てはまる語句を答えなさい。

(2)　下線部について説明した次の文中の(　　)に当てはまる語句を答えなさい。

> 体育の見方・考え方については,生涯にわたる豊かなスポーツライフを実現する観点を踏まえ,「運動やスポーツを,その価値や特性に着目して,楽しさや喜びとともに体力の向上に果たす役割の視点から捉え,自己の適性等に応じた『する・みる・支える・(　　)』の多様な関わり方と関連付けること」であると考えられる。

(☆☆◎◎◎◎)

【2】次の文は，「中学校学習指導要領解説　保健体育編(平成20年9月)」に示されている「体つくり運動」における第3学年の「知識，思考・判断」の思考・判断の例示である。文中の(　　)に当てはまる語句を答えなさい。

> ＜例示＞
> ・体ほぐしのねらいを踏まえて，自己の課題に応じた活動を選ぶこと。
> ・ねらいや体力の程度に応じて(　①　)，(　②　)，回数，頻度を設定すること。
> ・自己の責任を果たす場面で，ねらいに応じた活動の仕方を見付けること。
> ・仲間と学習する場面で，(　③　)に配慮した補助の仕方などを見付けること。
> ・(　④　)で継続しやすい運動例を選ぶこと。

(☆☆◎◎◎◎)

【3】次の文は，「中学校学習指導要領解説　保健体育編(平成20年9月)」に示されている「水泳」における第3学年の「知識，思考・判断」の内容である。下の各問いに答えなさい。

> 技術の名称や行い方，ア<u>体力の高め方</u>，イ<u>運動観察の方法</u>などを理解し，(　　)に応じた運動の取り組み方を工夫できるようにする。

(1)　上の文の(　　)に当てはまる語句を答えなさい。

(2)　下線部アについて，短距離泳において強く影響される体力要素を答えなさい。

(3)　次の文は，下線部イを説明したものである。(　　)に当てはまる語句を答えなさい。

> 自己の動きや仲間の動き方を分析するには，(　①　)や(　②　)などの方法があることを理解できるようにする。例えば，バディシステムなどで仲間の動きを観察したり，視聴覚教材などで自己のフォームを観察したりすることで，自己の取り組むべき技術的な課題が明確になり，学習の成果を高められることを理解できるようにする。

(☆☆◎◎◎◎)

【4】次の図は，「中学校学習指導要領解説　保健体育編(平成20年9月)」に示されている「保健分野」の内容(心身の機能の発達と心の健康)をまとめたものである。下の各問いに答えなさい。

心身の機能の発達と心の健康		
	ア　(　　)の発達	○器官が発育し機能が発達する時期 ○発育・発達の個人差
	イ　生殖にかかわる機能の成熟	○内分泌の働きによる生殖にかかわる機能の成熟 ○成熟の変化に伴う適切な行動
	ウ　精神機能の発達と自己形成	○生活経験などの影響を受けて発達する精神機能 ○自己の認識の深まりと自己形成
	エ　欲求やストレスへの対処と心の健康	○精神と身体の相互影響 ○欲求やストレスの心身への影響 ○欲求やストレスへの適切な対処

(1)　上の表の(　　)に当てはまる語句を答えなさい。

(2)　次の文は，「イ　生殖にかかわる機能の成熟」について，説明したものである。文中の(　　)に当てはまる語句を答えなさい。

> 思春期には，下垂体から分泌される(　①　)の働きにより生殖器の発育とともに生殖機能が発達し，男子では射精，女子では月経が見られ，妊娠が可能となることを理解できるようにする。また，身体的な成熟に伴う性的な発達に対応し，性衝動が生じたり，異性への関心などが高まったりすることなどから，異性の尊重，性情報への対処など性に関する適切な態度や行動の選択が必要となることを理解できるようにする。

なお，指導に当たっては，発達の段階を踏まえること，(②)で共通理解を図ること，保護者の理解を得ることなどに配慮することが大切である。

(☆☆☆◎◎◎)

【5】次の表は，「中学校学習指導要領解説　保健体育編(平成20年9月)」に示されている「球技：ベースボール型」の技能の例示をまとめたものである。表中の(　　)に当てはまる語句を答えなさい。ただし，同じ番号には同じ語句が入るものとする。

	中学校１・２年	中学校３年
バット操作	・肩越しでのバットの構え ・水平になるような（ ① ） ・タイミングを合わせた打撃	・体の軸を安定させた（ ① ） ・高さやコースへのタイミング ・ねらった方向への打ち返し
ボール操作	・ゆるい打球に対応した（ ② ） ・大きな動作での送球 ・正面の送球をうける	・最短距離で移動した（ ② ） ・一連の動きでの送球 ・タイミングよく送球を受けたり（ ③ ）したりする
ボールを持たないときの動き	・全力疾走での塁への駆け抜け ・減速，反転による塁上での停止	・円を描く（ ④ ） ・打球に応じた進塁
	・守備位置での準備姿勢 ・ポジションごとの基本的な動き	・進塁先のベースカバー ・（ ③ ）プレイに備える動き ・ダブルプレイに備える動き

(☆☆☆◎◎◎)

【6】「中学校学習指導要領解説　保健体育編(平成20年9月)」に示されている「武道」(柔道)における第1学年及び第2学年の技能の内容について，次の各問いに答えなさい。

(1) ＜例示＞に示されている投げ技の中で，取が前さばきからかけて投げ，受が後ろ受け身をとる技を1つ答えなさい。

(2) ＜例示＞に示されている基本動作の進退動作で，相手の動きに応じた体の移動をするときの足の使い方を2つ答えなさい。

(☆☆☆◎◎◎◎)

【7】「中学校学習指導要領(平成29年告示)解説　特別の教科　道徳編」について，次の各問いに答えなさい。

(1)　次の文は「第2章　第2節　道徳科の目標」である。(　　)に当てはまる語句を答えなさい。

第1章総則の第1の2の(2)に示す道徳教育の目標に基づき，よりよく生きるための基盤となる(　①　)を養うため，道徳的諸価値についての理解を基に，自己を見つめ，物事を広い視野から多面的・多角的に考え，人間としての(　②　)についての考えを深める学習を通して，道徳的な判断力，心情，実践意欲と態度を育てる。

(2)　「第1章　総説　3(2)」には，内容項目のまとまりを示す四つの視点について，次のように述べられている。文中の(　①　)に当てはまる語句を答えなさい。また，(　②　)～(　⑤　)に当てはまる語句を下の選択肢から選び，記号で答えなさい。

生徒にとっての(　①　)に即して整理し，「A　主として(　②　)に関すること」「B　主として(　③　)に関すること」「C　主として(　④　)に関すること」「D　主として(　⑤　)に関すること」として順序を改めた

〔選択肢〕

ア　集団や社会との関わり

イ　人との関わり

ウ　自分自身

エ　生命や自然，崇高なものとの関わり

(3)　「第4章　第2節　道徳科の指導　1」には，道徳科における指導の基本方針について述べられている。(　　)に当てはまる語句を答えなさい。

道徳科においては，各教科，総合的な学習の時間及び特別活動における(　①　)と密接な関連を図りながら，(　②　)に基づき，生徒や学級の実態に即し，道徳科の特質に基づく適切な指導を展開しなければならない。

(4)　「第5章　第1節　道徳科における評価の意義」には，評価について述べられている。(　　)に当てはまる語句を答えなさい。

生徒の学習状況や道徳性に係る成長の様子を継続的に把握し，(　①　)に生かすよう努める必要がある。ただし，(　②　)などによる評価は行わないものとする。

(☆☆☆◎◎◎◎)

【高等学校】

【1】次の文は，「高等学校学習指導要領」(平成30年3月　告示)「第6節　保健体育」「第1款　目標」である。(　　)に当てはまる語句を答えなさい。ただし，同じ番号には同じ語句が入るものとする。

体育や保健の見方・(　①　)を働かせ，課題を発見し，合理的，(　②　)な解決に向けた学習過程を通して，心と体を一体として捉え，(　③　)心身の健康を保持増進し豊かなスポーツライフを継続するための資質・能力を次のとおり育成することを目指す。

(1)　各種の運動の特性に応じた技能等及び社会生活における健康・安全について理解するとともに，技能を身に付けるようにする。

(2)　運動や健康についての自他や社会の課題を発見し，合理的，(　②　)な解決に向けて思考し判断するとともに，他者に(　④　)を養う。

(3)　(　③　)継続して運動に親しむとともに健康の保持増進と体力の向上を目指し，明るく豊かで(　⑤　)を営む態度を養う。

(☆☆◎◎◎◎)

【2】次の表と文は,「高等学校学習指導要領解説　保健体育編・体育編」(平成21年12月)の「第1部　保健体育」に示されている総説「第2節　保健体育科の目標及び内容」「2　教科の内容」に示されている,保健体育科の科目及び内容構成である。(　　)に当てはまる語句を答えなさい。

保健体育科	
科目[体育]	科目[保健]
体つくり運動 (1) (2) (3) 器械運動 (1) (2) (3) 陸上競技 (1) (2) (3) 水泳 (1) (2) (3) 球技 (1) (2) (3) (①) (1) (2) (3) ダンス (1) (2) (3) (②)	現代社会と健康 (③) 健康 (④) と健康

*体育は,運動に関する領域と知識に関する領域によって構成され,運動に関する領域では,(1)は技能(「体つくり運動」は(　⑤　)),(2)は態度,(3)は知識,思考・判断を示している。

(☆☆◎◎◎◎)

【3】「高等学校学習指導要領解説　保健体育編・体育編」(平成21年12月)の「第1部　保健体育」に示されている科目「体育」の領域「C　陸上競技」について,次の各問いに答えなさい。

(1)　次の文の(　　)に当てはまる語句を答えなさい。

> 高等学校では,これまでの学習を踏まえて,「各種目特有の(　①　)こと」ができるようにすることが求められる。
> したがって,(　②　)の向上や競争の楽しさや喜びを深く味わい,陸上競技の学習に主体的に取り組み,ルールやマナーを大切にすることや,役割を積極的に引き受け自己の責任を果たすことなどに意欲をもち,(　③　)や安全を確保するとともに,技術の名称や行い方,課題解決の方法などを理解し,

自己や仲間の課題に応じた運動を継続するための取り組み方を工夫できるようにすることが大切である。

(2) 次の文は,「1 技能 ア 競争 (1) 短距離走・リレー」に示されている,入学年次とその次の年次以降における「ねらい」についてまとめたものである。(　　)に当てはまる語句を答えなさい。

【入学年次】
中間走へのつなぎを滑らかにするなどして速く走ること
【その次の年次以降】
中間走の高い(　　)を維持して速く走ること

(3) 次の文は,「1 技能 ア 競争 (3) ハードル走」に示されている例示を抜粋したものである。次の選択肢から,入学年次の例示を1つ選び,記号で答えなさい。

ア インターバルで力強く腕を振って走ること。

イ 遠くから踏み切り,振り上げ脚をまっすぐに振り上げ,ハードルを低く走り越すこと。

ウ ハードリングとインターバルの走りを滑らかにつなぐこと。

エ インターバルでは,3歩のリズムを最後のハードルまで維持して走ること。

(☆☆◎◎◎◎)

【4】「高等学校学習指導要領解説 保健体育編・体育編」(平成21年12月)「第1部 保健体育」に示されている科目「体育」の領域「E 球技」の「3 知識,思考・判断」について,下の各問いに答えなさい。

(3) 技術などの名称や行い方,体力の高め方,課題解決の方法,A競技会の仕方などを理解し,Bチームや自己の課題に応じた運動を継続するための取り組み方を工夫できるようにする。

(1) 下線部A「競技会の仕方など」の「など」の例として示されてい

るものは何か答えなさい。

(2)　次の文は，下線部B「チームや自己の課題に応じた運動を継続するための取り組み方を工夫」することとして示されている内容をまとめたものである。(　　)に当てはまる語句を，下の語群から選び，記号で答えなさい。

> 【入学年次】
> これまで学習した(　①　)を活用して，チームや自己の課題に応じた運動の取り組み方を工夫することができるようにする。
> 【その次の年次以降】
> (　②　)に豊かなスポーツライフを継続できるようにするための視点を重視して，(　③　)の仕方，自己や仲間，チームの課題に応じた練習計画の立て方や(　④　)などの運動を継続するための取り組み方を工夫することができるようにする。

【語群】

ア	トレーニングの方法	イ	目標の設定
ウ	日常的	エ	卒業後
オ	知識や技能	カ	課題の設定
キ	作戦の立て方	ク	運動の仕方
ケ	ルールやマナー		

(☆☆◎◎◎◎)

【5】次の文は，「高等学校学習指導要領解説　保健体育編・体育編」(平成21年12月)「第1部　保健体育」科目「保健」の，「(1)　現代社会と健康」「オ　応急手当」の一部である。(　　)に当てはまる語句を答えなさい。ただし，同じ番号には同じ語句が入るものとする。

(ア)　応急手当の意義

適切な応急手当は，傷害や疾病の(　①　)を防いだり，傷病者の苦痛を緩和したりすることを理解できるようにする。また，(　②　)の生命や身体を守り，不慮の事故災害に対応できる社会をつくるには，一人一人が適切な連絡・(　③　)や運搬も含む応急手当の(　④　)や方法を身に付けるとともに，自ら進んで行う態度を養うことが必要であることを理解できるようにする。

(イ)　日常的な応急手当

日常生活で起こる傷害や，熱中症などの疾病の際には，それに応じた体位の確保・(　⑤　)・固定などの基本的な応急手当の(　④　)や方法があることを(　⑥　)を通して理解できるようにする。

(ウ)　心肺蘇(そ)生法

心肺停止状態においては，急速に回復の可能性が失われつつあり，速やかな(　⑦　)，人工呼吸，(　⑧　)，AED(自動体外式除細動器)の使用などが必要であることを理解できるようにする。その際，(　⑦　)，人工呼吸，(　⑧　)などの原理や方法については，(　⑥　)を通して理解できるよう配慮するものとする。

なお，指導に当たっては，(　⑨　)及び循環器系の機能については，必要に応じ関連付けて扱う程度とする。

また，「体育」における(　⑩　)などとの関連を図り，指導の効果を高めるよう配慮するものとする。

(☆☆◎◎◎)

解答・解説

【中学校】

【1】(1)　①　資質　　②　他者に伝える力　　(2)　知る

〈解説〉(1)　この目標は,「知識及び技能」,「思考力, 判断力, 表現力等」,「学びに向かう力, 人間性等」を育成することを目指すとともに, 生涯にわたって心身の健康を保持増進し, 豊かなスポーツライフを実現することを目指すものである。この目標を達成するためには, 運動する子供とそうでない子供の二極化傾向が見られること, 社会の変化に伴う新たな健康課題に対応した教育が必要との指摘を踏まえ, 引き続き, 心と体をより一体として捉え, 健全な心身の発達を促すことが求められる。このため, 体育と保健を一層関連させて指導することが重要である。　(2)　各教科等の「見方・考え方」は,「どのような視点で物事を捉え, どのような考え方で思考していくのか」という, その教科等ならではの物事を捉える視点や考え方である。各教科等を学ぶ本質的な意義の中核をなすものであり, 教科等の学習と社会をつなぐものであることから, 児童生徒が学習や人生において,「見方・考え方」を自在に働かせることができるようにすることは, 極めて重要となる。

【2】①　強度　　②　時間　　③　体力の違い　　④　実生活

〈解説〉第3学年では, これまで学習した知識や技能を活用して, 自己の課題に応じた運動の取り組み方を工夫することができるようにすることが求められている。なお, 体ほぐし運動のねらいとしては,「気付き」「調整」「交流」が示されている。体力を高める運動のねらいには,「体の柔らかさ」「巧みな動き」「力強い動き」「動きを継続する能力」が示されている。

【3】(1) 自己の課題 (2) 瞬発力 (3) ① 自己観察 ② 他者観察

〈解説〉(1) 「自己の課題に応じた運動の取り組み方を工夫」するとは，運動の行い方や練習の仕方，活動の仕方，健康・安全の確保の仕方，運動の継続の仕方などのこれまで学習した内容を，自己の課題に応じて，学習場面に適用したり，応用したりすることを示している。第3学年では，これまで学習した知識や技能を活用して，自己の課題に応じた運動の取り組み方を工夫することができるようにすることが求められている。 (2) 水泳のパフォーマンスは，体力要素の中でも，短距離泳では主として瞬発力，長距離泳では主として全身持久力などに強く影響される。そのため，泳法と関連させた補助運動や部分練習を取り入れ，繰り返したり，継続して行ったりすることで，結果として体力を高めることができることが重要である。 (3) 水泳では，バディシステムなどのような適切なグループのつくり方を工夫したり，見学の場合も，状況によっては，安全の確保や練習に対する協力者として参加させたりするなどの配慮が必要となる。また，水泳の学習は気候条件に影響を受けやすいため，教室での学習として視聴覚教材で泳法を確かめたり，課題を検討したりする学習，保健分野の応急手当と関連させた学習などを取り入れるなどの指導計画を工夫することが大切である。

【4】(1) 身体機能 (2) ① 性腺刺激ホルモン ② 学校全体

〈解説〉(1) 身体の発育・発達には，骨や筋肉，肺や心臓などの器官が急速に発育し，呼吸器系，循環器系などの機能が発達する時期があること，また，その時期や程度には，人によって違いがあることを理解できるようにする。 (2) 性腺刺激ホルモンは，下垂体から分泌され，生殖器に刺激を与え，その発育，機能を保持，調整するホルモンである。思春期は，身体的には生殖にかかわる機能が成熟し，精神的には自己形成の時期であること，さらに，精神と身体は互いに影響し合うことなどについて，学校全体で共通理解を図るとともに，保護者の理解を得ることが大切である。

【5】① スイング　② 捕球　③ 中継　④ 走塁

〈解説〉設問の表は,「ベースボール型のバット操作やボール操作とボールを持たないときの動きの例」として示されている。「ベースボール型」とは,身体やバットの操作と走塁での攻撃,ボール操作と定位置での守備などによって攻守を規則的に交代し,一定の回数内で相手チームより多くの得点を競い合うゲームである。運動種目については,ソフトボールを取り上げ,ベースボール型の種目に共通する動きを身に付けること,とされている。なお,バット操作では,投球のコースや高さなどの変化に対応して,身体の軸が安定した一連のスイング動作でボールを打ち返すことが求められている。また,ボール操作では,移動しながらボールを捕球すること,無駄のない一連の動きでねらった方向へボールを投げること,仲間からの送球を塁上でタイミングよく受けたり,仲間の送球を中継したりすることなどが求められている。球技については,ベースボール型だけでなく,ゴール型,ネット型についても理解を深めておきたい。

【6】(1) 大外刈り　(2) すり足,歩み足

〈解説〉(1) 投げ技は,取(技をかける人)と受(技を受ける人)の双方が比較的安定して投げたり,受け身をとったりすることのできる技である。投げ技では,大外刈りから小内刈り,大内刈りなどの刈り技系,体落としから大腰などのまわし技系,膝車から支え釣り込み足などの支え技系など,系統別にまとめて扱うこと,とされている。 (2) 柔道では,相手の動きに応じた基本動作から,基本となる技を用いて攻防を展開できるようにすることが求められている。基本動作の進退動作では,相手の動きに応じた「すり足」「歩み足」「継ぎ足」で体の移動をすることが示されている。このほか,基本動作の姿勢と組み方では,相手の動きに応じやすい自然体で組むこと。崩しでは,相手の動きに応じて相手の体勢を不安定にし,技をかけやすい状態をつくることが

示されている。

【7】(1) ① 道徳性 ② 生き方 (2) ① 対象の広がり ② ウ ③ イ ④ ア ⑤ エ (3) ① 道徳教育 ② 年間指導計画 (4) ① 指導 ② 数値

〈解説〉(1) 道徳科が目指すものは，学校の教育活動全体を通じて行う道徳教育の目標と同様に，よりよく生きるための基盤となる道徳性を養うことである。その際，道徳的価値や人間としての生き方についての自覚を深め，道徳的実践につなげていくことが大切となる。(2) 内容項目のまとまりを示していた視点については，四つの視点によって内容項目を構成して示すという考え方は従前どおりとしつつ，その視点を生徒にとっての対象の広がりに即して整理し，順序が改められた。

(3) 道徳科においては，「道徳科の特質を理解すること」，「信頼関係や温かい人間関係を基盤に置くこと」，「生徒の内面的な自覚を促す指導方法を工夫すること」，「生徒の発達や個に応じた指導方法を工夫すること」，「問題解決的な学習，体験的な活動など多様な指導方法の工夫をすること」を基本方針として指導に当たる必要がある。

(4) 「数値などによる評価は行わないものとする」とは，道徳科の評価を行わないとしているのではない。道徳科において養うべき道徳性は，生徒の人格全体に関わるものであり，数値などによって不用意に評価してはならないことを特に明記したものである。したがって，教師はこうした点を踏まえ，それぞれの授業における指導のねらいとの関わりにおいて，生徒の学習状況や道徳性に係る成長の様子を様々な方法で捉えて，個々の生徒の成長を促すとともに，それによって自らの指導を評価し，改善に努めることが大切である。

【高等学校】

【1】① 考え方 ② 計画的 ③ 生涯にわたって ④ 伝える力 ⑤ 活力ある生活

〈解説〉新学習指導要領では，深い学びの鍵として「見方・考え方」を働かせることが重要とされている。体育や保健の「見方・考え方」は，「どのような視点で物事を捉え，どのような考え方で思考していくのか」という視点や考え方である。(1)～(3)は，資質・能力の3つの柱で整理して学習指導要領の改善を図ったものである。学習指導要領については，平成21年告示のものだけでなく，平成30年告示のものにもよく目を通しておくことが必要となる。その際，高等学校学習指導要領比較対照表を活用し，大きく変わった項目やキーワードとなりそうな語句をノートに書き出すなどして，理解を深めてほしい。

【2】① 武道　② 体育理論　③ 生涯を通じる　④ 社会生活　⑤ 運動

〈解説〉保健体育科に属する科目は，「体育」及び「保健」の2科目である。「体育」は，「体つくり運動」「器械運動」「陸上競技」「水泳」「球技」「武道」「ダンス」及び「体育理論」の8つの領域で構成されている。このうち，体育理論を除く7つの運動に関する領域については，(1)技能(「体つくり運動」は運動)，(2)態度，(3)知識，思考・判断を内容として示している。また，知識に関する領域については，「体育理論」において，(1)スポーツの歴史，文化的特性や現代のスポーツの特徴，(2)運動やスポーツの効果的な学習の仕方，(3)豊かなスポーツライフの設計の仕方を内容として示している。「保健」は，「現代社会と健康」，「生涯を通じる健康」及び「社会生活と健康」の3つの内容で構成されている。保健体育科の科目及び内容構成は，教科の目標に準じたものであり，その意味を把握しておくことが大切である。

【3】(1) ① 技能を高める　② 記録　③ 健康　(2) スピード　(3) イ

〈解説〉陸上競技は，競走としての短距離走・リレー，長距離走及びハードル走，跳躍としての走り幅跳び，走り高跳び及び三段跳び，投てきとしての砲丸投げ及びやり投げを示している。「これまでの学習を踏まえて」とは，「中学校で学習したことを踏まえて」ということであり，高等学校でどのように発展させていくかについて理解しておきたい。　(2)　入学年次における中間走とは，ほぼ定速で走る区間の走りのことである。つなぎを滑らかにするとは，スタートダッシュからの加速に伴って動きを変化させ，滑らかに中間走につなげることである。また，「中間走の高いスピードを維持して速く走ること」の例としては，高いスピードを維持する距離を長くすることが示されている。陸上競技領域の技能に関しては，入学年次とその次の年次以降との違いを理解しておきたい。　(3)　ハードル走の入学年次では，「スピードを維持した走りからハードルを低く越すこと」をねらいとしている。入学年次の例示としては，設問文のイのほか，「スタートダッシュから1台目のハードルを勢いよく走り越すこと」，「インターバルでは，3〜5歩のリズムを最後のハードルまで維持して走ること」が示されている。ア・ウ・エは，その次の年次以降の例示である。

【4】(1)　審判の方法　(2)　①　オ　②　エ　③　カ　④　キ

〈解説〉(1) 「競技会の仕方」では，ゲームのルール，トーナメントやリーグ戦などの試合方式，運営の仕方や役割に応じた行動の仕方などを理解できるようにすること。「競技会の仕方など」の例には，審判の方法がある。選択した各運動種目における審判の仕方について，理解できるようにすることが求められる。　(2)　入学年次の例示としては，「健康や安全を確保するために，体調に応じて適切な練習方法を選ぶこと」，「球技を継続して楽しむための自己に適したかかわり方を見付けること」などが示されている。

【5】①　悪化　②　自他　③　通報　④　手順　⑤　止血　⑥　実習　⑦　気道確保　⑧　胸骨圧迫　⑨　呼吸器系　⑩　水泳

〈解説〉「(1) 現代社会と健康」は，「ア 健康の考え方」「イ 健康の保持増進と疾病の予防」「ウ 精神の健康」「エ 交通安全」「オ 応急手当」から構成されている。適切な応急手当は，傷害や疾病の悪化を軽減できること。応急手当には，正しい手順や方法があること。また，心肺蘇生等の応急手当は，傷害や疾病によって身体が時間の経過とともに損なわれていく場合があることから，速やかに行う必要があることを理解しておきたい。

2018年度　実施問題

【中学校】

【1】次の文は，「新中学校学習指導要領」(平成29年3月告示)に示されている，第7節，保健体育の目標である。(　　)に当てはまる語句を答えなさい。ただし，同じ番号には同じ語句が入るものとする。

> 第1　目標
> 　体育や保健の見方・考え方を働かせ，課題を発見し，(　①　)に向けた学習過程を通して，心と体を一体として捉え，生涯にわたって心身の健康を保持増進し(　②　)を実現するための資質・能力を次のとおり育成することを目指す。
> (1)　各種の運動の特性に応じた技能等及び個人生活における健康・安全について理解するとともに，(　③　)を身に付けるようにする。
> (2)　運動や健康についての自他の課題を発見し，(　①　)に向けて思考し判断するとともに，(　④　)を養う。
> (3)　生涯にわたって運動に親しむとともに健康の保持増進と体力の向上を目指し，(　⑤　)を営む態度を養う。

(☆☆☆☆◎◎◎◎◎)

【2】「中学校学習指導要領解説　保健体育編」(平成20年9月)に示されている体育分野の領域及び内容の取扱いについて，次の各問いに答えなさい。

(1)　第3学年において，「器械運動」の領域は，「器械運動」を含め4つの領域のまとまりの中から1領域以上を選択して履修できるようにすることとしているが，「器械運動」以外の3領域を答えなさい。

(2)　「陸上競技」の運動種目は，競走種目から一以上を，跳躍種目から一以上をそれぞれから選択して履修できるようにすることとしているが，競走種目の3種目を答えなさい。

(3)　次の各文は，「球技」と「武道」の内容の取扱いについて示したものである。文中の(　　)に当てはまる語句を答えなさい。ただし，同じ番号には同じ語句が入るものとする。

○ 「球技」

「十分な広さの運動場の確保が難しい場合は指導方法を工夫して行う」とは，(　①　)のゲームを取り扱うことが難しい場合にあっても，(　②　)などの工夫を行い，基本的な(　③　)や定位置での(　④　)などの共通する動きを学習させ，(　①　)の特性や魅力に触れさせるよう配慮することが必要である。

○ 「武道」

武道は，相手と直接的に攻防するという運動の特性や，中学校で初めて経験する運動種目であることなどから，各学年ともその種目の習熟を図ることができるよう適切な(　⑤　)を配当し，効果的，継続的な学習ができるようにすることが必要である。また，武道は，(　⑥　)な指導を必要とするため，特定の種目を3年間履修できるようにすることが望ましいが，生徒の状況によっては各学年で異なった種目を取り上げることもできるようにする。

(☆☆☆◎◎◎◎)

【3】「中学校学習指導要領解説　保健体育編」(平成20年9月)に示されている「水泳」について，次の各問いに答えなさい。

(1)　次の表は，技能の例示を第1学年及び第2学年と第3学年に分けてまとめたものである。表中の(　　)に当てはまる語句を答えなさい。

技　能	第1学年及び第2学年	第3学年
クロール	・一定のリズムで強いキックを打つこと。 ・水中で肘を60～90度程度に曲げて，（ ① ）を描くように水をかくこと。 ・プルとキックの動作に合わせて，（ ② ）をしながら横向きで呼吸のタイミングを取ること。	・空中で肘を60～90度程度に曲げて，手を頭上近くでリラックスして動かすこと。 ・自己に合った方向で（ ③ ）を行うこと。
平泳ぎ	・カエル足で長く伸びたキックをすること。 ・水中で手のひらが肩より前で，両手で（ ④ ）を描くように水をかくこと。 ・プルのかき終わりと同時に口を水面上に出して息を吸い，キックの蹴り終わりに合わせて伸びをとり進むこと。	・手を肩より前で動かし，両手で（ ④ ）を描くように強くかくこと。 ・プルのかき終わりと同時に口を水面上に出して息を吸い，キックの蹴り終わりに合わせて伸びをとり，（ ⑤ ）で大きく進むこと。
スタート	・クロール，平泳ぎ，バタフライでは，水中で両足あるいは左右どちらかの足をプールの壁につけた姿勢から，スタートの合図と同時に顔を水中に沈めながら壁を蹴った後，水中で抵抗の少ない姿勢にして，泳ぎだすこと。	・クロール，平泳ぎ，バタフライでは，水中で両足あるいは左右どちらかの足をプールの壁につけた姿勢から，スタートの合図と同時に顔を水中に沈めながら（ ⑥ ）壁を蹴った後，水中で抵抗の少ない姿勢にする（ ⑦ ）の動きから，泳ぎだすこと。

(2)　次の文は，第3学年の「態度」に関する内容について説明したものの一部である。文中の(　　)に当てはまる語句を答えなさい。

> 「水泳の事故防止に関する心得」とは，自己の技能・体力の程度に応じて泳ぐ，(　　)は意識障害の危険性があるので行わない，溺れている人を見付けたときの対処としての救助法を身に付けているなどといった健康・安全の心得を示している。

(3)　次の文は，「内容の取扱い」について説明したものの一部である。文中の(　　)に当てはまる語句を答えなさい。

> 水泳では，(　①　)などのような適切なグループのつくり方を工夫したり，見学の場合も，状況によっては，安全の確保や練習に対する(　②　)として参加させたりするなどの配慮をするようにする。

(☆☆☆☆◎◎◎◎)

【4】「中学校学習指導要領解説　保健体育編」(平成20年9月)に示されている「体つくり運動」について，次の各問いに答えなさい。

(1)　次の①～③は，第1学年及び第2学年における「体ほぐしの運動」のねらいである。(　　)に当てはまる語句を答えなさい。

①　心と体の関係に(　　)

②　体の調子を(　　)

③　仲間と(　　)する

(2)　第1学年及び第2学年における「体力を高める運動」では，どのような能力を高めるための運動を行うか，「動きを持続する能力」以外の3つを答えなさい。

(3)　「体つくり運動」の領域の授業時数は，各学年において何単位時間以上配当することとしているか答えなさい。

(☆☆☆◎◎◎◎◎)

【5】次の文は，「中学校学習指導要領解説　保健体育編」(平成20年9月)に示されている，「ダンス」における第3学年の「技能」の内容である。あとの各問いに答えなさい。

> 創作ダンスでは，表したいテーマにふさわしいイメージをとらえ，$_{ア}$<u>個や群</u>で，緩急強弱のある動きや空間の使い方で変化を付けて(　①　)に表現したり，簡単な作品にまとめたりして踊ること。
>
> フォークダンスでは，踊り方の特徴をとらえ，音楽に合わせ

て特徴的な(　②　)や動きと$_{イ}$組み方で踊ること。

現代的なリズムのダンスでは，リズムの特徴をとらえ，変化とまとまりを付けて，$_{ウ}$リズムに乗って全身で踊ること。

(1)　文中の(　　)に当てはまる語句を答えなさい。

(2)　下線部アの動きには，大きく分けて4つの動きがあるが，そのうち一斉に同じ動きで動くことを何というか，カタカナ4文字で答えなさい。

(3)　解説の中に示されているフォークダンスの<曲目と動きの例示>の中から，日本の民謡と外国のフォークダンスをそれぞれ1つずつ答えなさい。

(4)　下線部イの組み方を1つ挙げなさい。

(5)　下線部ウについて説明した次の文の(　　)に当てはまる語句を答えなさい。

この段階では，(　①　)でリズムをとって全身で自由に弾んで踊ることを発展させ，体の各部位の動きをずらしたり連動させたりして踊ることや，ダイナミックなアクセントを加えたり違う(　②　)を取り入れたりして，変化を付けて連続して踊ることである。

(☆☆☆☆◎◎◎◎)

【6】次の文は，「中学校学習指導要領解説　保健体育編」(平成20年9月)に示されている「保健分野」の目標についての説明の一部である。文中の(　　)に当てはまる語句を答えなさい。

「個人生活における健康・安全に関する理解を通して」は，(　①　)の発達の仕方及び精神機能の発達や(　②　)，欲求やストレスへの対処などの(　③　)の健康，(　④　)環境を中心とした環境と心身の健康とのかかわり，健康に適した快適な環境の維持と改善，(　⑤　)の発生要因とその防止及び応急手当並びに健康な生活行動の実践と(　⑥　)について，個人生活を中心として(　⑦　)に理解できるようにすることを示したものである。
(略)
「生涯を通じて自らの健康を適切に管理し，改善していく資質や能力を育てる」は，健康・安全について(　⑦　)に理解できるようにすることを通して，現在及び将来の生活において健康・安全の課題に直面した場合に的確な(　⑧　)・(　⑨　)を行うことができるよう，自らの健康を適切に管理し改善していく(　⑧　)力・(　⑨　)力などの資質や能力を育成することを目指している。

(☆☆☆☆◎◎◎◎◎)

【7】次の各文は，「中学校学習指導要領解説　保健体育編」(平成20年9月)に示されている第1学年及び第2学年「体育理論」の説明の一部である。文中の(　　)に当てはまる語句を答えなさい。

運動やスポーツには，直接「行うこと」，テレビなどの(　①　)や競技場での観戦を通して，これらを「見ること」，また，地域のスポーツクラブで指導したり，ボランティアとして大会の運営や(　②　)の支援を行ったりするなどの「支えること」など，(　③　)があることを理解できるようにする。

安全に運動やスポーツを行うためには，特性や目的に適した運動やスポーツを選択し，発達の段階に応じた(　④　)，(　⑤　)，頻度に配慮した計画を立案すること，体調，施設や用具の安全を事前に確認すること，(　⑥　)や(　⑦　)を適切に実施すること，運動やスポーツの実施中や実施後には，適切な休憩や(　⑧　)を行うこと，共に活動する仲間の安全にも配慮することなどが重要であることを理解できるようにする。

(☆☆☆☆◎◎◎◎)

【高等学校】

【1】「高等学校学習指導要領解説　保健体育編・体育編」(平成21年12月)の「第1部　保健体育」に示されている内容について，次の各問いに答えなさい。

(1) 次の文は，「保健体育科の目標」である。(　　)に当てはまる文を答えなさい。

心と体を一体としてとらえ，健康・安全や運動についての理解と運動の合理的，計画的な実践を通して，(　　　　　)資質や能力を育てるとともに[A]<u>健康の保持増進のための実践力の育成</u>と体力の向上を図り，明るく豊かで活力ある生活を営む態度を育てる。

(2) 次の文は，(1)の下線部Aについて説明したものである。(　　)に当てはまる語句を答えなさい。

健康・安全について(　①　)的に理解することを通して，生徒が現在及び将来の生活において，健康・安全の課題に直面した場合に，(　②　)的な思考と正しい判断に基づく(　③　)や行動選択を行い，適切に実践していくための思考力・(　④　)などの資質や能力の基礎を培い，実践力の育成を目指すことを意味している。

(3) 科目「体育」の目標では，各運動に関する領域の学習を通して生徒に身に付けさせたい情意面の目標として4つ示されている。その全てを答えなさい。

(☆☆☆☆◎◎◎◎◎)

【2】「高等学校学習指導要領解説　保健体育編・体育編」(平成21年12月)の「第1部　保健体育」に示されている科目「保健」について，次の各問いに答えなさい。

(1) 次の文は，「第2章　各科目　第2節　保健」の内容における「(2)

生涯を通じる健康　ア　生涯の各段階における健康」の一部である。(　　)に当てはまる語句を答えなさい。

> (ア)　思春期と健康
>
> 思春期における心身の発達や健康課題について特に性的成熟に伴い，(　①　)面，行動面が変化することについて理解できるようにする。また，これらの変化に対応して，自分の行動への責任感や異性を(　②　)する態度が必要であること，及び性に関する情報等への適切な対処が必要であることを理解できるようにする。
>
> なお，指導に当たっては，(　③　)の段階を踏まえること，(　④　)全体で共通理解を図ること，(　⑤　)の理解を得ることなどに配慮することが大切である。

(2)　次の文は，「第3章　各科目にわたる指導計画の作成と内容の取扱い　第1節　指導計画の作成」における「(1)　学校における体育・健康に関する指導との関連」の一部である。(　　)に当てはまる語句を下の語群から選び，記号で答えなさい。

> 心の健康，薬物乱用，(　①　)，感染症など深刻化している生徒の心身の健康課題に適切に対応するために，学校における(　②　)の推進，(　③　)に関する指導及び心身の健康の保持増進に関する指導との関連を図り，学校の全体計画を作成し，家庭や(　④　)と連携しながら，計画的，(　⑤　)に指導を進める必要がある。

【語群】

ア　地域社会	イ　学校	ウ　継続的
エ　性教育	オ　食育	カ　生活習慣病
キ　総合的	ク　不慮の事故	ケ　いじめ
コ　安全		

(☆☆☆◎◎◎◎)

【3】次の文は,「高等学校学習指導要領解説　保健体育編・体育編」(平成21年12月)の「第1部　保健体育」に示されている科目「体育」の領域「体つくり運動」について示したものである。下の各問いに答えなさい。

> 次の運動を通して，体を動かす楽しさや心地よさを味わい，健康の保持増進や体力の向上を図り，目的に適した運動の計画や自己の体力や生活に応じた運動の計画を立て，実生活に役立てることができるようにする。
>
> ア　体ほぐしの運動では，心と体は互いに影響し変化することに気付き，A体の状態に応じて体の調子を整え，仲間と積極的に交流するための手軽な運動や律動的な運動を行うこと。
>
> イ　体力を高める運動では，自己のねらいに応じて，健康の保持増進や調和のとれた体力の向上を図るためのB継続的な運動の計画を立て取り組むこと。

(1) 次の文は，下線部A「体の状態に応じて体の調子を整え」について説明したものである。(　　)に当てはまる語句を答えなさい。

> 運動を通して，人の体や心の状態には(　①　)があることを把握し，体の状態に合わせて力を抜く，筋肉を伸ばす，(　②　)に動くなどして，体の調子を整えるだけでなく，心の状態を軽やかにし，(　③　)の軽減に役立つようにすることである。

(2) 次の文は，下線部B「継続的な運動の計画を立て取り組む」の入学年次の次の年次以降について説明されたものである。(　　)に当てはまる語句をあとの語群から選び，記号で答えなさい。

> 設定したねらいによっては，食事や睡眠のとり方などの(　①　)を見直したり，施設や器具を用いず手軽に行う運動例を組み合わせたり，(　②　)や実施した運動の記録などを参考にしたりして，(　③　)に運動の行い方を見直し，卒業後にも

運動を継続することのできる運動の計画を立て取り組むことである。

【語群】

ア　行動　　イ　体力測定　　ウ　合理的　　エ　生活習慣
オ　健康診断　　カ　定期的　　キ　疾病　　ク　環境

(3)　次の文は，「体ほぐしの運動」における「行い方の例」の一部である。(　　)に当てはまる語句を答えなさい。

・(　①　)とした動作で用具などを用いた運動を行うこと。
・リズムに乗って(　②　)が弾むような運動を行うこと。
・ペアでストレッチングをしたり，(　③　)を解いて脱力したりする運動を行うこと。
・仲間と協力して(　④　)に挑戦する運動を行うこと。

(☆☆☆◎◎◎◎)

【4】「高等学校学習指導要領解説　保健体育編・体育編」(平成21年12月)の「第1部　保健体育」に示されている科目「体育」の領域「器械運動」について，次の各問いに答えなさい。

(1)　次の文は，「技能」に示してある各種目に共通する用語について解説したものである。(　　)に当てはまる語句を答えなさい。

「発展技を行う」とは，系，(　①　)，グループの基本的な技から発展した技を行うことを示している。　(途中省略)
「滑らかに行う」とは，その技に求められる動きが(　②　)に一連の動きとして続けてできることである。
「安定して行う」とは，技を繰り返し行っても，その技に求められる動き方が，(　③　)できることを示している。

(2)　次の文は，入学年次の次の年次以降の「思考・判断」についての例示を抜粋したものである。(　　)に当てはまる語句をあとの語群から選び，記号で答えなさい。

・これまでの学習を踏まえて，自己や仲間の(　①　)する課題を設定すること。
・課題解決の過程を踏まえて，自己や仲間の課題を(　②　)こと。
・自己の技能や体力の程度を踏まえて，(　③　)のある技の組合せを選ぶこと。
・グループで学習する場面では，状況に応じた自己や仲間の(　④　)を見付けること。

【語群】

ア　話し合う　　イ　統一感　　ウ　流れ　　エ　役割
オ　到達　　カ　挑戦　　キ　見直す　　ク　特徴

(☆☆☆◎◎◎◎)

【5】「高等学校学習指導要領解説　保健体育編・体育編」(平成21年12月)の「第1部　保健体育」に示されている科目「体育」の領域「球技」について，次の各問いに答えなさい。

(1)　次の文は，ゴール型のボールを持たないときの動きの中で，入学年次の次の年次以降の「空間を埋めるなどの連携した動き」の攻撃と守備について説明したものである。(　　)に当てはまる語句を答えなさい。

攻撃の際は，シュートしたりパスをしたりトライしたりするために，相手の(　①　)を見ながら自陣から相手ゴール前の空間にバランスよく(　②　)する動きのことを示している。また，守備の際は，空間を作りだす攻撃をさせないように，突破してきた攻撃者をカバーして守ったり，相手や味方の(　③　)を確認して，ポジションを修正して守ったりする動きのことである。

(2)　次の表は，「ネット型のボールや用具の操作」の例を抜粋したものである。(　　)に当てはまる語句を下の語群から選び，記号で答えなさい。

中学校3年・高校入学年次	高校その次の年次以降
・ねらった場所へのサービス ・空いた場所やねらった場所への打ち返し ・攻撃につながる高さと位置へのつなぎ ・ネット際の防御や攻撃 ・強い振りでの高い位置からの打ち込み ・(　①　)に応じたボール操作	・変化をつけて，ねらった場所へのサービス ・(　②　)や高低をつけての打ち返し ・(　③　)を伴うボールの攻撃につながる高さと位置へのつなぎ ・仲間と(　④　)したネット際の防御や攻撃 ・ボールをコントロールして高い位置からの打ち込み ・作戦に応じたボール操作

【語群】

ア　回転　　イ　移動　　ウ　連携　　エ　判断
オ　ポジション　　カ　相手　　キ　緩急　　ク　連動

(☆☆☆◎◎◎◎)

【6】「高等学校学習指導要領解説　保健体育編・体育編」(平成21年12月)の「第1部　保健体育」に示されている科目「体育」の領域「武道」及び「ダンス」について，次の各問いに答えなさい。

(1) 次の文は，領域「武道」における「態度」について説明したものである。(　　)に当てはまる語句を答えなさい。

> 入学年次には，相手を尊重し，勝敗にかかわらず対戦相手に敬意を払うこと，自分で自分を律する(　①　)の心を表すものとして礼儀を守るという考え方があることを，その次の年次以降には，対戦相手を敵と考えるのではなく，同じ「(　②　)」を追求する大切な仲間であるといった考え方があること，伝統的な行動の仕方を大切にすることは，武道の価値を高めるとともに，(　③　)に役立つことを理解し，取り組めるようにする。

(2) 次の各文は，「柔道」及び「剣道」の入学年次における「基本動作」についての例示を抜粋したものである。下線部の語句が正しければ○，誤りがあれば正しい語句で答えなさい。

【柔道】
・姿勢と組み方では，相手の動きの変化に応じやすい A自護体で組むこと。
・B進退動作では，相手の動きの変化に応じたすり足，歩み足，継ぎ足で，体の移動をすること。
・C崩しでは，相手の動きの変化に応じて相手の体勢を不安定にし，技をかけやすい状態をつくること。

【剣道】
・D足さばきでは，相手の動きの変化に応じて体の移動や竹刀操作を行うこと。
・基本打突の仕方と受け方では，相手に対しての距離を近くしたり遠くしたりして打ったり，Eしかけ技へ発展するよう受けたりすること。

(3) 領域「ダンス」の「技能」「創作ダンス」において，「個や群で」の動きとは，即興的に表現したり作品にまとめたりする際のグループにおける個人や集団の動きを示している。次の文中の下線部A，Bの動きのことを何というか。それぞれ答えなさい。

個人や集団の動きには，主役と脇役の動き，A一斉の同じ動きやばらばらの異なる動き，B集団の動きを少しずつずらした動き，対立した動き，密集や分散などの動きなどがある。

(☆☆☆☆◎◎◎◎)

【7】次の表は，「評価規準の作成，評価方法等の工夫改善のための参考資料【高等学校保健体育】」(平成24年7月)に示されている入学年次の次の年次以降の【「H　体育理論」の評価規準の設定例】を一部抜粋したものである。あとの各問いに答えなさい。

A（　　　　　）	B（　　　　　）	運動の技能	C（　　　　　）
・運動やスポーツの効果的な学習の仕方や豊かなスポーツライフの設計の仕方について，（事例などを用いたディスカッションや課題学習などの）活動を通して，学習に主体的に取り組もうとしている。	・運動やスポーツの効果的な学習の仕方や D 豊かなスポーツライフの設計の仕方について，比較したり，分類したり，分析したり，まとめたりするなどして，判断し，説明している。		・運動やスポーツの技術と技能について，理解したことを言ったり書き出したりしている。 ・運動やスポーツの技能の上達過程について，理解したことを言ったり書き出したりしている。 ・運動やスポーツの技能と体力の関係について，理解したことを言ったり書き出したりしている。 ・運動やスポーツの活動時の健康・安全の確保の仕方について，理解したことを言ったり書き出したりしている。

(1)　上の表の下線部A，B，Cに当てはまる評価の観点を答えなさい。

(2)　次の文は，下線部D豊かなスポーツライフの設計の仕方について，「高等学校学習指導要領解説　保健体育編・体育編」(平成21年12月)の「第1部　保健体育」に示されている科目「体育」の領域「体育理論」の内容を一部抜粋したものである。(　　)に当てはまる語句を答えなさい。

> 生涯にわたって豊かで充実したスポーツライフを実現していくためには，各ライフステージの(　①　)を踏まえた上で，自ら積極的，(　②　)的にスポーツに取り組もうとすること，身近なスポーツ施設や無理なく行える自由時間，一緒にスポーツを行う(　③　)といった諸条件を整えることが大切であることを理解できるようにする。
>
> また，それぞれの生き方や暮らし方といった(　④　)に応じた無理のないスポーツへのかかわり方が大切であること，そのようなかかわり方を実現するための具体的な設計の仕方が

あることを理解できるようにする。

(☆☆☆◎◎◎◎)

解答・解説

【中学校】

【1】① 合理的な解決 ② 豊かなスポーツライフ ③ 基本的な技能 ④ 他者に伝える力 ⑤ 明るく豊かな生活

〈解説〉教科の目標は，中学校教育の中での保健体育科の特性を総括的に示すとともに，小学校の体育科及び高等学校の保健体育科との関連で，中学校としての重点や基本的な指導の方向を示したものである。今回改訂された保健体育科の目標は，義務教育段階で養成を目指す資質・能力を踏まえつつ，引き続き，体育と保健を関連させていく考え方を強調したものである。この目標は，「知識及び技能」，「思考力，判断力，表現力等」，「学びに向かう力，人間性等」を養成することを目指すとともに，生涯にわたって心身の健康を保持増進し豊かなスポーツライフを実現することを目指すものである。

【2】(1) 「陸上競技」・「水泳」・「ダンス」 (2) 「短距離走・リレー」・「長距離走」・「ハードル走」 (3) ① ベースボール型 ② 用具 ③ バット操作 ④ 守備 ⑤ 授業時数 ⑥ 段階的

〈解説〉(1) 内容の各領域の取扱いについて，第3学年においては，「A体つくり運動」及び「H体育理論」については，すべての生徒に履修させること。，「B器械運動」，「C陸上競技」，「D水泳」及び「Gダンス」についてはこれらの中から一以上を，「E球技」及び「F武道」についてはこれらの中から一以上をそれぞれ選択して履修できるようにすることとしている(同資料　第2章　第2節　3　内容の取扱い　参照)。

(2)　陸上競技の運動種目は，競走種目(短距離走・リレー，長距離走又はハードル走)から一以上を，跳躍種目(走り幅跳び又は走り高跳び)から一以上をそれぞれから選択して履修できるようにすることとしている〔同資料，第2節　C陸上競技　内容の取扱い　2　参照〕。

(3)　各領域の内容の取扱いについての出題頻度は高い。同資料の「E球技　内容の取扱い　2」,「F武道　内容の取扱い　3」を参照のこと。球技や武道では，地域や学校の実態に応じて，場所の確保に応じた指導方法の工夫や運動種目の変更などが示されている。

【3】(1)　①　S字　②　ローリング　③　呼吸動作　④　逆ハート型　⑤　一回　⑥　力強く　⑦　一連　(2)　長い潜水　(3)　①　バディシステム　②　協力者

〈解説〉(1)　中学校では発達段階のまとまりを踏まえ，指導内容についても目標と同様に，第1学年及び第2学年と第3学年に分けて示されているので，クロール，平泳ぎ，背泳ぎ，バタフライ，スタート及びターンの各泳法の動きの例示を同資料で正しく理解しておきたい。

(2)　入水の際の長い時間の息止めや深呼吸を繰り返して潜水(素潜り)を行うことによる意識喪失や溺水に至る事故には，十分な意識と注意が必要である。意識喪失は，潜水(素潜り)時の事故の原因の一つで，血液が高度の酸素不足なのに，息苦しさを感じることなく意識を失ってしまう状態である。潜水前に深呼吸を必要以上に繰り返すことにより，血液中の二酸化炭素が減少し過ぎて起こる。　(3)　バディシステムは，二人一組をつくり，互いに相手の安全を確かめさせる方法で，事故防止のみならず，互いに進歩の様子を確かめ合ったり，欠点を矯正する手助けとなったりして学習効果を高めるための手段としても効果的である。見学の場合も，安全の確保や練習に対する協力者として参加させることも有効である。

【4】(1) ① 気付く ② 整える ③ 交流 (2) 体の柔らかさ・巧みな動き・力強い動き (3) 7(単位時間以上)

〈解説〉(1) 「体つくり運動」は「体ほぐし運動」と「体力を高める運動」で構成されている。「体ほぐし運動」では，運動を通して体の調子を整え，心の状態も軽やかにし，ストレスの軽減に役立つようにすることがねらいである。 (2) 体力を高める運動では，ねらいに応じて，体の柔らかさ，巧みな動き，力強い動き，動きを持続する能力を高めるための運動を行うことが目的である。さらにそれらを組み合わせて運動の計画に取り組むことを目指している。 (3) 体つくり運動の領域は，各学年において，すべての生徒に履修させることとしている。また，「指導計画の作成と内容の取扱い」で，授業時数は各学年で7単位時間以上を配当することとしている。

【5】(1) ① 即興的 ② ステップ (2) ユニゾン (3) 日本の民謡…よさこい鳴子踊り 外国のフォークダンス…オスローワルツ (4) オープン・ポジション (5) ① 体幹部 ② リズム

〈解説〉(1) 第3学年の創作ダンスでは，表したいテーマにふさわしいイメージをとらえ，個や群で，緩急強弱のある動きや空間の使い方で変化を付けて即興的に表現したり，簡単な作品にまとめたりして踊ることをねらいとしている。また，フォークダンスでは，踊り方の特徴をとらえ，音楽に合わせて特徴的なステップや動きと組み方で踊ることをねらいとしている。 (2) 「個や群」での動きとは，即興的に表現したり作品にまとめたりする際のグループでの個人や集団の動きを示している。個人や集団の動きには，主役と脇役の動き，ユニゾン(一斉に同じ動きで動く)やばらばらの動き，集団の動きを少しずつずらした動き(カノン)，密集や分散などの動きなどがある。 (3) 日本の民踊：よさこい節，越中おわら節から一つ答える。 外国のフォークダンス：パティケーク・ポルカ(アメリカ)，ヒンキー・ディンキー・パーリ・ブー(アメリカ)，ハーモニカ(イスラエル)，オスローワルツ(イギリス)から一つ答える。 (4) 組み方(ポジション)には，次のようなものがあり，一つ答える。〇オープン・ポジション…男女同じ向きに並び内側の手を取る。男性の右手の上に女性の左手をのせる。〇クローズド・ポジション…男女向き合うように並び組む。男性の右手を女性の後ろに置き，女性の左手は男性の右肩に置く。〇プロムナード・ポジション…同じ向きに並んで左手と左手，その上から右手と右手を前でつないだもの。〇バルソビアナ・ポジション…女性が右手を肩の付近に持っていき，男性が右手を伸ばして女性の右手をとり，左手を自然につなぐ。　(5)　現代的なリズムのダンスでは，リズムの特徴をとらえ，変化とまとまりを付けて，リズムに乗って全身で踊ることをねらいとしている。リズムに乗って体幹部(重心部)を中心に全身で自由に弾んで踊ることを発展させ，違うリズムを取り入れたりして，変化を付けて連続して踊る。

【6】①　心身の機能　　②　自己形成　　③　心　　④　自然
⑤　傷害　　⑥　疾病の予防　　⑦　科学的　　⑧　思考
⑨　判断

〈解説〉保健分野の目標については，学校段階の接続及び発達の段階に応じた指導内容の体系化の観点から，主として個人生活における健康安全に関する理解を通して，自らの健康を適切に管理し，改善していくための資質や能力の基礎を培い，実践力の育成を図ることとしている。出題頻度が高いので，学習指導要領解説の記述を正確に理解しておくことが必要である。

【7】①　メディア　　②　障がい者　　③　多様なかかわり方
④　強度　　⑤　時間　　⑥　準備運動　　⑦　整理運動
⑧　水分補給　　※　④と⑤・⑥と⑦は順不同

〈解説〉前半の問題は，第1学年の指導内容の「1　運動やスポーツの多様性　イ　運動やスポーツへの多様なかかわり方」からの出題である。後半の問題は，第2学年の指導内容の「2　運動やスポーツが心身の発達に与える効果と安全　ウ　安全な運動やスポーツの行い方」からの出題である。第1・第2学年の体育理論の2つの柱,「運動やスポーツの多様性」と「運動やスポーツが心身の発達に与える効果と安全」については,それぞれ小項目が3つ示されているので,同資料を熟読しておくこと。

【高等学校】

【1】(1) 生涯にわたって豊かなスポーツライフを継続する
(2) ① 総合 ② 科学 ③ 意志決定 ④ 判断力
(3) 公正・協力・責任・参画

〈解説〉(1)・(2) 教科の目標は,高等学校教育における保健体育科の果たすべき役割を総括的に示すとともに,小学校,中学校及び高等学校の教科の一貫性を踏まえ,高等学校としての重点や基本的な指導の方向を示したものである。出題頻度が非常に高いので,全文を暗記しておくこと。また,学習指導要領解説を熟読し,正しく理解しておくことが大切である。 (3) 科目「体育」の目標は,保健体育科の目標を受け,これを「体育」としての立場から具体化したものであり,小学校,中学校及び高等学校12年間の一貫性を踏まえるとともに,特に中学校第3学年との接続を重視し,高等学校における体育の学習指導の方向を示したものである。体育の目標の「公正,協力,責任,参画などに対する意欲を高め」とは,各運動に関する学習を通して生徒に身に付けさせたい情意面の目標を示したものである。

【2】(1) ① 心理 ② 尊重 ③ 発達 ④ 学校 ⑤ 保護者 (2) ① カ ② オ ③ コ ④ ア ⑤ ウ

〈解説〉(1) 「保健」の指導内容は,学習指導要領において,「(1) 現代社会と健康」,「(2) 生涯を通じる健康」,「(3) 社会生活と健康」の3項目で構成されており,原則として入学年次及びその次の年次の2か年にわたり履修させることが示されている。 (2) ここでは,日常生活における体育・健康に関する活動が適切に継続的に実践できるように留意することが示されている。

【3】(1)　①　個人差　②　リズミカル　③　ストレス
(2)　①　エ　②　イ　③　カ　(3)　①　のびのび
②　心　③　緊張　④　課題

〈解説〉(1)　体つくり運動は，体ほぐしの運動と体力を高める運動で構成され，自分や仲間の心と体に向き合って，体を動かす楽しさや心地よさを味わい，心と体をほぐしたり，体力を高めたりすることができる領域である。　(2)　解答の語群が示されていなくても正しい語句を記入できるように，解説を読んで理解しておくようにしたい。
(3)「体ほぐしの運動」における「行い方の例」は，各年次において，以下の6例などから運動を組み合わせ，ねらいに合うように構成して取り組み，実生活にも生かすことができるようにすると示されている。・のびのびとした動作で用具などを用いた運動を行うこと。・リズムに乗って心が弾むような運動を行うこと。・ペアでストレッチングをしたり，緊張を解いて脱力したりする運動を行うこと。・いろいろな条件で，歩いたり走ったり跳びはねたりする運動を行うこと。
・仲間と動きを合わせたり，対応したりする運動を行うこと。・仲間と協力して課題に挑戦する運動を行うこと。

【4】(1)　①　抜群　②　途切れず　③　再現　(2)　①　カ
②　キ　③　ウ　④　エ

〈解説〉(1)　器械運動は，マット運動，鉄棒運動，平均台運動，跳び箱運動の4つで構成され，器械の特性に応じて多くの「技」がある。これらの技に挑戦し，その技ができる楽しさや喜びを味わうことのできる運動である。高等学校では，中学校までの学習を踏まえて，「自己に適した技を高めて，演技すること」をできるようになることが求められる。マット運動では，回転系や巧技系，鉄棒運動では，支持系や懸垂系，平均台運動では，体操系やバランス系，跳び箱運動では，切り返し系や回転系，の基本的な技を滑らかに安定して行うこと，条件を変えた技，発展技を滑らかに行うこと，それらを構成し演技すること(跳び箱運動にはこの内容はない)，と技能内容が示されている。

(2) 「思考・判断」についての入学年次のその次の年次以降の例示は，問題文の4例のほかに，解説には次の2例も示されているので学習しておきたい。・練習や演技の場面で，自己や仲間の危険を回避するための活動の仕方を選ぶこと。・器械運動を生涯にわたって楽しむための自己に適したかかわり方を見付けること。

【5】(1) ① 守備　② 侵入　③ 位置　(2) ① オ　② キ　③ イ　④ ク

〈解説〉(1) ゴール型では，状況に応じたボール操作と空間を埋めるなどの連携した動きによって空間への侵入などから攻防を展開することをねらいとしている。 (2) ネット型では，状況に応じたボール操作や安定した用具の操作と連携した動きによって空間を作りだすなどの攻防を展開することをねらいとしている。本資料には，ネット型のボールや用具の操作とボールを持たないときの動きの例が表で示されているので，正しく理解しておくこと。なお，ゴール型のボール操作とボールを持たないときの動きの例，ベースボール型のバット操作やボール操作とボールを持たないときの動きの例も，表にしてまとめられているので確認しておくこと。

【6】(1) ① 克己　② 道　③ 自己形成　(2) A 自然体　B ○　C ○　D 体さばき　E 応じ技　(3) A ユニゾン　B カノン

〈解説〉(1) 領域「武道」における「態度」は，「(2) 武道に主体的に取り組むとともに，相手を尊重し，礼法などの伝統的な行動の仕方を大切にしようとすること，役割を積極的に引き受け自己の責任を果たそうとすることなどや，健康・安全を確保することができるようにする。」とねらいが示されているので，正しく理解しておくこと。

(2) 本資料には，柔道及び剣道についても基本動作が，入学年次及びその次の年次以降に分けて例示されている。熟読し正しく理解しておく必要がある。柔道でも剣道でも「自然体」で組む，構える。剣道では，体さばきで相手の動きに応じる。また，しかけたり応じたりするなど攻防を展開はするが，Eは応じ技となるのが正しい。　(3)　個人や集団の動きには，主役と脇役の動き，一斉の同じ動き(ユニゾン)やばらばらの異なる動き，集団の動きを少しずつずらした動き(カノン)，対立した動き，密集や分散などの動きなどがある。

【7】(1)　A　関心・意欲・態度　　B　思考・判断　　C　知識・理解
(2)　①　特徴　　②　継続　　③　仲間　　④　ライフスタイル
〈解説〉知識に関する領域の「H体育理論」は，大項目の「内容のまとまり」ごとにねらいを設定し，学習活動を工夫した上で，「運動の技能」を除いた「関心・意欲・態度」，「思考・判断」，「知識・理解」の3観点で評価する。　(2)「体育理論」については，入学年次においては，「(1)　スポーツの歴史，文化的特性や現代のスポーツの特徴」を，その次の年次においては，「(2)　運動やスポーツの効果的な学習の仕方」を，それ以降の年次においては，「(3)　豊かなスポーツライフの設計の仕方」をそれぞれ取り上げることが示されている。

2017年度 実施問題

【中学校】

【1】次の文は,「中学校学習指導要領解説　保健体育編」(平成20年9月)に示されている「保健体育科」の目標である。下の各問いに答えなさい。

> 心と体を一体としてとらえ,ア運動や健康・安全についての理解と運動の合理的な実践を通して,生涯にわたって運動に親しむ(　①　)を育てるとともに健康の保持増進のための実践力の育成と(　②　)を図り,イ明るく豊かな生活を営む態度を育てる。

(1) 文中の(　①　),(　②　)に当てはまる語句を答えなさい。

(2) 下線部ア,イについて説明した次の文中の(　①　),(　②　)に当てはまる語句を答えなさい。

> 「運動や健康・安全についての理解」とは,運動の特性とその特性に応じた行い方や運動をすることの意義と効果,運動の原則などについて(　①　)に理解できるようにすることである。

> 「明るく豊かな生活を営む態度を育てる」とは,生涯にわたる(　②　)を実現するための資質や能力,健康で安全な生活を営むための思考力・判断力などの資質や能力としての実践力及び健やかな心身を育てることによって,現在及び将来の生活を健康で活力に満ちた明るく豊かなものにするという教科の究極の目標を示したものである。

(3) 年間計画を作成するに当たっては,保健体育科の目標をより効果的に達成できるよう，保健体育科の指導計画は1教科としての観点からだけではなく，学校教育活動全体との関連を考慮することが必要であるが，どのような学校教育活動と関連を図ることが必要か，2つ答えなさい。

(☆☆☆◎◎◎)

【2】次の各文は，「中学校学習指導要領解説保健体育編」(平成20年9月)に示されている運動に関する領域の「態度」について解説したものである。文中の(　　)に当てはまる語句を答えなさい。

共通事項として，第1学年及び第2学年においては，各領域に「(　①　)に取り組む」ことを示している。(中略)　第3学年においては，各領域に「(　②　)に取り組む」ことを示している。

責任や参画に関する事項として，第1学年及び第2学年においては，「分担した役割を果たそうとする」，「話合いに参加しようとする」ことを，第3学年においては，「自己の責任を果たそうとする」，「話合いに(　③　)しようとする」ことを示している。

健康・安全に関する事項として第1学年及び第2学年においては，「健康・安全に気を配る」ことを，第3学年においては，「健康・安全を(　④　)する」ことを示している。(中略)　健康・安全に関する事項については，意欲をもつことにとどまらず，(　⑤　)することが求められている。

(☆☆☆◎◎◎)

【3】「中学校学習指導要領解説　保健体育編」(平成20年9月)に示されている体育分野の領域及び内容の取扱いについて，次の各問いに答えなさい。

(1)「器械運動」の運動種目は，第1学年及び第2学年において，マット運動，鉄棒運動，平均台運動及び跳び箱運動の中からどのように選択しなければならないか答えなさい。

(2) 「水泳」の第3学年において，これまでの泳法に加え，それらを活用して楽しむことができるよう新たに示されている内容を2つ答えなさい。

(3) 第3学年において，「陸上競技」の領域は，「陸上競技」を含め4つの領域のまとまりの中から1領域以上を選択して履修しなければならないが，陸上競技，器械運動以外の2領域を答えなさい。

(4) 「ダンス」の内容をフォークダンス以外で2つ答えなさい。

(☆☆☆◎◎◎)

【4】「学校体育実技指導資料　第10集　器械運動指導の手引」(平成27年3月)に示されている「器械運動」について，次の各問いに答えなさい。

(1) 次の各文は，第3学年の「器械運動」の実践例における，「運動の技能」に関する単元の評価規準である。文中の(　　)に当てはまる語句を答えなさい。ただし，同じ番号には同じ語句が入るものとする。

> ○　マット運動では，(　①　)系や(　②　)系の技で構成し演技するための，滑らかに安定した基本的な技，条件を変えた技，発展技のいずれかができる。
> ○　鉄棒運動では，(　③　)系や懸垂系の技で構成し演技するための，滑らかに安定した基本的な技，条件を変えた技，発展技のいずれかができる。
> ○　平均台運動では，体操系や(　④　)系の技で構成し演技するための，滑らかに安定した基本的な技，条件を変えた技，発展技のいずれかができる。
> ○　跳び箱運動では，(　⑤　)系や(　①　)系の滑らかに安定した基本的な技，条件を変えた技，発展技のいずれかがで

きる。

(2) 「器械運動」の指導において，技のポイントについて助言をするときの留意点を1つ答えなさい。

(3) 「器械運動」の技の練習において，怖がったり嫌がったりする生徒への指導のポイントを1つ答えなさい。

(4) 跳び箱運動の安全確保や技能向上のための「間接補助」には，どのような方法があるか2つ答えなさい。

(☆☆☆◎◎◎)

【5】「中学校学習指導要領解説　保健体育編」(平成20年9月)に示されている，「陸上競技」について，次の各問いに答えなさい。

(1) 次の表は，ハードル走と走り幅跳びにおける技能の例示を第1学年及び第2学年と第3学年に分けてまとめたものである。表中の(　　)に当てはまる例示を下の語群から選び記号で答えなさい。

種　　目	第1学年及び第2学年	第3学年
ハードル走	・インターバルを3～5歩でリズミカルに走ること。 ・(　①　) ・(　②　)	・(　③　) ・(　④　) ・インターバルでは，3～5歩のリズムを最後のハードルまで維持して走ること。
走り幅跳び	・(　⑤　) ・(　⑥　) ・かがみ跳びなどの空間動作からの流れの中で着地すること。	・(　⑦　) ・(　⑧　) ・かがみ跳びやそり跳びなどの空間動作からの流れの中で，脚を前に投げ出す着地動作をとること。

語群

ア　遠くから踏み切り，振り上げ脚をまっすぐに振り上げ，ハードルを低く走り越すこと。

イ　踏み切り前3～4歩からリズムアップして踏み切りに移ること。

ウ　遠くから踏み切り，勢いよくハードルを走り越すこと。

エ　踏み切りでは上体を起こして，地面を踏みつけるようにキックし，振り上げ脚を素早く引き上げること。

オ　抜き脚の膝を折りたたんで横に寝かせて前に運ぶなどの動作でハードルを越すこと。

カ　自己に適した距離，または歩数の助走をすること。

キ　スタートダッシュから1台目のハードルを勢いよく走り越すこと。

ク　踏切線に足を合わせて踏み切ること。

(2)　次の文は，第1学年及び第2学年の「長距離走」の技能について解説したものの一部である。(　　)に当てはまる語句や数を答えなさい。

> 「ペースを守り一定の距離を走る」とは，あらかじめ決めたペースで，設定した距離を走ることである。
>
> 指導に際しては，「体つくり運動」領域に，「動きを持続する能力を高めるための運動」として長く走り続けることに主眼をおく(　①　)があるが，ここでは，長距離走の特性をとらえ，取り扱うようにする。
>
> また，走る距離は，1,000～(　②　)m程度を目安とするが，生徒の技能・体力の程度や気候等に応じて弾力的に扱うようにする。

(☆☆☆◎◎◎)

【6】次の各文は，「中学校学習指導要領解説　保健体育編」(平成20年9月)に示されている第3学年「球技」の思考・判断の例示である。文中の(　　)に当てはまる語句を答えなさい。ただし，同じ番号には同じ語句が入るものとする。

○　提供された作戦や(　①　)から自己のチームや相手チームの(　②　)を踏まえた作戦や(　①　)を選ぶこと。 ○　仲間に対して，技術的な課題や有効な練習方法の選択について(　③　)すること。 ○　作戦などの話合いの場面で，(　④　)を形成するための適切なかかわり方を見付けること。 ○　健康や安全を確保するために，(　⑤　)に応じて適切な練習方法を選ぶこと。 ○　球技を(　⑥　)して楽しむための自己に適したかかわり方を見付けること。

(☆☆☆◎◎◎)

【7】次の各文は，「中学校学習指導要領解説　保健体育編」(平成20年9月)に示されている保健分野の説明の一部である。文中の(　　)に当てはまる語句を答えなさい。ただし，同じ番号には同じ語句が入るものとする。

(1)　心身の機能の発達と心の健康

ウ　精神機能の発達と自己形成

心は，知的機能，(　①　)機能，社会性等の精神機能の総体としてとらえられ，それらは生活経験や学習などの影響を受けながら，(　②　)の発達とともに発達することを理解できるようにする。

(2)　健康と環境

ア　身体の環境に対する適応能力・至適範囲

室内の温度，湿度，(　③　)の温熱条件には，人間が活動しやすい(　④　)があること，温熱条件の(　④　)は，体温を容易に一定に保つことができる範囲であることを理解できるようにする。

(3) 傷害の防止

エ 応急手当

応急手当は，患部の保護や(　⑤　)，止血を適切に行うことによって傷害の悪化を防止できることを理解できるようにする。ここでは，(　⑥　)法，止血法としての直接圧迫法などを取り上げ，実習を通して理解できるようにする。

(4) 健康な生活と疾病の予防

エ 感染症の予防

感染症を予防するには，消毒や殺菌等により発生源をなくすこと，周囲の環境を衛生的に保つことにより(　⑦　)を遮断すること，栄養状態を良好にしたり，(　⑧　)の実施により免疫を付けたりするなど身体の抵抗力を高めることが有効であることを理解できるようにする。

(☆☆☆◎◎◎)

【8】「中学校学習指導要領解説　保健体育編」(平成20年9月)に示されている「武道」について，次の各問いに答えなさい。

(1) 次の各文は，第1学年及び第2学年における柔道及び剣道の技能の例示について説明したものの一部である。文中の(　　)に当てはまる語句を答えなさい。

「柔道」

「基本となる技」

○投げ技

・取は(　①　)さばきから大腰をかけて投げ，受は前回り受け身をとること。

・取は前さばきから大外刈りをかけて投げ，受は(　②　)をとること。

○固め技

・取は，「(　③　)」を満たして相手を抑えること。

「剣道」

「基本となる技」
○しかけ技
〈二段の技〉
・最初の小手打ちに相手が対応して(　④　)ができたとき，面を打つこと。
○応じ技
〈抜き技〉
・ア相手が面を打つとき，(　⑤　)をかわして胴を打つこと。

(2)　(1)の下線部アの技の名称を答えなさい。

(3)　中学校で初めて武道を学習する第1学年及び第2学年の生徒に対して，剣道の授業において，対人で行わせる練習方法を1つ答えなさい。また，しかけ技や応じ技の指導上の留意点を1つ答えなさい。

(4)「武道」の「内容の取扱い」では，「武道は，特定の種目を3年間履修できるようにすることが望ましい」と示されているが，その理由を答えなさい。

(☆☆☆◎◎◎)

【高等学校】

【1】「高等学校学習指導要領解説　保健体育編・体育編」(平成21年12月)の「第1部　保健体育編」に示されている内容について，次の各問いに答えなさい。

(1)　次の文は，「内容及び内容の取扱いの改善について[体育]」に示されている「指導内容の体系化」の一部である。(　　)に当てはまる語句を答えなさい。

生涯にわたる豊かなスポーツライフの実現に向けて，小学校から高等学校までの12年間を見通して，各種の運動の基礎を培う時期，多くの領域の学習を経験する時期，卒業後に少なくとも一つの運動やスポーツを(　①　)することができるようにする時期といった発達の段階のまとまりを踏まえ，高等学校においては，中学校第3学年との(　②　)を重視するとともに，内容及び内容の取扱いにおいて学習指導要領の基準性を一層明確化し，生徒の主体的な学習の充実及び多様性を踏まえた指導の充実を図ることができるようにした。

(2)　次の文は，「指導内容の明確化」の一部である。(　　)に当てはまる語句を答えなさい。ただし，同じ番号には同じ語句が入る。

運動に関する領域を，(1)(　①　)(「体つくり運動」は運動)，(2)態度及び(3)知識，(　②　)・判断に整理・統合して示すとともに，発達の段階を踏まえ，例えば，従前(1)(　①　)を運動種目名などで示していたものを，その具体的な動きまで示すこととするなど，それぞれの指導内容を明確に示すこととした。

(3)　次の文は，「保健体育科の目標」である。(　　)に当てはまる語句を答えなさい。

心と体を一体としてとらえ，健康・安全や運動についての理解と運動の合理的，計画的な実践を通して，生涯にわたって豊かなスポーツライフを継続する資質や能力を育てるとともに健康の保持増進のための(　　)と体力の向上を図り，明るく豊かで活力ある生活を営む態度を育てる。

(☆☆☆◎◎◎)

【2】「高等学校学習指導要領解説　保健体育編・体育編」(平成21年12

月)の「第1部　保健体育編」に示されている科目「保健」について，次の各問いに答えなさい。

(1)　次の文は「目標」についての説明の一部である。(　　)に当てはまる語句を下の語群から選び，記号で答えなさい。

「保健」の目標は，「保健体育」の目標を受けて，これを「保健」の立場から具体化し，学習指導の到達すべき方向を明らかにしたものである。
「個人及び社会生活における健康・安全について理解を深めるようにし」とは，我が国の疾病構造や社会の変化に対応し健康を保持増進するためには，(　①　)の考え方を生かして健康に関する個人の適切な意志決定や(　②　)及び健康的な社会環境づくりなどを行うことが重要であることを理解できるようにするとともに，思春期から高齢者までの生涯の各段階における(　③　)への対応と保健・医療制度や地域の保健・医療機関の適切な活用及び環境と食品の保健，(　④　)と健康など社会生活における健康の保持増進について，個人生活のみならず社会生活とのかかわりを含めて総合的に理解することを示したものである。

【語群】

ア	労働	イ	ヘルスプロモーション
ウ	ライフステージ	エ	環境
オ	行動選択	カ	健康課題
キ	広範囲	ク	健康日本21

(2)　次の文は，「健康の保持増進と疾病の予防」の内容について示したものである。(　　)に当てはまる語句を答えなさい。ただし，同じ番号には同じ語句が入る。

健康の保持増進と(　①　)の予防には，食事，(　②　)，休養及び睡眠の調和のとれた生活を実践する必要があること。

喫煙と飲酒は，(　①　)の要因になること。また，A薬物乱用は，心身の健康や社会に深刻な影響を与えることから行ってはならないこと。それらの対策には，個人や社会環境への対策が必要であること。

B感染症の発生や流行には，時代や(　③　)によって違いがみられること。その予防には，個人的及び社会的な対策を行う必要があること。

(3)　次の文は，(2)の下線部Aについての説明の一部である。(　　)に当てはまる薬物を答えなさい。

コカイン，MDMAなどの麻薬，(　　)，大麻など，薬物の乱用は，心身の健康，社会の安全などに対して様々な影響を及ぼすので，決して行ってはならないことを理解できるようにする。

(4)　(2)の下線部Bの感染症のうち，「新興感染症」に分類されるものとしてエイズが示されているが，そのウイルスであるHIVの感染経路のうち2つを答えなさい。

(☆☆☆◎◎◎)

【3】「高等学校学習指導要領解説　保健体育編・体育編」(平成21年12月)の「第1部　保健体育編」に示されている科目「体育」の「体つくり運動」について，次の各問いに答えなさい。

(1)　次の文は，「態度」の内容である。(　　)に当てはまる語句を答えなさい。

(2)体つくり運勢に主体的に取り組むとともに，体力などの(　①　)に配慮しようとすること，(　②　)を積極的に引き受け自己の責任を果たそうとすること，合意形成に貢献しようとすることなどや，健康・(　③　)を確保することができるようにする。

(2)　(1)の下線部「合意形成に貢献しようとする」とはどういうことか。次の説明の中から最も適するものを1つ選び，記号で答えなさい。

ア　グループで学習する際に果たすべき責任が生じた場合には，積極的に引き受ける姿勢が求められることなどを理解し，取り組めるようにすること。

イ　けがを未然に防ぐために必要に応じて，危険の予測をしながら回避行動をとること。

ウ　個人やグループの課題の解決に向けて，自己の考えを述べたり仲間の話を聞いたりするなど，グループの話合いに責任をもってかかわろうとすること。

エ　自己と他者の体力の違いや生活の仕方の違いに配慮し，運動の計画を立てて取り組もうとすること。

(3)　「知識」に示してある「体力の構成要素」5つのうち，2つを答えなさい。

(4)　次の文は，「自己や仲間の課題に応じた運動を継続するための取り組み方を工夫」することの「例示」として示された一部である。(　　)に当てはまる語句を，あとの語群から選び記号で答えなさい。

入学年次

・体ほぐしの(　①　)を踏まえて，自己の課題に応じた活動を選ぶこと。

・(　①　)や体力の程度に応じて，適切な運動の種類，強度，量，(　②　)を設定すること。

・自己の責任を果たす場面で，(　①　)に応じた活動の仕方を見付けること。

・仲間と学習する場面で，体力の違いに配慮した(　③　)などを見付けること。

・実生活で(　④　)運動例を選ぶこと。

【語群】

ア	運動課題	イ	ねらい	ウ	継続しやすい	エ	質
オ	使える	カ	頻度	キ	場所	ク	受ける
ケ	意義	コ	補助の仕方				

(☆☆☆◎◎◎)

【4】「高等学校学習指導要領解説　保健体育編・体育編」(平成21年12月)の「第1部　保健体育編」「球技」に示されている「ゴール型」の内容について，下の各問いに答えなさい。

> 入学年次では，中学校第3学年までの学習を踏まえて，「A安定したボール操作と空間を作りだすなどの連携した動きによってゴール前への侵入などから攻防を展開する」ことを，その次の年次以降では，「状況に応じたボール操作と空間を埋めるなどの動きによってB空間への侵入などから攻防を展開すること」をねらいとする。

(1)　次の文は，下線部A「安定したボール操作」についての「例示」である。「例示」として示されていないものを1つ選び，記号で答えなさい。

ア　守備者が守りにくいタイミングでシュートを打つこと。

イ　ゴールの枠内にシュートをコントロールすること。

ウ　フェイントをかけ相手の逆を突いてパスを送ること。

エ　守備者とボールの間に自分の体を入れてボールをキープすること。

(2)　次の文は，下線部Bを解説したものである。(　　)に当てはまる語句を答えなさい。ただし，同じ番号には同じ語句が入る。

> その次の年次以降の「空間への侵入などから攻防を展開する」とは，(　①　)の状況に応じたパスや(　②　)，ボールを保持したランニングなどのボール操作と仲間と連携して自陣から相手ゴール前へ侵入するなどの攻撃や，その動きに(　③　)

して空間を埋めるなどの(　①　)の動きで攻防を展開するといったゲームの様相を示したものである。

(3)　ゴール型の種目を指導する際，どのような攻防を中心に取り上げるべきか。次の文から適切なものを1つ選び，記号で答えなさい。

ア　状況に応じたボール操作や安定した用具の操作と連携した動きによって空間を作り出すなどの攻防。

イ　ボールの変化やリズムの変化によって相手の守備を崩し，得点しやすい空間を作り出すなどの攻撃とその対応による攻防。

ウ　相手チームの特徴などに応じた守備位置に立つなどの連携を中心に取り上げ，失点を最小限にとどめるための攻防。

エ　仲間と連携した動きによって自陣から相手ゴール前へと侵入し，意図的に得点をねらう攻防。

(4)　バスケットボールの授業中に3年次の生徒から，「攻撃の時に，相手の守備を見ながら相手ゴール前の空間にバランスよく侵入するためにはどうしたらいいですか」という質問があった。どのように指導するのが望ましいか。学習指導要領解説の例示に則り，具体的なプレイを示して解答すること。

(☆☆☆◎◎◎)

【5】「高等学校学習指導要領解説　保健体育編・体育編」(平成21年12月)の「第1部　保健体育編」「球技」に示されている「ベースボール型」の内容について，あとの各問いに答えなさい。

入学年次では，中学校第3学年までの学習を踏まえて，「安定したバット操作と走塁での攻撃，ボール操作，連携した守備などによって攻防を展開すること」を，その次の年次以降では，「状況に応じたバット操作と走塁での攻撃，安定したボール操作と状況に応じた守備などによって$_{A}$<u>攻防を展開する</u>こと」をねらいとする。

(1) 次の文は，下線部Aを解説したものである。(　　)に当てはまる語句を答えなさい。

その次の年次以降の「攻防を展開する」とは，スピードの(①)を用いた投球に対して，相手の(②)や仲間の進塁などの状況に応じたバット操作や打球に応じた走塁での攻撃に対して，打者の特徴や進塁の状況，(③)などの様々な状況に応じて守備隊形をとるなどによって，相手の得点を最小限に抑えて勝敗を競う攻防を展開するといったゲームの様相を示したものである。

(2) 次の文は，(1)の文中にある，「状況に応じたバット操作」の「例示」である。「例示」として示されていないものを1つ選び，記号で答えなさい。

ア　バントの構えから勢いを弱めたボールをねらった方向へ打つこと。

イ　身体全体を使ってバットを振りぬくこと。

ウ　スピードの変化にタイミングを合わせてボールをとらえること。

エ　ねらった方向にボールを打ち返すこと。

(3) 次の文は，ベースボール型の種目の「入学年次のボール操作」の「例示」である。「例示」として示されているものを1つ選び，記号で答えなさい。

ア　捕球場所へ最短距離で移動して，相手の打ったボールを捕ること。

イ　塁に入ろうとする味方の動きに合わせて，捕球しやすいボールを投げること。

ウ　打球のバウンドやコースに応じて，タイミングを合わせてボールを捕ること。

エ　投球では，コースや高さをコントロールして投げること。

(4) 3年次のソフトボールの授業中，生徒に「失点を最小限にするにはどうしたらいいですか」と質問された。あなたは，「状況に応じた守備ができれば失点が減らせますよ」と答えた。すると生徒が，「それはどういうことですか」という質問をしてきた。どのように指導するのが望ましいか。学習指導要領解説の例示に則り，具体的なプレイを示して解答すること。

(☆☆☆◎◎◎)

【6】「高等学校学習指導要領解説　保健体育編・体育編」(平成21年12月)の「第1部　保健体育編」「ダンス」に示されている内容について，次の各問いに答えなさい。

(1)　次の文は，「技能」に示されている説明の一部である。(　　)に当てはまる語句を下の語群から選び，記号で答えなさい.

> (1)　次の運動について，(　①　)を込めて踊ったり，仲間と自由に踊ったりする(　②　)や喜びを味わい，それぞれ特有の(　③　)や踊りを高めて交流や発表ができるようにする。
> ア　創作ダンスでは，表したい(　④　)にふさわしいイメージをとらえ，個や(　⑤　)で，(　⑥　)の動きや空間の使い方で変化を付けて(　⑦　)に表現したり，イメージを(　⑧　)した作品にまとめたりして踊ること。

【語群】

ア　ひねり	イ　空間	ウ　楽しさ	エ　リズム
オ　感じ	カ　群	キ　個性	ク　日常動作
ケ　表現	コ　対極	サ　テーマ	シ　即興的
ス　強調			

(2)　次の文は，ダンスの領域の取扱いについての説明の一部である。(　　)に当てはまる語句をあとの語群から選び，記号で答えなさい。

> 入学年次においては,「B器械運動」,「C陸上競技」,「D水泳」及び「Gダンス」のまとまりの中から(①)履修することができるようにすることとしている。また,その次の年次以降においては,「B器械運動」から「Gダンス」までの中から(②)て履修できるようにすることとしている。

【語群】

ア 1領域以上を選択し　イ 2領域以上を選択し
ウ 3領域以上を選択し　エ 4領域以上を選択し

(☆☆☆◎◎◎)

【7】「高等学校学習指導要領解説 保健体育編・体育編」(平成21年12月)の「第1部 保健体育編」に示されている「体育理論」の内容について,次の各問いに答えなさい。

(1) 次の文は,「内容の取扱い」の一部である。( )に当てはまる語句を答えなさい。

> 2 入学年次においては,(1)スポーツの歴史,(①)的特性や$_{A}$現代のスポーツの特徴を,その次の年次においては,(2)運動やスポーツの(②)的な学習の仕方を,それ以降の年次においては,(3)$_{B}$豊かなスポーツライフの設計の仕方をそれぞれ取り上げることとする。

(2) (1)の下線部Aに関連して,現代のスポーツにおいて,「ドーピング」が問題になっているが,ドーピングとはどのような行為のことか。( )に当てはまる語句を答えなさい。

・ドーピングは,不当に勝利を得ようとする(①)の精神に反する不正な行為であり,能力の限界に挑戦するスポーツの(②)を失わせる行為である。

(3) (1)の下線部Bについて示した次の文の( )に当てはまる語句を,あとの語群から選び,記号で答えなさい。

ウ　スポーツ振興のための施策と諸条件
　国や地方自治体は，スポーツ振興のために様々な施策を行っており，人や(　①　)，施設や用具，(　②　)などを人々に提供するなどの条件整備を行っていること，また，スポーツ振興を支援するために，企業や競技者の(　③　)，スポーツボランティアや非営利組織(　④　)などが見られるようになっていることを理解できるようにする。その際，我が国のスポーツ振興法やスポーツ振興(　⑤　)の内容や背景についても触れるようにする。

【語群】

ア　社会貢献　　イ　楽しむ　　ウ　財源　　エ　基本計画
オ　情報　　カ　基本方針　　キ　NGO　　ク　NPO

(4)　体育理論は，各年次で何単位時間以上配当することとしているか。数字で答えなさい。

(☆☆☆◎◎◎)

解答・解説

【中学校】

【1】(1)　①　資質や能力　　②　体力の向上　　(2)　①　科学的
②　豊かなスポーツライフ　　(3)　特別活動，運動部の活動

〈解説〉(1)・(2)　現行の学習指導要領において，小学校体育科の目標を「生涯にわたって運動に親しむ資質や能力の基礎を育てる」とするとともに，中学校保健体育科の目標を「生涯にわたって運動に親しむ資質や能力を育てる」としている。このように義務教育段階における教科の目標として関連性が図られていることをおさえておきたい。
(3)　年間計画を作成するにあたっては，中学校学習指導要領の総則第

1の3「学校における体育・健康に関する指導」との関連を十分に考慮することが重要である。したがって，技術・家庭科などの関連の教科，特別活動，総合的な学習の時間，運動部の活動なども含めた学校教育活動全体との関連を十分考慮して作成することが求められている。

【2】① 積極的　② 自主的　③ 貢献　④ 確保　⑤ 実践

〈解説〉出題の解説において運動に関する領域では，「技能(「体つくり運動」は運動)」,「態度」,「知識，思考・判断」が内容として示されていることをおさえておきたい。「態度」の具体的な指導内容として，学習への取り組み方，公正や協力に関する事項，責任や参画に関する事項，健康・安全に関する事項の4項目について確認しておくこと。

【3】(1) マット運動を含む二を選択する　(2) ・複数の泳法で泳ぐこと　・リレーをすること　(3) ・水泳　・ダンス　(4) ・創作ダンス　・現代的なリズムのダンス

〈解説〉(1) 器械運動について，第1学年及び第2学年においてはすべての生徒に履修させ，マット運動が必須となっている。また，第3学年においては選択種目となり，マット運動，鉄棒運動，平均台運動，跳び箱運動の中から選択して履修できるようにすることが出題の解説に示されている。 (2) 出題の解説によると，「水泳」の第3学年においては「効率的に泳ぐことができるようにする」ことを学習のねらいとしており，第1学年及び第2学年で指導する4種目に加えて，「複数の泳法で泳ぐこと，又はリレーをすること」が示されている。 (3) 第3学年の運動領域について，「体つくり運動」および「体育理論」はすべての生徒が履修し，器械運動，陸上競技，水泳，ダンスの中から1領域以上と，球技および武道の中から1領域以上を選択して履修できるようにする。 (4) ダンスの指導内容は，第1学年及び第2学年，第3学年ともに，創作ダンス，フォークダンス，現代的なリズムのダンスで構成されており，この3つの中から選択して履修できるようにする。なお，出題の解説では「地域や学校の実態に応じて，その他のダンスについても履修させることができること」が示されている。

【4】(1)　①　回転　②　巧技　③　支持　④　バランス　⑤　切り返し　(2)　動き方のイメージをつかみやすい絵図を使って具体的に助言する。　(3)　運動の課題に制限を加えるなど，課題を易しくする。　(4)　・跳び箱のそばに補助者を置く。　・着地場所にセーフティーマットを置く。

〈解説〉(1)　出題の資料の内容を把握していなくても，「中学校学習指導要領解説　保健体育編」(平成20年9月)における器械運動の解説を把握していれば，解答は導けるだろう。同解説において器械運動の技は，系(各種目の特性を踏まえた技の運動課題の視点からの大分類)，技群(類似の運動課題や運動技術の視点からの中分類)，グループ(類似の運動課題や運動技術に加えて，運動の方向や運動の経過，技の系統性や発展性も考慮した小分類)という系統で整理されている。これは高等学校の保健体育の科目「体育」でも同様であり，中学校と高等学校の指導の一貫性が図られている。　(2)　絵図や言葉で表した掲示物，映像資料などを活用した指導により，生徒にとっては，技がイメージしやすくなったり，身体のどの部位に力を入れればよいのか，どのように動かせばよいのかを意識したりするのに役立つ。　(3)　器械運動はできる，できないがはっきりするため，できるようになれば楽しくなるが，怖くてできなかったり，努力してもできなかったりすると嫌いになってしまう。落下の恐怖心を抱く生徒には，セーフティーマット等を用いて，安心して取り組めるようにする。また，運動の課題に制限を加えるなど，課題を易しくすることも重要である。　(4)　解答例以外では，「場づくり」や「場の工夫」，たとえば優しく運動ができるような場や，新しい運動に挑戦したくなるような場づくりなども間接補助の1つと考えられる。

【5】(1)　①　ウ　②　オ　③　キ　④　ア　⑤　カ　⑥　ク　⑦　イ　⑧　エ　(2)　①　持久走　②　3,000

〈解説〉(1)　本問で取り上げられなかった短距離走・リレー，長距離走，走り高跳びも含め，第1学年及び第2学年と第3学年の技能の例示を表にして相違点をおさえておくとよい。　(2)　長距離走について，第1学年及び第2学年では自己のスピードを維持できるフォームを確立し，第3学年ではそのフォームで自己に適したペースを維持できるようにすることを目指す。

【6】①　戦術　②　特徴　③　指摘　④　合意　⑤　体調　⑥　継続

〈解説〉出題の解説では「球技」の思考・判断について，第1学年及び第2学年では「基礎的な知識や技能を活用して，学習課題への取り組み方を工夫できるようにする」と示されており，第3学年では「これまで学習した知識や技能を活用して，自己の課題に応じた運動の取り組み方を工夫することができるようにする」となっているという違いをおさえておきたい。

【7】(1)　①　情意　②　大脳　(2)　③　気流　④　至適範囲　(3)　⑤　固定　⑥　包帯　(4)　⑦　感染経路　⑧　予防接種

〈解説〉(1)　小学校では，心も体と同様に発達し，心と体は相互に影響し合うことを学習していることを踏まえ，中学校では，心身の機能は生活経験などの影響を受けながら年齢とともに発達することや，心の健康を保持する方法について理解できるようにする。　(2)　小学校では，毎日を健康に過ごすには，明るさの調節や換気などの環境を整えることが必要であることを学習していることを踏まえ，中学校では，人間の身体は環境の変化に対してある程度まで適応する生理的な機能を有することや，身体の適応能力を超えた環境は生命や健康に影響を及ぼすことをおさえておきたい。　(3)　小学校では，すり傷や鼻出血など簡単な手当てについて学習していることを踏まえ，中学校では，傷害の発生には様々な要因があり，適切な対策によって傷害の多くは防止できることや，応急手当は傷害の悪化を防止にすることが理解できるようにする。　(4)　小学校では，健康の大切さや健康によい生活，病気の起こり方や予防などについて学習していることを踏まえ，中学校では，疾病は主体と環境がかかわりながら発生するが，その要因に対する適切な対策によって予防できること，また，社会的な取り組みも有効であることをおさえておきたい。

【8】(1)　①　前回り　　②　後ろ受け身　　③　抑え込みの条件
④　隙　　⑤　体　　(2)　面抜き胴　　(3)　約束練習
留意点…技の形を正しく行えるようにする。　　(4)　武道は，段階的な指導を必要とするため。

〈解説〉(1)　武道は中学校で初めて学習する内容であり，基本動作と基本となる技を確実に身に付け，基本動作や基本となる技を用いて，相手の変化に対応できるようにすることが求められることをおさえておきたい。　(2)　出題の解説には，第1学年及び第2学年で指導する剣道の抜き技として面抜き胴の他，相手が小手を打つとき，体をかわして面を打つ「小手抜き面」が示されている。　(3)　解答例にある「約束練習」とは，柔道であれば技や移動条件を，剣道であれば打ち手と受け手で打突部位を互いに約束して練習する方法である。これ以外には，同じ技を繰り返し練習する「かかり練習(かかり稽古)」，約束練習やかかり練習で習得した動作や技を総合的に練習する「自由練習」がある。学校体育実技指導資料第2集「柔道指導の手引(三訂版)」(平成25年3月，文部科学省)，「新しい学習指導要領に基づく剣道指導に向けて」(平成22年3月，文部科学省)を参照確認し，理解を深めておきたい。
(4)　武道は，中学校で初めて経験する運動種目であること，また，相手と直接的に攻防をするため安全上の確保に十分な配慮が求められることから，段階的な指導が必要となる。

【高等学校】

【1】(1)　①　継続　　②　接続　　(2)　①　技能　　②　思考
(3)　実践力の育成

〈解説〉(1)　今回の学習指導要領における改善の最も大きなポイントは，「生涯にわたって健康を保持増進し，豊かなスポーツライフを実現する」ことを重視し，小学校から高等学校までの12年間を見通して基礎的・基本的な指導内容が体系的に整理されたことである。 (2)「球技」を例に解説する。旧学習指導要領では，技能を運動種目名(バスケットボール，ハンドボールなど)で示していた。現行の学習指導要領で示される「その具体的な動き」とは，運動の特性や魅力に応じて分類した「ゴール型」，「ネット型」，「ベースボール型」のことを指す。

(3)　保健体育科の目標については，学校教育法第50条の高等学校の目的を受け，生涯にわたり豊かなスポーツライフを継続する資質や能力，健康の保持増進のための実践力の育成，体力の向上の3つが密接に関連し，並列的な目標であることを明確にしていることをおさえておきたい。

【2】(1)　①　イ　②　オ　③　カ　④　ア　(2)　①　生活習慣病　②　運動　③　地域　(3)　覚せい剤　(4)　性行為感染・血液感染・母子感染　から2つ

〈解説〉(1)　保健学習は小学校第3学年から始まり高等学校の入学年次及びその次の年次までの9年間にわたって継続的に行われており，体系的には，小学校では身近な生活に関連する基礎的な内容，中学校では個人生活に関連する内容，高等学校では個人生活および社会生活に関連する内容を取り扱う。なお，①に当てはまるヘルスプロモーションとは，1986年のWHO国際会議で提唱された概念で，健康を保持増進するためには個人の努力とそれを援助したり補ったりする社会的な活動が必要であるという考え方である。この語句の意味が問われることもあるので確認しておこう。 (2)　健康の保持増進と疾病の予防には，ヘルスプロモーションの考え方を生かし，生涯を通じて自らの健康を適切に管理し，環境を改善していく思考力・判断力などの資質や能力を養い，現代社会の様々な健康問題に関して理解し，実践力を培う必要があることをおさえておきたい。 (3)　薬物乱用防止教育について，小学校では有機溶剤，中学校では覚せい剤や大麻を取り上げている。高等学校では覚せい剤と大麻を継続して取り上げるのに加え，麻薬についても取り扱う。　(4)　通常HIV(ヒト免疫不全ウイルス)の感染源となるのは血液や性分泌液などの体液で，それらが粘膜や深い傷などに接触することで体内にウイルスが侵入する。

【3】(1)　①　違い　　②　役割　　③　安全　　(2)　ウ　　(3)　筋力・瞬発力・持久力(全身持久力・筋持久力)・調整力(平衡性・巧緻性・敏捷性)・柔軟性　から2つ　　(4)　①　イ　　②　カ　　③　コ　④　ウ

〈解説〉(1)　出題の解説において，高等学校の「体つくり運動」では中学校までの学習を踏まえて「地域などの実社会で生かすことができるようにすることが求められる」としている。よって，主体的な態度や合意形成への貢献などが必要とされるのである。　(2)　アは「役割を積極的に引き受け自己の責任を果たそうとする」こと，イは「～など」の例，エは「体力などの違いに配慮しようとする」ことである。
(3)　これらの体力の構成要素は，文部科学省の「新体力テスト」を用いた体力測定によって評価することができる。　(4)　体ほぐしのねらいとは，「心と体は互いに影響し変化すること」に気付くこと，「体の状態に応じて体の調子を整え」ること，「仲間と積極的に交流する」ことである。1つの行い方において複数のねらいが関連している場合もあることを踏まえた指導が求められる。

【4】(1)　ウ　　(2)　①　防御　　②　ドリブル　　③　対応
(3)　エ　　(4)　①　自陣から相手陣地の侵入しやすい場所に移動することを例示し指導する。　　②　必要な場所に留まったり，移動したりすることを例示し指導する。　　③　スクリーンプレイやポストプレイを例示し指導する。　　④　フォーメーションやセットプレイなどのチームの役割に応じた動きをすることを例示し指導する。

〈解説〉(1)　出題の解説において，「球技」は3つの型で構成されており，技能では，学習段階におけるチームや個人の能力に応じた攻防の様相が示されるとともに，その様相を導き出すために求められるボール操作や用具の操作とボールを持たないときの動きの視点で指導内容が整理されている。 (2) 出題の解説では，「指導に際しては，仲間と連携した動きによって自陣から相手ゴール前へと侵入し，意図的に得点をねらう攻防を中心に取り上げるようにする」とともに，「状況に応じたボール操作とボールを持たないときの動きに着目させ，学習に取り組ませること」を重視している。 (3) アとイはネット型，ウはベースボール型の種目の指導における指導事項である。 (4) 解答例以外では「チームの作戦に応じた守備位置に移動し，相手のボールを奪うための動きを例示し指導する」，「味方が抜かれた際に，攻撃者を止めるためのカバーの動きを例示し指導する」，「一定のエリアからシュートを打ちにくい空間に相手や相手のボールを追い出す守備の動きを例示し指導する」があげられる。

【5】(1) ① 変化 ② 守備位置 ③ 得点差 (2) エ
(3) ア (4) ① 打者の特徴や走者の位置に応じた守備位置に立つことを例示し指導する。 ② 走者の進塁の状況に応じて，最短距離での中継ができる位置に立つことを例示し指導する。 ③ 打球や送球に応じて仲間の後方に回り込むバックアップの動きをすることを例示し指導する。

〈解説〉(1) 入学年次との相違点を表にするなどして整理しておくとよい。出題の解説によると，入学年次の「攻防を展開すること」は「易しい投球に対する安定した打撃」を重視したバランスのとれたゲームの様相を示すものである。 (2) エは入学年次の「安定したバット操作」の例示である。 (3) イ，ウ，エは入学年次の次の年次以降の「ボール操作」の例示である。 (4) 3年次の生徒への指導なので，入学年次の生徒への「守備にかかわるボールを持たないときの動き」の例示を取り入れ，他の生徒との連携を想定した指導を行うことを考えてもよいだろう。

【6】(1)　①　オ　②　ウ　③　ケ　④　サ　⑤　カ　⑥　コ　⑦　シ　⑧　ス　(2)　①　ア　②　イ

〈解説〉(1)　各ダンスで指導する「技能」について，入学年次では中学校第3学年との接続を重視し中学校第3学年と同様の指導内容となっている。その次の年次以降では，高等学校学習指導要領で示された「技能」の内容に従った指導となる。　(2)　入学年次の領域選択の取扱いは，学校段階の接続及び発達の段階のまとまりから中学校第3学年と同様の選択の仕方に改善が図られている。その次の年次以降の取り扱いは，すべての運動領域から2領域以上選択して履修することとなっている。

【7】(1)　①　文化　②　効果　(2)　①　フェアプレイ　②　文化的価値　(3)　①　ウ　②　オ　③　ア　④　ク　⑤　エ　(4)　6

〈解説〉(1)・(4)　各年次においてすべての生徒が履修する「体育理論」の授業時数は，各年次で6単位時間以上が配当される。これは「体つくり運動」(各年次7～10単位時間程度)と比べて少ない配当授業時数である。その中で(1)～(3)の各項目をバランスよく指導し，かつ言語活動や課題学習などの充実を図る必要があることに留意したい。　(2)　ドーピングは，禁止された薬物や手段(血液注射や遺伝子操作など)を使い，競技力を高める行為である。フェアプレイは，スポーツ選手が競技規則を守り，他の選手に十分敬意を払うことにより実現するものである。アンチ・ドーピングの活動は，世界アンチ・ドーピング機構(WADA)が作成した「ドーピング防止に関する世界統一規則」に基づいて進められている。　(3)　中学校の体育理論の学習では，運動やスポーツへの多様なかかわり方，現代生活におけるスポーツの文化的な意義について学習している。高等学校ではその学習を踏まえ，卒業後においても自分に適した豊かなスポーツライフを設計していくために，様々な施策や組織，人々の支援や参画によって支えられていることをおさえておきたい。

2016年度 実施問題

【中学校】

【1】次の各文は,「中学校学習指導要領解説　保健体育編」(平成20年9月)に示されている内容の一部である。次の各問いに答えなさい。

(1) 次の文は,「改善の基本方針」の一部である。文中の(　　)に当てはまる語句を答えなさい。

体育については,「体を動かすことが,身体能力を身に付けるとともに,情緒面や知的な発達を促し,集団的活動や身体表現などを通じて(　①　)を育成することや,筋道を立てて練習や作戦を考え,改善の方法などを互いに話し合う活動などを通じて(　②　)をはぐくむことにも資することを踏まえ,それぞれの運動が有する特性や魅力に応じて,基礎的な身体能力や知識を身に付け,生涯にわたって運動に親しむことができるように,発達の段階のまとまりを考慮し,指導内容を整理し体系化を図る。」としている。

(2) 次の文は,「教科の目標」である。文中の(　　)に当てはまる語句を答えなさい。

(　①　)を一体としてとらえ,運動や健康・安全についての理解と運動の合理的な実践を通して,生涯にわたって運動に親しむ資質や能力を育てるとともに健康の保持増進のための(　②　)の育成と体力の向上を図り,明るく豊かな生活を営む態度を育てる。

(3) 次の各文は,「体育分野」の目標の一部である。文中の(　　)に当てはまる語句を答えなさい。

[第1学年及び第2学年]

運動における競争や協同の経験を通して,公正に取り組む,互いに協力する,自己の(　①　)を果たすなどの意欲を育てるとともに,健康・安全に留意し,自己の最善を尽くして運動をする態度を育てる。

[第3学年]

運動における競争や協同の経験を通して，公正に取り組む，互いに協力する，自己の(　②　)を果たす，(　③　)するなどの意欲を育てるとともに，健康・安全を確保して，生涯にわたって運動に親しむ態度を育てる。

(☆☆☆◎◎◎)

【2】次の表は，「評価規準の作成，評価方法等の工夫改善のための参考資料【中学校　保健体育】」(平成23年11月)に示されている「第1・2学年『体つくり運動』の評価規準の設定例」である。(　　)に当てはまる設定例を下の語群から1つ選び，記号で答えなさい。

運動への 関心・意欲・態度	運動についての 思考・判断	運動についての 知識・理解
・(　①　) ・分担した役割を果たそうとしている。 ・仲間の学習を援助しようとしている。 ・(　②　)	・体ほぐしのねらいである「心と体の関係に気付く」，「体の調子を整える」，「仲間と交流する」ことを踏まえて，課題に応じた活動を選んでいる。 ・(　③　) ・(　④　) ・仲間と協力する場面で，分担した役割に応じた活動の仕方を見付けている。 ・仲間と学習する場面で，学習した安全上の留意点を当てはめている。	・体つくり運動の意義について，理解したことを言ったり書き出したりしている。 ・(　⑤　) ・(　⑥　)

語群

ア　健康・安全を確保している。

イ　体力を高める運動のねらいや行い方を知るとともに，自分の体力に合った運動の行い方を選んでいる。

ウ　関節や筋肉の働きに合った合理的な運動の行い方を選んでいる。

エ　自己の責任を果たす場面で，ねらいに応じた活動の仕方を見付けている。

オ　体を動かす楽しさや心地よさを味わったり，自分の体力に応じて体力を高めたりすることができるよう，体つくり運動に進んで取り組もうとしている。

カ　運動の計画の立て方について，理解したことを言ったり書き出したりしている。

キ　体つくり運動の学習に自主的に取り組もうとしている。

ク　体つくり運動の学習に積極的に取り組もうとしている。

ケ　ねらいや体力の程度に応じて強度，時間，回数，頻度を設定している。

コ　ねらいや体力に応じて効率よく高める運動例やバランスよく高める運動例の組み合わせ方を見付けている。

サ　健康・安全に留意している。

シ　体つくり運動の行い方について，学習した具体例を挙げている。

ス　体ほぐしの運動のねらいを知るとともに，ねらいに応じた運動の行い方を選んでいる。

(☆☆☆◎◎◎)

【3】次の各文や表は，「中学校学習指導要領解説　保健体育編」(平成20年9月)に示されている内容の一部である。次の各問いに答えなさい。

(1)　次の各文は，「体育分野」の内容の一部である。文中の(　　)に当てはまる語句を答えなさい。

○　技能(「体つくり運動」は運動)

第1学年及び第2学年においては，小学校第5学年及び第6学年までのルールや場の工夫を前提とした学習経験を踏まえ，運動を豊かに実践することを目指して，主に，各領域の基本的な技能や動きを身に付け，記録や技に挑戦したり，(　①　)や発表をできるようにしたりすることが大切である。

○　知識

知識に関する指導内容として，第1学年及び第2学年においては，各領域における「運動の特性や(　②　)」，「技術(技)の名称や行い方」,「関連して高まる体力」,「(　③　)な考え方」,「表現の仕方」などを示している。

○　思考・判断

思考・判断とは，各領域における学習課題に応じて，これまでに学習した内容を学習場面に(　④　)したり，応用したりすることである。

(2)　次の表は,「体育分野」の領域ごとの「学習のねらい」について，第1学年及び第2学年と第3学年の違いを踏まえてまとめたものである。次の(　　)に当てはまる語句を下の語群から1つ選び，記号で答えなさい。ただし，同じ番号には同じ記号が入るものとする。

領　　域	第１学年及び第２学年の学習のねらい	第３学年の学習のねらい
器械運動	「技がよりよくできる」こと	「(①) で演技する」こと
水泳	「泳法を身に付ける」こと	「(②) 的に泳ぐことができるようにする」こと
武道	「基本動作や基本となる技ができるようにする」こと	「相手の動きの変化に応じた (③) を展開できるようにする」こと
ダンス	「イメージをとらえた表現や踊りを通した (④) ができるようにする」こと	「感じを込めて踊ったり，みんなで自由に踊ったりする楽しさや喜びを味わい，イメージを深めた表現や踊りを通した (④) や発表ができるようにする」こと

語群

ア　交流　　　　　　イ　攻防　　　　　　ウ　話し合う活動
エ　自己に適した技　オ　効果　　　　　　カ　応じ技
キ　効率　　　　　　ク　グループ活動　　ケ　能率

(☆☆☆◎◎◎)

【4】武道について，次の各問いに答えなさい。

(1)　次の文は,「中学校学習指導要領解説　保健体育編」(平成20年9月)に示されている「内容の取扱い」の一部である。文中の(　　)に当てはまる語句を答えなさい。

武道の運動種目は，柔道，剣道又は相撲のうちから1種目を選択して履修できるようにすることとしている。

なお，地域や学校の実態に応じて，なぎなたなどのその他の武道についても履修させることができることとしているが，なぎなたなどを取り上げる場合は，基本動作や基本となる技を身に付けさせるとともに，(　①　)を取り入れるなどの工夫をし，効果的，継続的な学習ができるようにすることが大切である。

また，原則として，その他の武道は，示された各運動種目に(　②　)履修させることとし，地域や学校の特別の事情がある場合には，替えて履修させることもできることとする。

(2)　第1学年及び第2学年の「柔道」において，「中学校学習指導要領解説　保健体育編」(平成20年9月)に示されている技能の例示のうち，支え技系，まわし技系の技をそれぞれ1つずつ答えなさい。

(3)　初めて中学校で柔道を学ぶ生徒が多い第1学年における柔道の授業で，はじめの5時間で受け身の指導を行った後，6時間目以降に投げ技の指導へと進めていく際，安全に投げ技に取り組ませるための具体的な手立てを，2つ答えなさい。

(☆☆☆◎◎◎)

【5】「中学校学習指導要領解説　保健体育編」(平成20年9月)に示されている「球技」について，次の各問いに答えなさい。

(1)　次の各文は，各型における技能の例示である。文中の(　　)に当てはまる語句を答えなさい。

ゴール型[第1学年及び第2学年]

○　得点しやすい(　①　)にいる味方にパスを出すこと。

ネット型[第3学年]

○(　②　)の役割に応じて，拾ったりつないだり打ち返したりすること。

○連携プレイのための基本的な(　③　)に応じた位置に動くこと。

ベースボール型[第3学年]

○ポジションに応じて，(　④　)に備える動きをすること。

(2)　第1学年及び第2学年の「ネット型」では，ラリーを続けることを重視して，ボールや用具の操作と定位置に戻るなどの動きなどによる空いた場所をめぐる攻防を展開できるようにすることとしている。その際，バレーボールの授業において，ラリーが続くようにするために，どのようにゲームを工夫して行えばよいか，「プレイヤーの人数」，「コートの広さ」以外の観点から2つ答えなさい。

(☆☆☆◎◎◎)

【6】次の表は，「中学校学習指導要領解説　保健体育編」(平成20年9月)に示されている保健分野の内容をまとめたものである。下の各問いに答えなさい。

1　心身の機能の発達と心の健康	ア　身体機能の発達 イ　(　①　)にかかわる機能の成熟 ウ　精神機能の発達と自己形成 エ　欲求やストレスへの対処と心の健康
2　健康と環境	ア　身体の環境に対する適応能力・至適範囲 イ　飲料水や空気の衛生的管理 ウ　生活に伴う(　②　)の衛生的管理
3　傷害の防止	ア　交通事故や自然災害などによる傷害の発生要因 イ　交通事故などによる傷害の防止 ウ　自然災害による傷害の防止 エ　(a)応急手当
4　健康な生活と疾病の予防	ア　健康の成り立ちと疾病の発生要因 イ　生活行動・生活習慣と健康 ウ　喫煙，飲酒，(　③　)と健康 エ　(　④　)の予防 オ　(b)保健・医療機関や医薬品の有効利用 カ　個人の健康を守る社会の取組

(1)　表中の(　　)に当てはまる語句を答えなさい。

(2)　表中の下線(a)について，応急手当の意義として「適切な手当は傷害の悪化を防止できることを理解できるようにする。」と「中学校

学習指導要領解説　保健体育編」(平成20年9月)に示されているが，実際の保健の授業において，どのような実習を取り上げればよいか，2つ答えなさい。

(3)　次の文は，「中学校学習指導要領解説　保健体育編」(平成20年9月)において，表中の下線(b)の内容を説明したものである。文中の(　　)に当てはまる語句を答えなさい。

地域には，人々の健康の保持増進や疾病予防の役割を担っている(　①　)，保健センター，医療機関などがあることを理解できるようにする。健康の保持増進と疾病の予防には，各機関がもつ機能を有効に利用する必要があることを理解できるようにする。

また，医薬品には，主作用と(　②　)があることを理解できるようにする。医薬品には，使用回数，使用時間，使用量などの(　③　)があり，正しく使用する必要があることについて理解できるようにする。

(☆☆☆◎◎◎)

【7】次の各文は，「中学校学習指導要領解説　保健体育編」(平成20年9月)に示されている「体育理論」の学習内容の一部である。文中の(　　)に当てはまる語句を答えなさい。ただし，同じ番号には同じ語句が入るものとする。

[運動やスポーツへの多様なかかわり方]

運動やスポーツには，直接「(　①　)こと」，テレビなどのメディアや競技場での観戦を通して，これらを「(　②　)こと」，また，地域のスポーツクラブで指導したり，ボランティアとして大会の運営や障がい者の支援を行ったりするなどの「(　③　)こと」など，多様なかかわり方があることを理解できるようにする。

[安全な運動やスポーツの行い方]

安全に運動やスポーツを行うためには，特性や目的に適した運動やスポーツを選択し，発達の段階に応じた(　④　)，時間，頻度に配慮した計画を立案すること，体調，施設や用具の安全を事前に確認すること，(　⑤　)や(　⑥　)を適切に実施すること，運動やスポーツの実施中や実施後には，適切な休憩や水分補給を行うこと，共に活動する仲間の安全にも配慮することなどが重要であることを理解できるようにする。

[国際的なスポーツ大会などが果たす文化的な役割]

(　⑦　)競技大会や国際的なスポーツ大会などは，世界中の人々にスポーツのもつ教育的な意義や倫理的な価値を伝えたり，人々の相互理解を深めたりすることで，国際親善や(　⑧　)に大きな役割を果たしていることを理解できるようにする。

また，(　⑨　)の発達によって，スポーツの魅力が世界中に広がり，(　⑦　)競技大会や国際的なスポーツ大会の国際親善や(　⑧　)などに果たす役割が一層大きくなっていることについても触れるようにする。

(☆☆☆◎◎◎)

【8】次の文は，「中学校学習指導要領解説　保健体育編」(平成20年9月)に示されている「指導計画の作成」の一部である。文中の(　　)に当てはまる語句を答えなさい。

授業時数の配当については，次のとおり取り扱うこと。

ア　保健分野の授業時数は，3学年間で，(　①　)単位時間程度を配当すること。

イ　体育分野の授業時数は，各学年にわたって適切に配当すること。その際，体育分野の内容の「(　②　)」については，各学年で7単位時間以上を，「(　③　)」については，各学年で3単位時間以上を配当すること。

(☆☆☆◎◎◎)

【高等学校】

【1】「高等学校学習指導要領解説　保健体育編・体育編」(平成21年12月)に示されている「保健体育科」の目標，科目「体育」の目標，科目

「保健」の目標について，次の各問いに答えなさい。

(1) 次の文は，「保健体育科」の目標である。下線アを説明した下の文の(　　)に当てはまる語句を答えなさい。

心と体を一体としてとらえ，健康・安全や運動についての理解と運動の合理的，計画的な実践を通して，生涯にわたって豊かなスポーツライフを継続する資質や能力を育てるとともに健康の保持増進のための実践力の育成と体力の向上を図り，ア　明るく豊かで活力ある生活を営む態度を育てる。

生涯にわたって豊かなスポーツライフを継続するための資質や能力，健康の保持増進の実践力及び健やかな心身を育てることによって，(　　)をもち，現在及び将来の生活を健康で活力に満ちた明るく豊かなものにするという教科の究極の目標を示したものである。

(2) 次の文は，科目「体育」の目標である。下線イを説明した下の文の(　　)に当てはまる語句を答えなさい。

運動の合理的，計画的な実践を通して，知識を深めるとともに技能を高め，運動の楽しさや喜びを深く味わうことができるようにし，自己の状況に応じて体力の向上を図る能力を育て，公正，協力，責任，参画などに対する意欲を高め，健康・安全を確保して，イ　生涯にわたって豊かなスポーツライフを継続する資質や能力を育てる。

体育を通して培う包括的な目標を示したものである。体育では，体を動かすことが，情緒面や知的な発達を促し，集団的活動や身体表現などを通じて(　　)を育成することや，筋道を立てて練習や作戦を考え，改善の方法などを互いに話し合う活動などを通じて論理的思考力をはぐくむことにも資するものである。

(3) 次の文は，科目「保健」の目標である。下線ウを説明したあとの文の(　　)に当てはまる語句を答えなさい。ただし，同じ番号には同じ語句が入る。

ウ　個人及び社会生活における健康・安全について理解を深めるようにし，生涯を通じて自らの健康を適切に管理し，改善していく資質や能力を育てる。

我が国の疾病構造や社会の変化に対応し健康を保持増進するためには，(　①　)の考え方を生かして健康に関する個人の適切な意志決定や行動選択及び健康的な社会環境づくりなどを行うことが重要であることを理解できるようにするとともに，思春期から高齢者までの生涯の各段階における健康課題への対応と保健・医療制度や地域の保健・医療機関の適切な活用及び環境と食品の保健，労働と健康など(　②　)における健康の保持増進について，個人生活のみならず(　②　)とのかかわりを含めて総合的に理解することを示したものである。

(☆☆☆◎◎◎)

【2】「高等学校学習指導要領解説　保健体育編・体育編」(平成21年12月)に示されている科目「保健」について，次の各問いに答えなさい。

(1)　次の文は,「生活習慣病と日常の生活行動」の内容である。(　　)に当てはまる語句を答えなさい。

生活習慣病を予防し，健康を保持増進するには，適切な食事，運動(　①　)及び睡眠など，調和のとれた健康的な生活を実践することが必要であることを理解できるようにする。その際，(　②　)，虚血性心疾患，脂質異常症，歯周病などを適宜取り上げ，それらは日常の生活行動と深い関係があることを理解できるようにする。

(2)　次の文は,「内容の取扱い」である。(　　)に当てはまる語句を下の語群から選び，記号で答えなさい。

生涯の各段階における健康については，思春期と健康，(　①　)及び加齢と健康を取り扱うものとする。また，(　②　)については，必要に応じ関連付けて扱う程度とする。責任感を涵(かん)養することや(　③　)が必要であること，及び(　④　)等への適切な対処についても扱うよう配慮するものとする。

【語群】

ア　性に関する情報　　　イ　喫煙と飲酒

ウ　生殖に関する機能　　エ　異性を尊重する態度

オ　薬物乱用　　　　　　カ　結婚生活と健康

(3) 「内容の取扱い」について，「指導に際しては，知識を活用する学習活動を取り入れるなどの指導方法の工夫を行うものとする。」とある。保健の授業の中で，生徒の思考力・判断力を育成するために，どのような指導方法の工夫を行うか，2つ答えなさい。

(☆☆☆◎◎◎)

【3】「高等学校学習指導要領解説　保健体育編・体育編」(平成21年12月)に示されている球技領域について，次の各問いに答えなさい。

(1) 「技能」について，どのようなことをねらいとして授業を行うか。次の文の(　　)に当てはまる語句を下の語群から選び，記号で答えなさい。ただし，同じ番号には同じ語句が入る。

(1) 次の運動について，勝敗を競う楽しさや喜びを味わい，(①)や状況に応じた技能や仲間と連携した動きを高めてゲームが展開できるようにする。

ア　ゴール型では，状況に応じた(②)と(③)を埋めるなどの動きによって(③)への侵入などから攻防を展開すること。

イ　ネット型では，状況に応じた(②)や安定した用具の操作と連携した動きによって(③)を作りだすなどの攻防を展開すること。

ウ　ベースボール型では，状況に応じた(④)と走塁での攻撃，安定した(②)と状況に応じた守備などによって攻防を展開すること。

【語群】

ア　記録の向上　　イ　場所　　　　ウ　得意技　　エ　空間

オ　体さばき　　カ　ボール操作　　キ　構え　　ク　作戦
ケ　バランス　　コ　バット操作

(2)　運動種目を取り上げる際に配慮すべき事について，次の文の(　　)に当てはまる語句を答えなさい。

運動種目を取り上げる際は，学習の最終段階であることを踏まえて，卒業後も継続できるよう生涯スポーツの場面で運用される一般的な(　　)を取り上げるようにする。]

(3)　「態度」の指導に際して，主体的な学習に取り組めるように工夫することが大切であるが，球技の授業でどのような工夫を行うか，2つ答えなさい。

(☆☆☆◎◎◎)

【4】「高等学校学習指導要領解説　保健体育編・体育編」(平成21年12月)に示されている水泳領域について，次の生徒からの各質問に対する助言として適するものを選び，記号で答えなさい。

(1)　クロールについて「呼吸動作のときにどうしてもスピードが落ちるが，どうずればよいか。」と質問された場合。

ア　肩のローリングを使って最小限の頭の動きで呼吸動作を行うよう助言した。

イ　体のうねり動作に合わせて，低い位置で呼吸を保つよう助言した。

ウ　プルのかきはじめと同時に，口を水面上に高く出して，勢いよく呼吸をするよう助言した。

(2)　平泳ぎについて「もっと速く長く泳ぐためにはキック動作をどうずればよいか。」と質問された場合。

ア　流線型の姿勢を維持しながら足首をしなやかに使ってけり上げるよう助言した。

イ　抵抗の少ない肩幅程度の足の引き付けから，足先を外側にしてただちにキック動作をするよう助言した。

ウ　腰の上下動を使ったしなやかなドルフィンキックをするよう助

言した。

(3) 背泳ぎについて「プルのリカバリーではどのようなことを意識すればよいか。」と質問された場合。

ア 手のひらを外側から上側に向けて水をつかみ肘を曲げてかくよう助言した。

イ 肘を伸ばし，肩を支点にまっすぐ頭の延長線上に手の甲から入水するよう助言した。

ウ 左右の肩のローリングを使って腕をリズムよく運ぶよう助言した。

(4) バタフライについて「手の動きのイメージがつかめない。」と質問された場合。

ア キーホールの形を描くように水をかき，手のひらが胸の近くを通るよう助言した。

イ 両手で逆ハート型を描くように強くかくよう助言した。

ウ 空中で肘を60～90度程度に曲げて，手を頭上近くでリラックスして動かすよう助言した。

(5) ターンについて「主要局面ではどのようなことに気をつければよいか。」と質問された場合。

ア 5m程度離れた場所から壁にタッチする準備をすることを助言した。

イ 体を丸くして膝を胸に引き付け抵抗の少ない姿勢で回転することを助言した。

ウ 力強く壁を蹴りながら水中で体をねじり水平にすることを助言した。

(☆☆☆◎◎◎)

【5】「高等学校学習指導要領解説　保健体育編・体育編」(平成21年12月)に示されている武道領域について，次の各問いに答えなさい。

(1) 柔道の「変化技」について指導する際の説明として適するものを1つ選び，記号で答えなさい。

ア　相手がかけてきた技に対し，そのまま切り返して投げたり，その技の力を利用して効率よく投げたりするためにかける技である。

イ　自己の技能・体力に応じて最も技をかけやすく，相手から効率よく一本を取ることが出来る技である。

ウ　技をかけたときに，相手の防御に応じて，さらに効率よく相手を投げたり抑えたりするためにかける技である。

(2)　柔道の「投げ技の連絡」で，「二つの技を同じ方向にかける技の連絡」について指導する際の例示として適するものを1つ選び，記号で答えなさい。

ア　釣り込み腰から大内刈りへ連絡すること。

イ　大内刈りから大外刈りへ連絡すること。

ウ　内股から大内刈りへ連絡すること。

(3)　剣道の「しかけ技」で，「引き技」について指導する際の例示として適するものを1つ選び，記号で答えなさい。

ア　相手が打とうとして手元を上げたとき，隙(すき)ができた小手を打つこと。

イ　相手と接近した状態にあるとき，隙(すき)ができた小手を退きながら打つこと。

ウ　打ち込む隙(すき)がないとき，相手の竹刀を払って小手を打つこと。

(4)　次の文は，武道の「内容の取扱い」について説明したものである。文中の(　　)に当てはまる語句を答えなさい。

「我が国固有の伝統と文化により一層触れさせるため，中学校の学習の基礎の上に，より深められる機会を確保するよう配慮するものとする。」としているので，希望する生徒が確実に履修できるよう(　①　)や学習の機会の充実を図るものとする。

また，武道は段階的な指導を必要とするため，特定の種目を(　②　)して履修できるようにすることが望ましいが，生徒の状況によっては各年次で異なった種目を取り上げることもできるようにする。

(☆☆☆◎◎◎)

【6】次の文は,「高等学校学習指導要領解説　保健体育編・体育編」(平成21年12月)に示されている器械運動領域の一部である。文中の(　　)に当てはまる語句を下の語群から選び，記号で答えなさい。ただし，同じ番号には同じ語句が入る。

器械運動の各種目には多くの技があることから，それらの技を，系，技群，グループの視点によって分類した。系とは各種目の特性を踏まえて技の(　①　)の視点から大きく分類したものである。技群とは類似の(　①　)や(　②　)の視点から分類したものである。グループとは類似の(　①　)や(　②　)に加えて，運動の(　③　)や運動の経過，さらには技の(　④　)や発展性も考慮して技を分類したものである。なお，平均台運動と跳び箱運動については，技の数が少ないことから系とグループのみで分類した。この分類については，中学校と高等学校との一貫性を図ったものである。

【マット運動の主な技の例示】

<table>
<tr><th>系</th><th>技群</th><th>グループ</th></tr>
<tr><td rowspan="4">(⑤)系</td><td rowspan="2">(⑦)</td><td>前転</td></tr>
<tr><td>後転</td></tr>
<tr><td rowspan="2">(⑧)</td><td>倒立回転
倒立回転跳び</td></tr>
<tr><td>はねおき</td></tr>
<tr><td rowspan="2">(⑥)系</td><td rowspan="2">平均立ち</td><td>片足平均立ち</td></tr>
<tr><td>倒立</td></tr>
</table>

【語群】

ア　難易度　　イ　完成度　　ウ　系統性　　エ　巧技
オ　接転　　カ　運動課題　　キ　支持　　ク　回転

ケ　切り返し　　コ　ほん転　　　サ　方向　　　シ　跳躍
ス　運動技術　　セ　体操

(☆☆☆◎◎◎)

【7】次の文は,「高等学校学習指導要領解説　保健体育編・体育編」(平成21年12月)に示されている体育理論の内容である。文中の(　　)に当てはまる語句を答えなさい。

2　運動やスポーツの効果的な学習の仕方

ア　運動やスポーツの技術と技能

個々の運動やスポーツを特徴付けている技術は,練習を通して身に付けられた合理的な動き方としての技能という状態で発揮されること,技術には,絶えず変化する状況の下で発揮される(　①　)型と状況の変化が少ないところで発揮される(　②　)型があること,その型の違いによって学習の仕方が異なることを理解できるようにする。

イ　運動やスポーツの技能の上達過程

運動やスポーツの技能の上達過程を(　③　)の段階,意図的な調整の段階及び(　④　)の段階の三つに分ける考え方があること,これらの上達過程の段階や技能の特徴及び目的に即した効果的な練習方法があることを理解できるようにする。

ウ　運動やスポーツの技能と体力の関係

運動やスポーツの技能と体力は,相互に関連していること,運動やスポーツの技能を発揮する際には,個々の技能に応じて体力を高めることが必要になることや期待される成果に応じた技能や(　⑤　)があることを理解できるようにする。

エ　運動やスポーツの活動時の健康・安全の確保の仕方

運動やスポーツを行う際には,活動に伴う危険性を理解し,健康や安全に配慮した実施が必要になること,身体やその一部の過度な使用によってスポーツにかかわる障害が生じる場合があること,(　⑥　)条件や自然環境の変化など様々な危険を予見し回避することが求められること，けが防止のための対策，発生時の処置，回復期の対処などの各場面での適切な対応方法があることを理解できるようにする。

(☆☆☆◎◎◎)

解答・解説

【中学校】

【1】(1) ① コミュニケーション能力　② 論理的思考力
(2) ① 心と体　② 実践力　(3) ① 役割　② 責任
③ 参画

〈解説〉(1) 改善の基本方針の中でも，体育の価値について触れられている部分であり，大変重要である。“体育＝身体能力，体力向上”ということではなく，その他の能力も育むことにつながるということが述べられている。学習指導要領解説の指導内容としては，コミュニケーション能力は「態度」，論理的思考力は「知識，思考・判断」と関係する。　(2) 心と体をより一体としてとらえ，健全な発達を促すことが求められることから，体育と保健を一層関連させて指導することが重要である。　(3) 第1学年及び第2学年と第3学年とでは，その発達の段階を踏まえ目標が異なってくる。第3学年は，指導内容が高等学校入学年次と同じまとまりで捉えられており，責任，参画という，より自主的な態度で取り組めるようにすることが目標として示されている。

【2】① ク　② サ　③ ウ　④ コ　⑤ カ　⑥ シ
※ ①②・③④・⑤⑥は順不同

〈解説〉体つくり運動では，運動の技能の評価は行わない。体ほぐしの運動は，技能の習得・向上を直接のねらいとするものではないこと，体力を高める運動は，運動の計画を立てることが主な目的となることから，「運動の技能」は設定せず，運動については「運動についての思考・判断」に整理している。キの「自主的」は，第3学年の評価規準であり，その他も第3学年との違いを覚えておく必要がある。「運動への関心・意欲・態度」は「～しようとしている」，「運動についての思考・判断」は「～を選んでいる。～を見付けている。～を当てはめている」，「運動についての知識・理解」は「～を言ったり書き出したりしている」と，評価規準の語尾にも特徴があることを押さえておきたい。

【3】(1)　①　簡易な試合　　②　成り立ち　　③　伝統的
④　適用　　(2)　①　エ　　②　キ　　③　イ　　④　ア

〈解説〉(1)　技能については，小学校第5学年及び第6学年では，例えばボール運動では簡易化されたゲームを行っている。中学校入学からいきなり球技の公式なルールを用いるのではなく，それまでの学習経験を踏まえ段階的に指導していくことが重要である。知識については，小学校では思考・判断の中に含まれている。中学校では，「体育理論」の内容を精選したことで，各領域に関連させて指導することが効果的な知識を各領域で取り上げることとしている。思考・判断については，第1学年及び第2学年では，基礎的な知識や技能を活用して，学習課題への取り組み方を工夫できるようにすることが重要である。また，第3学年では，領域及び運動の選択の幅が広がることから，これまで学習した知識や技能を活用して，自己の課題に応じた解決が求められることが強調されている。　(2)　第1学年及び第2学年と第3学年との違いについては頻出問題である。発達の段階の違いをしっかりと押さえておきたい。第3学年においては，器械運動では，生徒が運動観察の方法などを理解し，自己に適した技を見付けられるような取り組み方の工夫が求められる。水泳では，身に付けた泳法をもとに効率よく泳ぐことで，記録の向上や競争の楽しさを味わわせることが重要である。武道では，身に付けた基本動作や基本的な技を基にして，より相手との攻防の楽しさを味わわせることが重要である。ダンスではすべての学年において，交流することがねらいの一つとなる。

【4】(1) ① 形　② 加えて　(2) 支え技系…(例)膝車，支え釣り込み足　まわし技系…(例)体落とし，大腰　(3) (例)・受け身が低い位置で衝撃の少ない技から，徐々に高い位置で衝撃の大きな受け身を必要とする技を取り扱う。　・技能の程度や体力が同程度の生徒同士を組ませるよう配慮する。

〈解説〉(1) その他の武道の扱いは，「加えて履修させること」とあるので，柔道，剣道，相撲のうち1種目を履修したうえで履修させることという捉え方である。ただ，地域によっては，古くからその他の武道が伝統的に行われてきた状況や，柔道，剣道，相撲を行う施設や用具などが準備できない状況など特別な場合にのみ，その3つの種目のどれかを行わずにその他の武道を行うことができる。その他の武道とは，日本武道協議会加盟団体実施種目である弓道，空手道，合気道，少林寺拳法，なぎなた，銃剣道を指す。　(2) 第1学年の例示としては，体落とし，大腰，膝車，支え釣り込み足，大外刈り，小内刈り，大内刈りが示されている。学習としては，膝車から支え釣り込み足，体落としから大腰と，段階を踏んだ指導が必要である。　(3) 重篤な事故につながるのは，投げ技による頭部へのダメージである。同じ技でも，「受」が蹲踞や立ち膝の姿勢をとった状態から「取」が投げるような指導も考えられる。また，中学生期は体の発育発達も著しく，体格差は大きいのでミスマッチにならないように気を付けたい。

【5】(1) ① 空間　② ポジション　③ フォーメーション　④ ダブルプレイ　(2) (例)・用具を工夫する。　・プレイ上の制限を工夫する。

〈解説〉(1) ① ボール操作は，相手や味方の動きをとらえることが重要となるため，周囲を見ながらプレイさせることが大切である。
② 仲間と連携した効果的な攻防を展開するためには，ゲーム中に自

分の役割を果たすことが重要である。　③　フォーメーションなどの連携した動きとは，空いた場所を埋める動きなどの仲間の動きに合わせて行うボールを持たないときの動きのことである。　④　打者の出塁や走者の進塁や相手チームの得点を防ぐための連携した守備のことである。　(2)　バレーボールであれば，ソフトバレーボールやレクリエーションボールなど，打ったり受けたりした際の痛みを緩和する用具を使用したり，トスの技能の難易度をやわらげるため，セッターはキャッチしてトスを上げてもよいなどのルールの工夫が考えられるだろう。

【6】(1)　①　生殖　②　廃棄物　③　薬物乱用　④　感染症
(2)　(例)・包帯法　・心肺蘇生法　(3)　①　保健所　②　副作用
③　使用法

〈解説〉(2)　他にもAEDの使用についての実習も考えられる。
(3)　保健所は，都道府県または政令市及び特区に設置される。対人保健サービスのうち，地域保健の拠点として行うサービス，専門的技術を要するサービス，多種の保健医療職種によるチームワークを要するサービス，また，対物保健などを実施する総合的な保健行政機関である。

【7】①　行う　②　見る　③　支える　④　強度　⑤　準備運動　⑥　整理運動　⑦　オリンピック　⑧　世界平和
⑨　メディア　※⑤⑥は順不同

〈解説〉①②③　第1学年で取り扱う「運動やスポーツの多様性」の内容である。スポーツへの多様なかかわり方として「行う」「見る」「支える」そして「調べる」ことが挙げられる。「支える」ということでは，ボランティアの大会運営委員を行ったりすることなどがそれにあたる。スポーツの歴史や変遷，あるいは制度的な位置づけなどを「調べる」ことも，スポーツ文化をより発展させるために欠かせないことである。　④⑤⑥　第2学年で取り扱う「運動やスポーツが心身の発達に与える効果と安全」の内容である。運動に関する領域で扱う運動種目等のけがの事例や健康・安全に関する留意点などについては，体育理論ではなく各運動に関する領域で扱うこととしている。

⑦⑧⑨　第3学年で取り扱う「文化としてのスポーツの意義」の内容である。現代生活においてスポーツの文化的意義が高まってきていること，国際的なスポーツ大会などが果たす文化的な役割が重要になってきていること，文化としてのスポーツが人々を結び付ける重要な役割を担っていることなどを中心として構成されている。

【8】① 48　② 体つくり運動　③ 体育理論

〈解説〉① 保健分野については，3学年間を通して適切に授業時数を配当するとともに，生徒の興味・関心や意欲などを高めながら効果的に学習を進めるため，学習時間を継続的又は集中的に設定することが望ましいことを示している。ただし，課題学習においては，課題追求あるいは調べる活動の時間を十分確保するために，次の授業時間との間にゆとりを持たせるなどの工夫をすることも効果的であると考えられている。　②③　体つくり運動と体育理論については，指導内容のより一層の定着を図るため授業時数の配当が明示されている。

【高等学校】

【1】(1) 生きがい　(2) コミュニケーション能力

(3) ① ヘルスプロモーション　② 社会生活

〈解説〉(1) この目標は，体育と保健の目標である「生涯にわたって豊かなスポーツライフを継続する資質や能力の育成」「健康の保持増進のための実践力の育成」「体力の向上」の三つの具体的な目標が相互に密接に関連していることを示すとともに，心と体をより一体としてとらえ，心身の調和的発達を図ることが，保健体育科の重要なねらいであることを明確にしたものである。この目標を達成するためには，引き続き，心と体をより一体としてとらえ，体育と保健を一層関連させて指導することが重要である。　(2) 学習指導要領解説の「2　保健体育科改訂の趣旨　ア　改善の基本方針　(イ)」において示されている，平成20年１月の中央教育審議会答申と関連する内容である。コミュニケーション能力は「態度」の内容と，論理的思考力は「知識，思考・判断」の内容とそれぞれ関連が強い。　(3)　①　ヘルスプロモーションとは，WHOがオタワ憲章(1986年)の中で提唱された概念である。その中で，「身体的・精神的・社会的に完全に良好な状態を達成するためには，個人や集団が望みを確認し，要求を満たし，環境を改善し，環境に対処することができなければならない。それゆえ，健康は生きる目的ではなく，毎日の生活の資源である。健康は身体的な能力であると同時に，社会的・個人的資源であることを強調する積極的な概念なのである」と述べられている。バンコク憲章(2005年)など，その後もヘルスプロモーションの定義については検討が加えられている。　②　高等学校は社会への出口であるため，個人生活だけではなく社会とのかかわりの中での保健の知識理解が必要とされる。

【2】(1)　①　休養　　②　悪性新生物　　(2)　①　カ　　②　ウ　③　エ　　④　ア　　(3)　ディスカッション。ブレインストーミング。ロールプレイング(役割演技法)。心肺蘇生法などの実習や実験。課題学習。養護教諭の参加。栄養教諭の参加。学校栄養職員の参加。　などから2つ

〈解説〉(1)　②　厚生労働省による平成26 年人口動態統計の死亡数を死因順位別にみると，第1位は悪性新生物で36万7943人，第2位は心疾患で19万6760人，第3位は肺炎で11万9566人，第4位は脳血管疾患で11万4118人。心疾患は，昭和60 年に脳血管疾患にかわり第2位となり，その後も死亡数・死亡率ともに増加，平成26 年の全死亡者に占める割合が15.5%となった。肺炎は，昭和55 年に不慮の事故にかわって第4位となってからは増加傾向が続き，平成23年には脳血管疾患にかわり第3位となり，平成26 年の全死亡者に占める割合は9.4%となった。脳血管疾患は，昭和45 年をピークに減少しはじめ，昭和56 年には悪性新生物にかわって第2位となり，その後も死亡数・死亡率とも減少傾向

が続き，昭和60 年には心疾患にかわって第3位，平成23 年には肺炎にかわり第4位となり，平成26 年の全死亡者に占める割合は9.0%となった。 (2) 高等学校においては，その発達の段階を踏まえ，適切な意志決定や行動選択ができるような指導が重要になってくる。

(3) 保健の授業では，知識の習得ばかりに目が行きがちであるが，習得した知識を活用することが重要である。様々な指導方法については，『「生きる力」を育む中学校保健教育の手引き』(文部科学省)で学習しておくとよいだろう。

【3】(1) ① ク ② カ ③ エ ④ コ (2) ルール
(3) ・単元のはじめに課題解決の方法を確認する。 ・練習中やゲームの後に話合いをするなどの機会を設ける。

〈解説〉(1) 球技は，ゴール型，ネット型及びベースボール型などから構成され，個人やチームの能力に応じた作戦を立て，集団対集団，個人対個人で勝敗を競うことに楽しさや喜びを味わうことのできる運動である。高等学校では「作戦や状況に応じた技能や仲間と連携した動きを高めてゲームが展開できるようにする」ことが求められる。
(2) 必ず公式のルールで行わなければならないということではなく，実態に応じて生徒が合意形成しながら，自分達でルールやコートの広さ，使用する用具等を決めることも必要といえる。 (3) 様々な方法が考えられるが，教師側からの一方的な課題や運動プログラムの提示にならないことが大切である。ICT機器を活用して動きの映像を撮影し，友達同士で見合うことで，教え合いを促進することも一つの方法として考えられるだろう。

【4】(1) ア (2) イ (3) ウ (4) ア (5) イ

〈解説〉水泳の指導については，学校体育実技指導資料第4集「水泳指導の手引(三訂版)」(文部科学省)で詳細を学習しておくとよいだろう。
(1) 水の抵抗を最小限に抑えることが，スピード低下の解消につながる。 (2) アはクロール，ウはバタフライについての助言である。

(3)　左右の肩がローリングすることで，リカバリーがスムーズに行えることにつながる。　(4)　イは平泳ぎ，ウはクロールでの助言である。　(5)　ターンにおいて，水の抵抗を受けることがタイムロスにつながるので，抵抗の少ない姿勢で回転することが重要である。

【5】(1)　ア　(2)　イ　(3)　イ　(4)　①　選択　②　継続

〈解説〉(1)　イは得意技，ウは連絡技についての説明である。
(2)　アとウについては，二つの技を違う方向にかける技の連絡である。
(3)　アは出ばな技，ウは払い技である。　(4)　基本的には，生徒選択ができるように複数種目が開設できると良いが，実際には，施設用具等の関係で学校選択となっている状況が多く見られる。武道は，安全面も考慮して特に段階的な指導が必要とされる。前学年の学びを生かせるように，継続して学習できるよう同じ種目を取り上げることが望ましいだろう。

【6】①　カ　②　ス　③　サ　④　ウ　⑤　ク　⑥　エ　⑦　オ　⑧　コ

〈解説〉マット運動の入学年次では，「回転系や巧技系の基本的な技を滑らかに安定して行うこと，条件を変えた技，発展技を行うこと，それらを構成し演技すること」を，その次の年次以降では「回転系や巧技系の基本的な技を滑らかに安定して行うこと，条件を変えた技，発展技を滑らかに行うこと，それらを構成し演技すること」をねらいとしている。

【7】①　オープンスキル　②　クローズドスキル　③　試行錯誤　④　自動化　⑤　体力の高め方　⑥　気象

〈解説〉「運動やスポーツの効果的な学習の仕方」については，第2学年で取り扱う内容となっている。　①　オープンスキルとは，外的要因に左右される状況下で発揮される技能であり，柔道，サッカー，バレーボール等で用いられる。　②　クローズドスキルとは，外的要因に左右されない状況下で発揮される技能であり，器械運動，水泳，陸上競技等で用いられる。　③④　試行錯誤の段階とは，これまでにやったことのない，まったく新しい運動を始める時に直面する最初の段階である。意図的な調整の段階とは，初期段階で獲得した運動の理解や計画を実際の動きとして形成・洗練し安定させていく段階である。自動化の段階とは，運動それ自体に意識を集中させなくても，自然に良い動きができるようになってくる段階である。　⑤　私たちが生存し活動するために体に備わった能力を体力という。体力には，環境に働きかけて積極的によりよく生きていくために必要な行動力と，生きるために最小限必要な生存力とがある。行動力には，筋活動によって発揮されるエネルギーの大きさを決める能力(エネルギー的体力)と，そのエネルギーの使い方を調整する能力(サイバネティックス的体力)とがあり，スポーツ種目によって求められる要素が異なる。

⑥　気象条件に関連して，近年では熱中症による病院搬送などの報道が多くなされている。指導の際には気温や湿度について測定すると共に，活動場所の選択や場合によっては運動中止などの判断も必要になってくる。

2015年度　実施問題

【中学校】

【1】次の文は,「中学校学習指導要領解説　保健体育編」(平成20年9月)に示されている第3学年の「体育分野」の目標である。下の各問いに答えなさい。

運動の合理的な実践を通して，運動の楽しさや喜びを味わうとともに，知識や技能を高め，ア　生涯にわたって運動を豊かに実践することができるようにする。

運動を適切に行うことによって，イ　自己の状況に応じて体力の向上を図る能力を育て，心身の調和的発達を図る。

運動における競争や協同の経験を通して，公正に取り組む，互いに協力する，自己の責任を果たす，参画するなどの意欲を育てるとともに，ウ　健康・安全を確保して，生涯にわたって運動に親しむ態度を育てる。

(1) 下線アについて，現行の「中学校学習指導要領解説　保健体育編」では，「高等学校との発達の段階のまとまりを踏まえて，少なくとも一つの運動やスポーツに親しむことができるようにすることを目指し」と示しているが，第3学年における体育分野の各領域の取扱いについて説明しなさい。

(2) 下線イについて，現行の「中学校学習指導要領解説　保健体育編」では，「個人差を踏まえ，運動に積極的に取り組む者とそうでない者，それぞれに応じて体力の向上を図る能力を育てること」の大切さを示しているが，義務教育の修了段階における体力の向上を図る能力について説明している次の文の(　　)に当てはまる語句を答えなさい。

体力の向上を図る能力として，目的に適した(　①　)を立て取り組むことができるようにすることや運動に関連して高まる体力やその(　②　)を理解しておくことが大切である。

(3)　下線ウについて，解説している次の文の(　　)に当てはまる語句を下の語群からそれぞれ1つ選び，記号で答えなさい。

自主的に取り組む生涯スポーツの実践場面を想定して，(　①　)に応じて運動量を調整したり，仲間や相手の技能・(　②　)の程度に配慮したり，(　③　)や場の安全を確認するなどして，自分や仲間のけがや事故の危険性を最小限にとどめるなど自ら健康・安全を確保できるようにする態度の育成が重要であることを示したものである。

語群

ア　環境　　イ　体調　　ウ　態度　　エ　体力　　オ　用具

(☆☆☆◎◎◎)

【2】次の表は，「『生きる力』を育む中学校保健教育の手引き」(平成26年3月)に示されている「保健教育で用いられる指導方法の例」を踏まえまとめたものである。下の各問いに答えなさい。

指導方法	健康課題やその解決方法に関する具体的な活動	活用例
(①)	仮説を設定し、これを検証したり、解決したりする。	(⑥)
(②)	様々なアイデアや意見を出していく。	・運動の効果
課題学習	(④)	・健康と環境 ・喫煙、飲酒、薬物乱用の防止
(③)	実物等を用いて体を動かす。	(⑦)
インターネット、図書、視聴覚教材の活用	(⑤)	・医薬品の正しい使い方 ・エイズの現状

(1)　(　①　)～(　③　)に当てはまる指導方法を答えなさい。

(2)　(　④　)，(　⑤　)に当てはまる具体的な活動を次の選択肢からそれぞれ1つ選び，記号で答えなさい。

ア　実情を見に行ったり，課題解決に必要な情報に詳しい人に質問したりする。

イ　設定された課題に対して，生徒自ら調べるなどの自主的，主体的な活動を通じて，解決方法を導き出す。

ウ　コンピュータや図書館等を利用して，情報を収集する。

エ　健康課題に直面する場面を設定し，当事者の心理状態や対処の仕方等を疑似体験する。

(3)　(　⑥　)，(　⑦　)に当てはまる活用例を次の選択肢からそれぞれ1つ選び，記号で答えなさい。

ア　ストレスへの対処方法

イ　照度計による教室内の明るさの測定

ウ　交通事故や自然災害の原因調べ

エ　心肺蘇生の意義と方法

(☆☆☆◎◎◎)

【3】「中学校学習指導要領解説　保健体育編」(平成20年9月)に示されている各領域及び内容の取扱いについて，次の各問いに答えなさい。

(1)　体つくり運動の領域は，各学年において，授業時数を何単位時間以上配当することとしているか答えなさい。

(2)　体つくり運動の「体力を高める運動」について，第1学年及び第2学年においては，ねらいに応じて運動を行うとともに，それらを組み合わせて運動の計画に取り組むこととなっている。ねらいに応じて行う4つの運動のうち2つ答えなさい。

(3)　第1学年及び第2学年の器械運動の運動種目は，どのように選択して履修することとしているか答えなさい。

(4)　陸上競技の運動種目のうち競走種目を1つ答えなさい。

(5)　第3学年で「ゴール型」，「ネット型」，「ベースボール型」の球技を選択させる際に，履修に関して配慮することを答えなさい。

(6)　水泳の指導に当たっては，悪天候などの気象条件の影響を受け，教室で学習することも考えられるが，指導計画をどのように工夫することができるか答えなさい。

(☆☆☆◎◎◎)

【4】次の各問いに答えなさい。

(1) 次の表は,「学校体育実技指導資料　第4集　水泳指導の手引(三訂版)」(平成26年3月)に示されている。「泳法指導の要点」の「表1 各段階に応じた動きのポイント(例)」の一部である。次の(　　)に当てはまる語句を下の語群からそれぞれ1つ選び,記号で答えなさい。ただし,同じ番号には同じ語句が入るものとする。

		中学校第1、2学年	中学校第3学年以降
クロール	基本姿勢	（ ① ）動作	より大きな（ ① ）
	キック	強いキック〈強弱〉	足首をしなやかに
	プル	（ ② ）字プル 〈ハイエルボー〉	リラックスした（ ④ ）動作、 加速しながらのプル動作
平泳ぎ	基本姿勢	より長く伸びる姿勢	さらに伸びる姿勢
	キック	より多くの推進力を得る	（ ⑤ ）の開きを抑え、抵抗を減らす
	プル	（ ③ ）型	強弱をつけてかく 素早いかき込みと（ ④ ）

語群

ア　逆ハート　　イ　S　　ウ　リカバリー

エ　L　　オ　膝　　カ　ローリング

キ　足首　　ク　ハート

(2) 次の表は,「評価規準の作成,評価方法等の工夫改善のための参考資料(中学校　保健体育)」(平成23年11月)に示されている「『D 水泳』の評価規準の設定例」の一部である。第1,2学年の評価規準設定例を番号で5つ選びなさい。

運動への 関心・意欲・態度	運動についての 思考・判断	運動についての 知識・理解
①水泳の学習に積極的に取り組もうとしている。 ②水泳の学習に主体的に取り組もうとしている。 ③友達と励まし合ったり，補助し合ったりして練習をしようとしている。 ④仲間の学習を援助しようとしている。	⑤課題の解決の仕方を知るとともに，自分の課題に合った練習の場や方法を選んでいる。 ⑥課題に応じた練習方法を選んでいる。 ⑦泳法を身に付けるための運動の行い方のポイントを見付けている。 ⑧選択した泳法について，自己の改善すべきポイントを見付けている。	⑨競技会の仕方について，学習した具体例を挙げている。 ⑩水泳の特性や成り立ちについて，学習した具体例を挙げている。

(☆☆☆◎◎◎)

【5】次の各文は，「中学校学習指導要領解説　保健体育編」(平成20年9月)に示されている，第3学年の指導内容と説明の一部である。次の文中の(　　)に当てはまる語句を答えなさい。

(1)　器械運動(態度)

器械運動に自主的に取り組むとともに，よい演技を讃えようとすること，自己の責任を果たそうとすることなどや，健康・安全を確保することができるようにする。

○　「よい演技を讃えようとする」とは，自分の出来にかかわらず仲間のよい演技を賞賛するなど，仲間のよい動き方やよい演技を客観的な立場から，自己の状況にかかわらず讃えようとすることを示している。そのため，仲間のよい演技を賞賛することは，(　①　)を深めること，マナーの一つであること，互いに讃え合うことで器械運動の楽しさが高まることを理解し，取り組めるようにする。

○　「自己の責任を果たそうとする」とは，練習や発表会の運営などで仲間と互いに(　②　)した役割に，責任をもって自主的に取り組もうとすることを示している。

(2)　陸上競技(技能)

次の運動について，記録の向上や競争の楽しさや喜びを味わい，各種目特有の技能を身に付けることができるようにする。

○　走り幅跳びでは，助走のスピードとリズミカルな動きを生かして力強く踏み切り，より遠くへ跳んだり，競争したりできるようにする。

「力強く踏み切って」とは，速い助走から適切な(　①　)で跳び出すために地面を強くキックすることである。

○　走り高跳びでは，リズミカルな助走から力強く踏み切り，はさみ跳びや背面跳びなどの跳び方で，より高いバーを越えたり，競争したりできるようにする。

なお，「背面跳び」は競技者の間に広く普及している合理的な跳び方であるが，すべての生徒を対象とした学習では，中学生の技能レベルや器具・用具等の面から危険な場合もあると考えられる。したがって，指導に際しては，個々の生徒の技能や器具・用具等の安全性などの条件が十分に整っており，さらに生徒が安全を考慮した(　②　)な学び方を身に付けている場合に限って実施することとする。

(3)　武道(知識，思考・判断)

伝統的な考え方，技の名称や見取り稽古の仕方，体力の高め方，運動観察の方法などを理解し，自己の課題に応じた運動の取り組み方を工夫できるようにする。

○ 「技の名称や見取り稽古の仕方」では，武道の各種目で用いられる技の名称があることを理解できるようにする。また，見取り稽古とは，武道特有の練習方法であり，他人の稽古を見て，相手との距離の取り方や相手の隙をついて勢いよく技をしかける(　①　)，技のかけ方や武道特有の(　②　)などを学ぶことも有効な方法であることを理解できるようにする。

(☆☆☆◎◎◎)

【6】次の各文は,「中学校学習指導要領解説　保健体育編」(平成20年9月)に示されている,「体育理論」の内容の取扱い及び指導内容である。次の各問いに答えなさい。

(1)　次の文中の(　　)に当てはまる語句を答えなさい。

「H体育理論」は，各学年において，すべての生徒に履修させるとともに,「指導計画の作成と内容の取扱い」に，授業時数を各学年で(　　)単位時間以上を配当することとしているので，この点を十分考慮して指導計画を作成する必要がある。

(2)　次の文中の(　a　),(　b　)に当てはまる語句を答えなさい。

「H体育理論」の内容に加え，各領域との関連で指導することが効果的な各領域の特性や成り立ち，技術の名称や(　a　)などの知識については，各領域の「(3)知識，思考・判断」に示すこととし，知識と(　b　)を相互に関連させて学習させることにより，知識の重要性を一層実感できるように配慮しているので，この点を十分考慮して指導すること。

(3)　体育理論の授業を進めるに当たって,「理解できるようにする」,「触れるようにする」,「取り上げる程度とする」の指導内容がある。次に示した指導内容の中で,「理解できるようにする」内容を2つ選び，記号で答えなさい。

ア　運動やスポーツの歴史・記録などを書物やインターネットなどを通して調べるかかわり方があること。

イ　体力には,「健康に生活するための体力」と「運動をするための体力」があること。

ウ　スポーツには民族や国，人種や性，障害の有無，年齢や地域，風土といった違いを超えて人々を結び付ける文化的な働きがあること。

エ　運動やスポーツは，心身両面への効果が期待できること。

(☆☆☆◎◎◎)

【7】次の表は,「学校体育実技指導資料　第9集　表現運動系及びダンス指導の手引」(平成25年3月)に示されている,「『三つのダンス』の特性と重点的な内容」を踏まえまとめたものである。下の各問いに答えなさい。

	創作ダンス	現代的なリズムのダンス	フォークダンス
運動の特性	自由に動きを工夫して表したい(①)を踊り表現する。	ロックやサンバ、ヒップホップなどのリズムに乗って自由に友達と関わって踊る。	日本や外国の伝承された踊りを身に付けてみんなで一緒に踊って(②)する。
特性と関わる重点	(①)になりきって自由に踊る。	リズムに乗って自由に踊る。	踊りを共有して人と(②)して踊る。
主な技能の内容	(③)	変化とまとまりをつけて連続して踊る。	(④)
工夫の視点や楽しみ方	(⑤)	(⑥)	踊りの特徴や感じの違い

(1) (　①　), (　②　)に当てはまる語句を答えなさい。ただし,同じ番号には同じ語句が入るものとする。

(2) (　③　)~(　⑥　)に当てはまるものを次の選択肢からそれぞれ1つ選び,記号で答えなさい。

ア　即興的な表現と作品創作の二つの楽しみ方

イ　基本的なステップや組み方を身に付けて通して皆で踊る。

ウ　音楽のリズムと動きの多様な関わり

エ　「はじめ－なか－おわり」の「ひとまとまりの動き」にして踊る。

オ　踊り方の難易度等(易しい－難しい,単純－複雑)

(☆☆☆◎◎◎)

【高等学校】

【1】次の各問いに答えなさい。

(1)　次の文は，「高等学校学習指導要領解説　保健体育編・体育編」(平成21年12月)に示されている「保健体育科」の目標である。(　　)に当てはまる語句を答えなさい。

心と体を一体としてとらえ，健康・安全や運動についての理解と運動の(　①　)的，(　②　)的な実践を通して，生涯にわたって豊かな(　③　)を継続する資質や能力を育てるとともに健康の保持増進のための(　④　)の育成と体力の向上を図り，明るく豊かで活力ある生活を営む態度を育てる。

(2)　保健体育科に属する科目「体育」の標準単位数を答えなさい。

(3)　入学年次における「器械運動」，「陸上競技」，「水泳」，「球技」，「武道」，「ダンス」の領域の取扱いについて，どのように選択して履修できるようにするか，説明しなさい。

(4)　科目「保健」の履修学年について，適切なものを次の選択肢から1つ選び，記号で答えなさい。

ア　全日制，定時制及び通信制などのいずれの課程にあっても，原則として入学年次に履修させ，その次の年次以降はそれぞれの学校の実態に応じて履修させる。

イ　全日制，定時制及び通信制などのいずれの課程にあっても，原則として入学年次及びその次の年次の2か年にわたり履修させる。

ウ　全日制，定時制及び通信制などのいずれの課程にあっても，原則としてそれぞれの学校の実態に応じて履修させる。

エ　全日制の課程にあっては，原則として入学年次及びその次の年次の2か年にわたり履修させ，定時制及び通信制の課程にあっては，それぞれの学校の実態に応じて履修させる。

(☆☆☆◎◎◎)

【2】「高等学校学習指導要領解説　保健体育編・体育編」(平成21年12月)に示されている科目「保健」の指導内容及び指導方法について，次の各問いに答えなさい。

(1) 次の文の(　　)に当てはまる語句を下の語群から選び，記号で答えなさい。

健康な結婚生活について，心身の発達や健康状態など(　①　)の立場から理解できるようにする。

その際，受精，妊娠，出産とそれに伴う健康課題について理解できるようにするとともに，(　②　)の意義や(　③　)の心身への影響などについても理解できるようにする。また，結婚生活を健康に過ごすには，自他の健康への(　④　)，良好な人間関係や家族や周りの人からの支援，及び(　⑤　)への健康診査の利用などの保健・医療サービスの活用が必要なことを理解できるようにする。

【語群】

①	ア　個人	イ　集団	ウ　保健	エ　社会
②	ア　家族計画	イ　夫婦計画	ウ　出産計画	エ　育児計画
③	ア　避妊	イ　人工妊娠中絶	ウ　環境	エ　食生活
④	ア　達成感	イ　責任感	ウ　使命感	エ　信頼感
⑤	ア　母親	イ　新生児	ウ　母子	エ　乳児

(2) 次の文の(　　)に当てはまる語句の組合せをあとの語群から1つ選び，記号で答えなさい。

健康への影響や被害を防止するには，汚染物質の大量発生を抑制したり，発生した汚染物質を処理したりすることなどが必要であることを理解できるようにする。また，そのために環境基本法などの法律等が制定され，(　①　)の設定，(　②　)の規制，(　③　)の整備などの総合的・計画的な対策が講じられていることを理解できるようにする。

【語群】

	①	②	③
ア	排出基準	環境汚染	自然環境
イ	環境基準	排出物	自然環境
ウ	環境基準	排出物	監視体制
エ	排出基準	環境汚染	監視体制

(3)「健康の保持増進と疾病の予防」の「喫煙，飲酒と健康」の内容について，喫煙や飲酒による健康課題を防止するために必要な個人への働きかけについて示された，次の文の(　　)に当てはまる語句を答えなさい。

喫煙や飲酒による健康課題を防止するには，正しい(　　)の普及，健全な価値観の育成などの個人への働きかけ，及び法的な整備も含めた社会環境への適切な対策が必要である。

(☆☆☆◎◎◎)

【３】「高等学校学習指導要領解説　保健体育編・体育編」(平成21年12月)の武道領域に示された内容について，次の各問いに答えなさい。

(1) 次の文は，柔道の技能について，説明したものである。(　　)に当てはまる語句を下の語群から選び，記号で答えなさい。ただし，(　　)には同じ語句が入る。

指導に際しては，投げ技では，二人一組の対人で，崩し，(　　)，受け身を用いて投げ技の基本となる技や発展技を扱うようにするとともに，二つの技を同じ方向にかける技の連絡，二つの技を違う方向にかける技の連絡など系統別にまとめて扱うようにする。また，固め技では，固め技の姿勢や(　　)を用いながら，基本となる技や発展技を扱うようにするとともに，A　固め技の連絡ができるようにすることが大切である。また，相手の技をそのまま切り返したり，その技の力を利用して効率よく投げたりする変化技を系統的・発展的に扱うようにすることが大切である。

【語群】

ア　変化　　イ　体さばき　　ウ　打突

(2) 上の文の下線部A 固め技の連絡について，連絡技の例を1つ答えなさい。

(3) 武道の「態度」の指導内容について，次の文の(　　)に当てはまる語句を答えなさい。

けがを未然に防ぐために必要に応じて危険の(　　)をしながら回避行動をとる。

(☆☆☆◎◎◎)

【4】「評価規準の作成，評価方法等の工夫改善のための参考資料　高等学校　保健体育」(平成24年7月)に示された内容について，次の各問いに答えなさい。

(1) 体育における観点別評価について，次の文の(　　)に当てはまる語句を下の語群から選び，記号で答えなさい。ただし，同じ番号には同じ語句が入る。

運動の楽しさや喜びを深く味わえるよう(　①　)段階で培った基礎的な運動の技能や知識を生徒の状況に応じて伸長させるとともに，それらを活用して，自らの運動課題を解決するなどの学習を(　②　)行うことが重要である。

そして，学習指導の改善を進めると同時に，学習評価においても，各観点ごとの評価を(　②　)行うことが重要である。

【語群】

①	ア　中学校	イ　義務教育	ウ　幼児教育
②	ア　主体的に	イ　計画的に	ウ　バランスよく

(2) 評価方法の工夫について，次の文の(　　)に適する語句を答えなさい。ただし，同じ番号には同じ語句が入る。

「関心・意欲・態度」と「運動の技能」の観点の評価は，主に(　①　)によって評価を行う。

「思考・判断」と「知識・理解」の観点の評価は，主に(　②　)等の記述から評価を行う。さらに，生徒の発言等の(　①　)評価によって得られた評価情報を加味するなどして評価の妥当性，(　③　)性等を高める工夫が考えられる。

(☆☆☆◎◎◎)

【5】次の文は，「高等学校学習指導要領解説　保健体育編・体育編」(平成21年12月)に示された陸上競技領域のねらいと指導内容の説明の一部である。(　　)に当てはまる語句を答えなさい。ただし，同じ番号には同じ語句が入る。

(1) 「短距離走・リレー」

「中間走の高いスピードを維持して速く走ること」をねらいとする。

「中間走の高いスピードを維持して」とは，(　①　)での加速を終え，ほぼ定速で走る区間の走りを，走る距離に応じた高いスピードをできる限り(　②　)近くまで保つことである。

(2) 「長距離走」

「(　③　)の変化に対応するなどして走ること」をねらいとする。

「(　③　)の変化に対応するなどして走ること」とは，自ら変化のある(　③　)を設定して走ったり，仲間の(　③　)の変化に応じて走ったりすることである。

(3) 「ハードル走」

「スピードを維持した走りからハードルを(　④　)リズミカルに越すこと」をねらいとする。

「ハードルを(　④　)リズミカルに越す」とは，ハードルを(　④　)走り越し，ハードリングをインターバルの(　⑤　)歩の早いリズムに近づけることである。

(4) 「走り幅跳び」

「スピードに乗った助走と力強い踏み切りから(　⑥　)までの動きを滑らかにして跳ぶこと」をねらいとする。

「動きを滑らかにして」とは，踏み切り準備でスピードを落とさないようにして踏み切りに移り，自己に合った(　⑦　)から脚を前に投げ出す(　⑥　)動作までを一連の動きでつなげることである。

(5) 「砲丸投げ」

「立ち投げなどから砲丸を突き出して投げること」をねらいとする。

「突き出して投げる」とは，砲丸を顎(あご)の下に保持した姿勢から，肘や肩に負担がかからないよう(　⑧　)に砲丸を押し出す動きのことである。

(☆☆☆◎◎◎)

【6】次の文は，「高等学校学習指導要領解説　保健体育編・体育編」(平成21年12月)に示されている球技領域の「知識，思考・判断」の指導内容である。下の各問いに答えなさい。

A　技術などの名称や行い方，体力の高め方，B　課題解決の方法，C　競技会の仕方などを理解し，D　チームや自己の課題に応じた運動を継続するための取り組みを工夫できるようにする。

(1) 次の文は，下線部A　技術などの名称や行い方について，説明したものである。(　　)に当てはまる語句を下の語群から選び，記号で答えなさい。

球技の各型の各種目において用いられる(　①　)の技術やチームとしての(　②　)の名称があること，(　③　)ごとに技術の名称があり，それぞれの技術には，技能の向上につながる重要な動きのポイントがあること，また，それらをゲーム中に適切に発揮することが攻防のポイントとなること，それらを高めるための安全で(　④　)な練習の仕方があることを理解できるようにする。

【語群】

①	ア　集団	イ　特有	ウ　個人	エ　試合
②	ア　作戦や戦術	イ　練習方法	ウ　技術	エ　ルール
③	ア　発達の段階	イ　局面	ウ　試合	エ　個人
④	ア　主体的	イ　合理的	ウ　継続的	エ　実践的

(2) 次の文は，下線部B　課題解決の方法について，その過程を示したものである。(　　)に当てはまる語句を答えなさい。ただし，同

じ番号には同じ語句が入る。

[課題解決に向けた過程]

1　自己に応じた(　①　)の設定

2　(　①　)を達成するための課題の設定

3　課題解決のための練習法などの(　②　)と実践

4　ゲームなどを通した学習成果の(　③　)

5　新たな(　①　)の設定

(3)　下線部C　競技会の仕方について，どのような試合方式があるか1つ答えなさい。

(4)　下線部D　チームや自己の課題に応じた運動を継続するための取り組み方を工夫について，入学年次の次の年次以降については，どのような視点を重視することが大切であるか答えなさい。

(☆☆☆◎◎◎)

【7】「高等学校学習指導要領解説　保健体育編・体育編」(平成21年12月)に示された体育理論領域の内容の取扱い及び指導内容について，次の各問いに答えなさい。

(1)　次の文の(　　)に当てはまる語句を下の語群から選び，記号で答えなさい。

運動やスポーツに関する基礎的な知識は，意欲，思考力，運動の技能などの源となるものであり，確実な定着を図ることが重要であることから，各領域に(　　)する内容や，まとまりで学習することが効果的な内容に精選するとともに，中学校との接続を考慮して単元を構成し，十分な定着が図られるよう配慮したものである。

【語群】

ア　分担　　イ　共通　　ウ　区別

(2)　次の文は，体育理論の授業時数を各年次で6単位時間以上を配当することとした理由について，説明したものである。(　　)に当てはまる語句を答えなさい。

事例などを用いた(　　)や課題学習などを各学校の実態に応じて

取り入れることができるように配慮したためである。

(3) 次の文は，入学年次で取り扱う「スポーツの歴史，文化的特性や現代のスポーツの特徴」の中の「オリンピックムーブメントとドーピング」について，説明したものである。(　　)に当てはまる語句を答えなさい。ただし，同じ番号には同じ語句が入る。

現代のスポーツは，国際親善や世界(　①　)に大きな役割を果たしており，その代表的なものにオリンピックムーブメントがあること，オリンピックムーブメントは，オリンピック競技大会を通じて，人々の友好を深め世界の(　①　)に貢献しようとするものであることを理解できるようにする。

また，競技会での勝利によって賞金などの報酬が得られるようになるとドーピング(禁止薬物使用等)が起こるようになったこと，ドーピングは不当に勝利を得ようとする(　②　)の精神に反する不正な行為であり，能力の限界に挑戦するスポーツの文化的価値を失わせる行為であることを理解できるようにする。

(☆☆☆◎◎◎)

解答・解説

【中学校】

【1】(1)　・体つくり運動及び体育理論については，すべての生徒に履修(必修)させること。　・器械運動，陸上競技，水泳，ダンスについては，これらの中から1以上を選択して履修できるようにすること。
・球技，武道については，これらの中から1以上を選択して履修できるようにすること。　(2) ①　運動の計画　　②　高め方
(3) ①　イ　　②　エ　　③　オ

〈解説〉(1)　第3学年では，自己に適した運動の経験を通して，義務教育の修了段階においての「生涯にわたって運動を豊かに実践する」ため

の基礎となる知識や技能を身に付け，選択した運動種目等での運動実践を深めることができるようにすることを示している。　(2)「運動に積極的に取り組む者とそうでない者」の二極化は，中央教育審議会答申でも指摘された問題点である。これを解消するため「体育と保健を一層関連させて指導することが重要」としている。

【2】(1)　①　実験　　②　ブレインストーミング　　③　実習
(2)　④　イ　　⑤　ウ　　(3)　⑥　イ　　⑦　エ

〈解説〉保健分野の指導に際しては，知識を活用する学習活動を取り入れるなどの指導方法の工夫を行うことが必要である。これは，知識の習得を重視した上で，知識を活用する学習活動を積極的に行うことにより，思考力・判断力を育成していく。指導にあたっては，事例などを用いたディスカッション，ブレインストーミング，心肺蘇生法などの実習，実験，課題学習などを取り入れる。また，コンピュータの活用，養護教諭や栄養教諭，学校栄養職員などの専門性を有する教職員等の参加・協力を推進すること等，多様な指導方法の工夫を行うよう配慮する。なお，実習を取り入れる際には，応急手当の意義や手順など，該当する指導内容を理解できるようにすることに留意する必要がある。

【3】(1)　各学年で7単位時間以上　　(2)　体の柔らかさを高めるための運動，巧みな動きを高めるための運動，力強い動きを高めるための運動，動きを持続する能力を高めるための運動，のうちから2つ
(3)　マット運動，鉄棒運動，平均台運動，跳び箱運動の中から，マット運動を含む2を選択して履修する。　(4)　短距離走・リレー，長距離走，ハードル走から1つ　　(5)　3つの型の中から，自己に適した2つの型を選択できるようにすること。　　(6)　・「保健分野の応急手当と関連させた学習」などの指導計画を工夫する。　　・視聴覚教材で泳法を確かめたり，課題を検討したりする学習を工夫する。(以上から1つ)

〈解説〉(1)(2) 「体つくり運動」「体育理論」は各学年，全生徒に履修させるものであり，体つくり運動は各学年で7単位時間以上，体育理論は各学年で3単位時間以上履修することとしている。 (3) なお，第3学年においては，マット運動，鉄棒運動，平均台運動及び跳び箱運動の中から選択して履修できるようにすることとしている。 (4) 陸上競技の運動種目は，競走種目(短距離走・リレー，長距離走，ハードル走)から1以上を，跳躍種目(走り幅跳び，走り高跳び)から1以上をそれぞれ選択して履修できるようにすることとしている。 (5) 第1学年及び第2学年では，2年間で3つの型のすべてを選択して履修できるようにすることとしている。

【4】(1) ① カ ② イ ③ ア ④ ウ ⑤ オ
(2) ①，④，⑥，⑦，⑩

〈解説〉(1) 一般的にローリングとは息継ぎのため，体全体を少し回転させることである。また，平泳ぎのキックは肩幅程度開くのがよいとされている。 (2) ②は高等学校その次の年次以降，③は小学校第3学年及び第4学年，⑤は小学校第5学年及び第6学年，⑧は中学校第3学年及び高等学校入学年次，⑨は高等学校その次の年次以降である。

【5】(1) ① コミュニケーション ② 合意 (2) ① 角度 ② 段階的 (3) ① 機会 ② 気合い

〈解説〉指導内容については，第1～2学年と比較し，相違点とその意味を学習指導要領解説で確認しておきたい。例えば，器械運動の「よい演技を讃えようとする」について，第1～2学年では「よい演技を認めようとする」となっており，その意味について学習指導要領解説では，課題がよりよくできた際に声をかけるなど，繰り返し練習している仲間の努力やよい演技を認めようとすることであり，その効果として，お互いの運動意欲が高まるといったことをあげている。

【6】(1)　3　　(2)　a　行い方　　b　技能　　(3)　ウ，エ

〈解説〉(1)(2)は内容の取扱いに関する問題，(3)は指導内容に関する問題である。数値等については混同に注意したい。(3)のアは「触れるようにする」，イは「取り上げる程度とする」となっている。

【7】(1)　①　イメージ　　②　交流　　(2)　③　エ　　④　イ　⑤　ア　　⑥　ウ

〈解説〉ダンスの位置づけとして，学習指導要領解説では「イメージをとらえた表現や踊りを通した交流を通して仲間とのコミュニケーションを豊かにすることを重視する運動」「仲間とともに感じを込めて踊ったり，イメージをとらえて自己を表現したりすることに楽しさや喜びを味わうことのできる運動」としている。特に，中学校では「イメージ」「リズム」「交流や発表」などがキーワードになっていることをおさえておきたい。

【高等学校】

【1】(1)　①　合理(計画)　　②　計画(合理)　　③　スポーツライフ　④　実践力　　(2)　7～8単位　　(3)　器械運動，陸上競技，水泳及びダンスについては，これらの中から1つ以上を，球技及び武道については，これらの中から1つ以上をそれぞれ選択して履修できるようにすること。　(4)　イ

〈解説〉(1)　学習指導要領に関する問題で，教科目標は最頻出であるため，全文暗記が望ましい。また，各語の意味についても学習指導要領解説で確認するとよい。　(2)　「体育」の標準単位数を7～8単位と幅をもって示したのは，各学校でそれぞれ適切な教育課程を編成することができるように配慮したからである。なお，「保健」の標準単位数は，2単位である。　(3)　その次の年次以降においては器械運動，陸上競技，水泳，球技，武道，ダンスの中から，2領域以上を選択して履修できるようにすることとしている。

【2】(1) ① ウ ② ア ③ イ ④ イ ⑤ ウ
(2) ウ (3) 知識

〈解説〉(1)は「生涯を通じる健康」の「生涯の各段階における健康」，(2)は「社会生活と健康」の「環境と健康」，(3)は「現代社会と健康」の「健康の保持増進と疾病の予防」の指導内容からの出題である。保健科目は「生涯を通じる健康」「社会生活と健康」「現代社会と健康」で構成されており，入学年次及びその次の年次の2か年にわたり履修することとしている。2か年にわたって履修する理由として，学習指導要領解説では「高等学校においてもできるだけ長い期間継続して学習し，健康や安全についての興味・関心や意欲を持続させ，生涯にわたって健康で安全な生活を送るための基礎となるよう配慮した」としている。

【3】(1) イ (2) (例) けさ固め → 横四方固め (3) 予測

〈解説〉(2) 固め技の連絡とは，受けの応じ方に対応して，自分の抑え技を連絡させることを指す。例えば，「けさ固め → 横四方固め」は，受けがうつぶせになろうとする時，横四方固めに連絡させることを指し，「横四方固め → 上四方固め」は，受けが肩を押して逃れようとする時，上四方固めに連絡することを指す。

【4】(1) ① イ ② ウ (2) ① 観察 ② 学習ノート
③ 信頼

〈解説〉(1) 保健体育では小学校から高等学校までの12年間を「各種の運動の基礎を培う時期」「多くの領域の学習を経験する時期」「卒業後に少なくとも1つの運動やスポーツを継続することができるようにする時期」の3つに分けて構成されており，特に高等学校では「中学校までの学習の成果を踏まえ，少なくとも1つの運動やスポーツの特性や魅力に深く触れることができるようにすることが求められる」としている。文中にある「中学校まで」は「義務教育段階」と読み替えることができるので，①にはイが適切と考えられる。②は文章の流れでも判断できるだろう。

【5】(1) ① スタートダッシュ ② フィニッシュ (2) ③ ペース (3) ④ 低く ⑤ 3 (4) ⑥ 着地 ⑦ 空間動作 (5) ⑧ 直線的

〈解説〉(1) 短距離走は一般的に，スタートからの加速，スタートの加速を利用した中間走，フィニッシュを含めた減速の3区間で考えることができる。走る速さを上げるためには最高速度に導く加速速度を上げること，最高速度そのものを上げること，減速をできるだけ遅めることが考えられる。 (3) ハードル走については跳び方などの問題点を解消するための練習方法も頻出なので，まとめておくとよい。

(5) 砲丸投げを含む投てきは，高等学校からの種目である。特に，安全面に関する配慮が必要になるので，その点も学習しておきたい。

【6】(1) ① ウ ② ア ③ イ ④ イ (2) ① 目標 ② 選択 ③ 確認 (3) トーナメント，リーグ戦など

(4) 卒業後に豊かなスポーツライフを継続できるようにするための視点

〈解説〉(1) 球技は個人戦と団体戦があり，団体戦ではそれぞれの個人の技術などが融合してチームの特色になること，試合では相手チームの特色などを踏まえて，作戦や戦術を考えて行うことが考えられる。作戦や戦術の言葉の使い分けにも注意しよう。 (2) 課題解決に向けた過程は，PDCAサイクルと類似していることに注意しよう。

(3) トーナメント(勝ち上がり)方式，リーグ戦(総当たり方式)，トーナメントリーグ戦方式，予選決勝方式などから1つ答えるとよいだろう。

【7】(1) イ　(2) ディスカッション　(3) ① 平和　② フェアプレイ

〈解説〉(3) オリンピックムーブメントは,「スポーツを通して心身を向上させ,さらには文化・国籍など様々な差異を超え,友情,連帯感,フェアプレーの精神をもって理解し合うことで,平和でよりよい世界の実現に貢献する」というオリンピリズムを実現する活動を表す。ドーピングは特に,フェアプレーの精神に反するものであり,フェアプレーの精神を構成する最善を尽くすこと(Excellence),仲間を信じること(Friendship),他者を尊敬すること(Respect)を損なうものと位置づけられている。

2014年度　実施問題

【中学校】

【1】次の文は,「中学校学習指導要領　解説　保健体育編」(平成20年9月)に示されている「保健体育科」の目標である。下の(1)～(3)の各問いに答えなさい。

心と体を一体としてとらえ，運動や健康・安全についての理解と運動の合理的な実践を通して，ア　生涯にわたって運動に親しむ資質や能力を育てるとともにイ　健康の保持増進のための実践力の育成とウ　体力の向上を図り，明るく豊かな生活を営む態度を育てる。

(1)　下線アについて，次の文章の(　①　)～(　③　)に適する語句をあとの語群から1つ選び，記号で答えなさい。

体を動かすことが，情緒面や知的な発達を促し，集団的活動や身体表現などを通じて(　①　)を育成することや，筋道を立てて練習や作戦を考え，改善の方法などを互いに話し合う活動などを通じて論理的思考力をはぐくむことにも資することを踏まえ，運動の楽しさや喜びを味わえるよう(　②　)の技能や知識を確実に身に付けるとともに，それらを活用して，自らの(　③　)を解決するなどの学習をバランスよく行うことが重要である。

(2)　下線イについて，次の文章の(　①　)，(　②　)に適する語句をあとの語群から1つ選び，記号で答えなさい。

生徒が現在及び(　①　)において健康・安全の課題に直面した場合に，科学的な思考と正しい判断の下に意志決定や(　②　)を行い，適切に実践していくための思考力・判断力などの資質や能力の基礎を育成する。

(3)　下線ウについて，次の文章の(　①　)，(　②　)に適する語句をあとの語群から1つ選び，記号で答えなさい。

運動を適切に行うことによって，自己の状況に応じて体力の向上を図る能力を育て，心身の調和的発達を図ることである。そのためには，体育分野で学習する運動を継続することの意義や(　①　)などや保健分野で学習する心身の健康の保持増進に関する内容をもとに，自己の(　②　)をとらえて，目的に適した運動の計画を立て取り組むことができるようにすることが必要である。

[語群]

ア　行動選択	イ　運動能力	ウ　体力の状況
エ　将来の生活	オ　発達の段階	カ　運動の課題
キ　コミュニケーション能力		ク　基礎的な運動
ケ　体力の高め方	コ　スポーツライフの実現	

(☆☆☆◎◎◎)

【2】次の(1)～(4)の各文は，「中学校学習指導要領　解説　保健体育編」(平成20年9月)において，保健分野の学習内容の一部について示したものである。文中の(　①　)～(　⑩　)に適する語句をあとの語群からそれぞれ1つ選び記号で答えなさい。ただし，同じ番号には同じ語句が入るものとする。

(1)　心身の機能の発達と心の健康

○　知的機能，情意機能，社会性などの(　①　)は，生活経験などの影響を受けて発達すること。また，思春期においては，自己の認識が深まり，自己形成がなされること。

○　精神と身体は，相互に影響を与え，かかわっていること。

欲求や(　②　)は，心身に影響を与えることがあること。また，心の健康を保つには，欲求や(　②　)に適切に対処する必要があること。

(2)　健康と環境

○　身体には，環境に対してある程度まで(　③　)があること。身体の(　③　)を超えた環境は，健康に影響を及ぼすことがあること。また，快適で能率のよい生活を送るための温度，湿度や明るさには一定の範囲があること。

○　飲料水や空気は，健康と密接なかかわりがあること。また，飲料水や空気を(　④　)に保つには，基準に適合するよう管理する必要があること。

(3)　傷害の防止

○　交通事故などによる傷害の多くは，安全な行動，(　⑤　)によって防止できること。

○　自然災害による傷害は，災害発生時だけでなく，二次災害によっても生じること。また，自然災害による傷害の多くは，災害に備えておくこと，(　⑥　)することによって防止できること。

○　応急手当を適切に行うことによって，傷害の悪化を防止することができること。また，応急手当には，(　⑦　)等があること。

(4)　健康な生活と疾病の予防

○　健康は，主体と環境の(　⑧　)の下に成り立っていること。また，疾病は，主体の要因と環境の要因がかかわり合って発生すること。

○　健康の保持増進には，年齢，生活環境等に応じた食事，運動，休養及び睡眠の調和のとれた生活を続ける必要があること。また，食事の量や質の偏り，運動不足，休養や睡眠の不足などの生活習慣の乱れは，(　⑨　)などの要因となること。

○　感染症は，(　⑩　)が主な要因となって発生すること。また，感染症の多くは，発生源をなくすこと，感染経路を遮断すること，主体の抵抗力を高めることによって予防できること。

[語群]

ア　環境の改善	イ　危機管理	ウ　病原体
エ　感染症	オ　精神機能	カ　ストレス
キ　相互作用	ク　安全に避難	ケ　心肺蘇生
コ　生活習慣病	サ　適応能力	シ　衛生的

(☆☆☆◎◎◎)

【3】次の文は，陸上競技(第3学年)の各種目の指導方法を示したものである。(　①　)～(　⑩　)に適する語句を入れなさい。

(1)　短距離走・リレー

○　スタートダッシュでは，地面を力強くキックして，徐々に(　①　)を起こしていき加速するよう指導する。

○　リレーでは，次走者の(　②　)が十分に高まったところでバトンの受け渡しをするよう指導する。

(2)　長距離走

○　リズミカルに(　③　)を振り，力みのないフォームで軽快に走るよう指導する。

○　呼吸を楽にしたり，走りのリズムを作ったりする(　④　)を取り入れて走るよう指導する。

(3)　ハードル走

○　スタートダッシュから1台目のハードルを(　⑤　)よく走り越すよう指導する。

○　遠くから踏み切り，振り上げ脚を(　⑥　)に振り上げ，ハードルを低く走り越すよう指導する。

(4)　走り幅跳び

○　踏み切り前3～4歩から(　⑦　)して踏み切りに移るよう指導する。

○　かがみ跳びやそり跳びなどの空間動作からの流れの中で，脚を(　⑧　)に投げ出す着地動作をとるよう指導する。

(5)　走り高跳び

○　リズミカルな助走から(　⑨　)に伸び上がるように踏み切り，はさみ跳びや背面跳びなどの空間動作で跳ぶよう指導する。

○　背面跳びでは踏み切り前の3～5歩で(　⑩　)を描くように走り，体を内側に倒す姿勢を取るようにして踏み切りに移るよう指導する。

(☆☆☆◎◎◎)

【4】「中学校学習指導要領　解説　保健体育編」(平成20年9月)に示されている，第1学年及び第2学年の指導内容と説明の一部である。次の文中の(　①　)～(　⑩　)に適する語句を入れなさい。ただし，同じ番号には同じ語句が入るものとする。

(1)　体つくり運動(運動)

体ほぐしの運動では，心と体の関係に気付き，体の調子を整え，仲間と交流するための手軽な運動や律動的な運動を行うこと。

体力を高める運動では，ねらいに応じて，体の柔らかさ，巧みな動き，力強い動き，動きを持続する能力を高めるための運動を行うとともに，それらを組み合わせて運動の計画に取り組むこと。

○　「手軽な運動や律動的な運動」とは，だれもが簡単に取り組むことができる運動，(　①　)と楽しくできる運動，心や体が弾むような軽快な運動を示している。

○　「それらを組み合わせて運動の計画に取り組む」とは，一つの(　②　)を決めて，その中からいくつかの運動を効率よく組み合わせて行う簡単な運動の計画や，体力を高める運動のうち，(　②　)が異なる簡単な運動例をバランスよく組み合わせて行う運動の計画に取り組むことを示している。

(2)　ダンス(技能)

現代的なリズムのダンスでは，リズムの特徴をとらえ，変化のある動きを組み合わせて，リズムに乗って全身で踊ること。

○　「リズムの特徴をとらえ」とは，例えば，ロックの場合は，シンプルなビートを(　③　)することを示している。また，ヒップホップの場合は，ロックよりも遅いテンポで強いアクセントがあるので1拍ごとにアクセントのある細分化されたビートを(　③　)することを示している。

○　「リズムに乗って全身で踊る」とは，ロックの弾みやヒップホップの縦のりの動きの特徴をとらえ，体の各部位でリズムをとったり，(　④　)部を中心にリズムに乗ったりして全身で自由に弾みながら踊ることである。

(3)　水泳(態度)

水泳に積極的に取り組むとともに，勝敗などを認め，ルールやマナーを守ろうとすること，分担した役割を果たそうとすることなどや，水泳の事故防止に関する心得など健康・安全に気を配ることができるようにする。

○　「勝敗などを認め」とは，勝敗や個人の記録などの良し悪しにかかわらず全力を尽くした(　⑤　)を受け入れ，相手の健闘を認めようとすることを示している。

○　「ルールやマナーを守ろうとする」とは，水泳は相手とタイムなどを競い合う特徴があるので，規定の泳法で勝敗を競うといったルールや，相手を尊重するといったマナーを守り，(　⑥　)に競うことに取り組もうとすることを示している。

(4)　球技(知識，思考・判断)

球技の特性や成り立ち，技術の名称や行い方，関連して高まる体力などを理解し，課題に応じた運動の取り組み方を工夫できるようにする。

○　「技術の名称や行い方」では，球技の各型の各種目において用いられる技術や戦術，(　⑦　)の名称やその具体的な行い方や活用方法を理解できるようにする。

○　「～など」の例には，試合の行い方がある。簡易な試合における(　⑧　)，審判や運営の仕方があることを理解できるようにする。

○　「課題に応じた運動の取り組み方を工夫」するとは，活動の仕方，組み合わせ方，(　⑨　)上の留意点などの学習した内容を，学習場面に適用したり，応用したりすることを示している。第1学年及び第2学年では，(　⑩　)的な知識や技能を活用して，学習課題への取り組み方を工夫できるようにする。

(☆☆☆◎◎◎)

【5】次の文は,「評価規準の作成, 評価方法等の工夫改善のための参考資料(中学校保健体育)」(平成23年11月)に示されている「評価機会及び評価方法の工夫」を基に, 体育理論の評価方法について述べた文である。下の(1), (2)の各問いに答えなさい。

「運動への関心・意欲・態度」については, 評価機会を複数回設定して, いくつかの活動場面や取組状況について, (　①　)による評価情報を中心に総合的に実現状況を判断する。

「運動についての思考・判断」については, 評価機会を複数回設定して, (　②　)を工夫するなど思考・判断を促す学習活動を取り入れ, 話合いの状況などから総合的に実現状況を判断する。

(1)　文中の(　①　), (　②　)に適する語句を入れなさい。

(2)　「運動についての知識・理解」では, どのような評価機会を設定することが考えられるか。書きなさい。

(☆☆☆◎◎◎)

【6】次の文は,「言語活動の充実に関する指導事例集」(平成23年5月)に示されている教科等の特質を踏まえた指導の充実及び留意事項である。あとの(1), (2)の各問いに答えなさい。

体育分野においては, 各運動場面で, 体を動かす機会を適切に確保した上で, 相手や仲間のよい演技に(　①　)を送る, 互いのよい演技を認め合う, 互いに(　②　)などのコミュニケーションを図る学習活動を充実する。また, 例えば, 自己観察や他者観察などを活用し, 仲間の演技からよい動き方を見付けたり, ビデオなどの映像を通して, 自己の演技と仲間の演技の違いを(　③　)したりすることで, 自己の取り組むべき(　④　)な課題を明確にするなど, 知識を実践的に活用する学習活動を充実する。

(1)　文中の(　①　)～(　④　)に適する語句を次の語群から1つ選び，記号で答えなさい。

[語群]

ア　教え合う　　イ　追求　　ウ　競い合う　　エ　激励
オ　技術的　　　カ　比較　　キ　発展的　　　ク　賞賛

(2)　保健分野において，言語活動を充実させるための学習活動例を3つ書きなさい。

(☆☆☆◎◎◎)

【7】次の文は，「学校体育実技指導資料第2集柔道の手引き(三訂版)」(平成25年4月)を参考にして，基本動作，受け身，投げ技，固め技を指導する際の生徒への説明です。(　①　)～(　⑥　)に適する語句をあとの語群から1つ選び，記号で答えなさい。

【進退動作】

○　柔道は動きながら技をかけたり，相手の技を防いだりするので，自分の姿勢を安定させながら移動することが大切です。

　進退動作の基本の歩き方として「継ぎ足」「歩み足」があります。その際，「(　①　)」を用いることで姿勢を安定させます。

【後ろ受け身】

○　まずは，仰向けの姿勢から始めます。

　あごを引いて頭をあげ，両腕を胸の前にあげ，手のひらを下向きにして両方の(　②　)で同時に畳をたたきます。

○　次に，長座の姿勢から行います。

　両脚と両腕を前方に伸ばした姿勢から，背中を丸くして上体を後方に倒し，両脚を伸ばしながら転がるように倒れ，後ろ帯が畳に着く瞬間に両腕で畳を強くたたきます。(　③　)を打たないように，あごを引き，帯の結び目を最後まで見るようにします。

【支え釣り込み足】※右組みの場合

○　「取」は，「受」を右前すみに崩し，「受」の右足首を左(　④　)で支え，引き手，釣り手で釣り上げるようにして，腰の(　⑤　)を効かせて「受」の前方に投げます。

【けさ固め】※右体側の場合

○　「取」は，「受」の右体側に腰につけ，左腋下に「受」の右腕を挟み右袖を握ります。その際，右手で「受」の首を抱え右後ろ襟あたりを握るようにしましよう。「取」は(　⑥　)を大きく前後に開いて安定を保ち，右側の胸で「受」の胸を圧して抑えます。

[語群]

ア　両脚　　イ　足裏　　ウ　背中　　エ　手の甲
オ　すり足　　カ　回転　　キ　後頭部　　ク　腕全体
ケ　両腕

(☆☆☆◎◎◎)

【高等学校】

【1】次の文は，「高等学校学習指導要領解説　保健体育編・体育編」(平成21年12月)に示されている教科「保健体育科」，科目「体育」の目標です。あとの各問いに答えなさい。

【「保健体育科」の目標】

心と体を一体としてとらえ，健康・安全や運動についての理解とア　運動の合理的，計画的な実践を通して，生涯にわたって豊かな(　①　)を継続する資質や能力を育てるとともに健康の(　②　)のための実践力の育成と(　③　)を図り，明るく豊かで活力ある生活を営む態度を育てる。

【「体育」の目標】

運動の合理的，計画的な実践を通して，知識を深めるとともに技能を高め，イ　運動の楽しさや喜びを深く味わうことができるようにし，自己の状況に応じて体力の向上を図る能力を育て，公正，協力，責任，参画などに対する意欲を高め，健康・安全を確保して，生涯にわたって豊かなスポーツライフを継続する資質や能力を育てる。

(1) 保健体育科の目標の(　①　)〜(　③　)に入る適語を下の語群から選び，記号で答えなさい。

【語群】

ア　保持増進　　イ　知識基盤社会　　ウ　スポーツライフ
エ　体力の向上　　オ　体力の維持　　カ　生涯スポーツ

(2) 下線アについて，説明している下の文章の(　①　)，(　②　)に入る適語を答えなさい。

発達の段階や運動の特性や魅力に応じて，技術の名称や行い方，運動にかかわる一般原則，技術の運動に伴う事故の防止等などを科学的に理解した上で合理的に運動を実践するとともに，(　①　)を立て，実践し，(　②　)するといった課題解決の過程などを活用して計画的に運動を実践することを意味している。

(3) 下線イについて，説明している次の文章の(　①　)，(　②　)に入る適語を下の語群から選び，記号で答えなさい。

技能を高めたり，作戦を立てたり，作品をまとめたりするなどの過程を通して，仲間と適切な関係を築き，(　①　)を目指して取り組むことにより，一過性の楽しさにとどまらず，その運動のもつ(　②　)に深く触れることを示している。

【語群】

ア　技能の向上　　イ　特性や魅力　　ウ　ルールやマナー
エ　課題の解決　　オ　社会的態度や愛好的態度

(☆☆☆◎◎◎)

【2】次の表は，「高等学校学習指導要領解説　保健体育編・体育編」(平成21年12月)をもとに作成された科目「体育」の入学年次，その次の年次の年間指導計画である。あとの各問いに答えなさい。

	4月		5月　6月　7月	8月	9月		10月　11月　12月	1月		2月　3月
入学年次	体育理論	体つくり運動	【選択Ⅰ】 器械運動 陸上競技 水泳 ダンス		体育理論	体つくり運動	【選択Ⅱ】 球技 武道	体育理論	体つくり運動	【選択Ⅲ】 球技 武道
その次の年次	体育理論	体つくり運動	【選択Ⅰ】 器械運動 陸上競技 水泳 球技 武道 ダンス		体育理論	体つくり運動	【選択Ⅱ】 器械運動 陸上競技 水泳 球技 武道 ダンス	体育理論	体つくり運動	【選択Ⅲ】 器械運動 陸上競技 水泳 球技 武道 ダンス

(1)　保健体育科に属する科目の標準単位数について，次の表の(　①　)，(　②　)に入る適切な数字を答えなさい。

科　目	標準単位数
体　育	(　①　)～(　②　)単位

(2)　体つくり運動における各年次での授業時数について，次の表の(　①　)，(　②　)に入る適切な数字を答えなさい。

領　域	配当授業時数
体つくり運動	(　①　)～(　②　)単位時間程度

(3)　入学年次の【選択Ⅱ】で武道(柔道)を選択した場合，【選択Ⅲ】で武道(剣道)を選択することはできるか。できるのであれば○，できないのであれば×で答えなさい。

(4)　その次の年次では，【選択Ⅰ】【選択Ⅱ】【選択Ⅲ】において，続けて球技を選択することはできるか。できるのであれば○，できないのであれば×で答えなさい。

(☆☆☆◎◎◎)

【3】「高等学校学習指導要領解説　保健体育編・体育編」(平成21年12月)に示されている，「水泳」の内容について，次の各問いに答えなさい。

(1)　次の表の(　①　)～(　⑥　)に入る適語を下の語群から選び，記号で答えなさい。

入学年次	ア　クロール ・空中で肘を（ ① ）程度に曲げて，手を頭上近くでリラックスして動かすこと。 ・一定のリズムで強いキックを打つこと。(中学校第１・２学年で既習) ・自己に合った方向で（ ② ）を行うこと。 イ　平泳ぎ ・手を肩より前で動かし，両手で（ ③ ）を描くように強くかくこと。 ・キックはカエル足で長く伸びること。(中学校第１・２学年で既習) ・プルのかきおわりと同時に口を水面上に出し息を吸い，キックの蹴りおわりに合わせて伸び(グライド)をとり，１回で大きく進むこと。
その次の年次以降	ア　クロール ・前方の遠くの水をつかむような腕の伸びたプル動作をすること。 ・水中では，かきはじめからかきおわりにかけて加速すること。 ・流線型の姿勢を維持して，足首のしなやかなキックを打つこと。 ・肩の（ ④ ）を使って最小限の頭の動きで呼吸動作を行うこと。 イ　平泳ぎ ・スピードを（ ⑤ ）ながら手のひらを内側にかきこみ，抵抗を減らすために素早く手を前に戻すプル動作をすること。 ・抵抗の少ない肩幅程度の足の引き付けから，足先を（ ⑥ ）にしてただちにキック動作をすること。 ・プルのかきおわりと同時に，口を水面上に低く出して息を吸い，キックの蹴りおわりに合わせて，流線型の姿勢を維持して大きな伸び(グライド)をとること。

【語群】

ア　円　　　イ　外側　　　ウ　内側
エ　加速させ　　　オ　維持し　　　カ　40～60度
キ　60～90度　　　ク　逆ハート型　　　ケ　呼吸動作
コ　ローリング

(2)　スタートの指導について，事故防止の観点から配慮すべきことについて答えなさい。

(3)　水泳の学習は気候条件に影響を受けやすくプールでの実施ができないこともあります。教室において水泳の学習を行う場合，どのような指導計画の工夫が必要か。1つ答えなさい。

(☆☆☆◎◎◎)

【4】次の(1)～(3)の各種目について，それぞれア～ウの指導を行った。下線部について，適切でないものを記号で1つ選び，下線部を適切な文に直しなさい。

(1) ゴール型(バスケットボール)：入学年次

ア ボール操作について，守備者が守りにくいタイミングでシュートを打つこと。

イ ボール操作について，守備者と自分の間にボールを入れてボールをキープすること。

ウ ボールを持たない動きについて，自陣ゴールとボール保持者を結んだ直線上で守ること。

(2) ネット型(バレーボール)：その次の年次以降

ア ボールや用具の操作について，ボールを相手側のコートの守備者のいない空間に一定の強さで打ち返すこと。

イ ボールや用具の操作について，ボールをコントロールして，ネットより高い位置から相手側のコートに打ち込むこと。

ウ ラリーの中で，相手の攻撃や味方の移動で生じる空間をカバーして，守備のバランスを維持する動きをすること。

(3) ベースボール型(ソフトボール)：入学年次

ア バット操作について，ボールの高さやコースなどにタイミングを合わせてボールをとらえること。

イ 走塁について，スピードを落とさずに直線的に塁間を走ること。

ウ ボール操作について，ねらった方向へステップを踏みながら無駄のない一連の動きでボールを投げること。

(☆☆☆◎◎◎)

【5】武道について，次の各問いに答えなさい。

(1) 次の文のア～クは，柔道の「技能の例示」です。「入学年次」にあてはまるものと「その次の年次以降」にあてはまるものに分類して，次の表中の①，②に記号で答えなさい。例示は「高等学校学習指導要領解説 保健体育編・体育編」(平成21年12月)である。

【技能の例示】

ア　姿勢と組み方では，相手の動きの変化に応じやすい自然体で組むこと。

イ　姿勢と組み方では，相手の体格や姿勢，かける技などに対応して，自然体で組むこと。

ウ　進退動作では，相手の動きの変化に応じたすり足，歩み足，継ぎ足で，体の移動をすること。

エ　進退動作では，自分の姿勢の安定を保ちながら体の移動をすること。

オ　相手の投げ技に応じて安定した受け身をとること。

カ　崩しでは，相手の動きの変化に応じて相手の体勢を不安定にし，技をかけやすい状態をつくること。

キ　崩しと体さばきでは，自分の姿勢の安定を保ちながら相手の体勢を不安定にし，技をかけやすい状態をつくること。

ク　相手の投げ技に応じて前回り受け身，横受け身，後ろ受け身をとること。

【分類表】

柔道	入学年次	その次の年次以降
例示	(①)	(②)

(2)　次の表は，武道の学習のねらいについてまとめたものです。表中の(　①　)～(　⑤　)に入る適語を選び，答えなさい。ただし，同じ番号には同じ語句が入る。

技能	技を高め勝敗を競う楽しさや喜びを味わい，（ ① ）を用いた攻防が展開できるようにする。
態度	武道に主体的に取り組むとともに，相手を尊重し，（ ② ）などの（ ③ ）な行動の仕方を大切にしようとすること，役割を積極的に引き受け自己の責任を果たそうとすることなどや，健康・安全を確保することができるようにする。
知識，思考・判断	（ ③ ）な考え方，技の名称や（ ④ ），体力の高め方，課題解決の方法，（ ⑤ ）の仕方などを理解し，自己や仲間の課題に応じた運動を継続するための取り組み方を工夫できるようにする。

【語群】

創造的	伝統的	練習	試合	あいさつ
自由練習	見取り稽古	増進	礼法	得意技

(☆☆☆◎◎◎)

【6】次の表は，「評価規準の作成，評価方法等の工夫改善のための参考資料(高等学校保健体育)」(平成24年7月)に示されている評価規準の設定例である。下の各問いに答えなさい。

【領域　ダンス（その次の年次以降）】

関心・意欲・態度	思考・判断	運動の技能	知識・理解
・ダンスの学習に（ ① ）に取り組もうとしている。 ・互いに共感し高め合おうとしている。 ・役割を（ ② ）に引き受け自己の責任を果たそうとしている。 ・合意形成に貢献しようとしている。 ・互いに助け合い高め合おうとしている。 ・健康・安全を確保している。	・これまでの学習を踏まえて，目標に応じた（ ③ ）の課題を設定している。 ・課題解決の過程を踏まえて，取り組んできた（ ③ ）の課題を見直している。 ・仲間との交流や発表後の話合いの場面では，互いの違いやよさを指摘し，合意を形成するための調整の仕方を見付けている。 ・練習，交流や発表の場面で，健康・安全を確保・維持するために自己や仲間の体調に応じた活動の仕方を選んでいる。 ・ダンスを生涯にわたって楽しむための自己に適した関わり方を見付けている。	・（ ④ ）では，表したいテーマにふさわしいイメージを捉え，個や群で，対極の動きや空間の使い方で変化を付けて即興的に表現したり，イメージを強調した作品にまとめたりして踊るための動きができる。 ・（ ⑤ ）では，踊り方の特徴を強調して，音楽に合わせて多様なステップや動きと組み方で仲間と対応して踊るための動きができる。 ・（ ⑥ ）では，リズムの特徴を強調して全身で自由に踊ったり，変化とまとまりを付けて仲間と対応したりして踊るための動きができる。	・ダンスの名称や用語について，学習した具体例を挙げている。 ・（ ⑦ ）と表現の仕方について，学習した具体例を挙げている。 ・ダンスに関連した体力の高め方について，学習した具体例を挙げている。 ・課題解決の方法について，理解したことを言ったり書き出したりしている。 ・交流や発表の仕方について，学習した具体例を挙げている。 ・鑑賞の仕方について，学習した具体例を挙げている。

(1)　表中の(　①　)～(　⑦　)に入る適語を次の語群から選び，記号で答えなさい。ただし，同じ番号には同じ語句が入る。

【語群】

ア　現代的なリズムのダンス　　イ　フォークダンス

ウ　創作ダンス　　エ　グループ　　オ　グループや自己

カ　自己　　　　キ　主体的　　　　ク　積極的
ケ　自主的　　　コ　言語活動　　　サ　気持ち
シ　体力　　　　ス　文化的背景

(2)　「関心・意欲・態度」,「運動の技能」の観点の評価は，主にどのような方法によって行われるか答えなさい。

(☆☆☆◎◎◎)

【7】「高等学校学習指導要領解説　保健体育編・体育編」(平成21年12月)に示されている科目「保健」の内容について，次の各問いに答えなさい。

(1)　次の文は，ヘルスプロモーションについて説明したものです。(　①　)～(　③　)に入る適語を下の語群より選び，記号で答えなさい。ただし，同じ番号には同じ語句が入る。

ヘルスプロモーションとは，人びとが自らの健康を(　①　)し，改善できるようにするプロセスである。身体的・(　②　)・社会的に完全に良好な状態を達成するためには，個人や集団が望みを確認し，要求を満たし，(　③　)を改善し，(　③　)に対処することができなければならない。それゆえ，健康は生きる目的ではなく，毎日の生活の資源である。健康は身体的な能力であると同時に，社会的・個人的資源であることを強調する積極的な概念なのである。

(1986年WHO国際会議提唱概念)

【語群】
ア　コントロール　　イ　変化　　ウ　精神的　　エ　経済的
オ　環境　　　　　　カ　状況

(2)　交通事故の現状について指導する際，交通事故の要因として考えられる，<u>A　車両の特性</u>，<u>B　当事者の行動や規範を守る意識</u>，<u>C　周囲の環境</u>の3つについて，どのような具体例があるか，それぞれ1つ答えなさい。

(3)　次の文は，知識を活用する学習活動の指導方法について説明したものです。(　①　)，(　②　)に入る適語を答えなさい。

「保健」の指導に当たっては，知識の習得を重視した上で，知識を活用する学習活動を積極的に行うことにより，思考力・判断力等を育成していく。指導に当たっては，ディスカッション，(　①　)，ロールプレイング(役割演技法)，心肺蘇生法などの実習や実験，課題学習などを取り入れること，地域や学校の実情に応じて養護教諭や(　②　)，学校栄養職員など専門性を有する教職員等の参加・協力を推進することなど多様な指導方法の工夫を行うよう配慮する。

(☆☆☆◎◎◎)

【8】次の文は，平成24年3月に策定された「スポーツ基本計画」における今後5年間に総合的かつ計画的に取り組むべき施策についてまとめたものです。文章の(　①　)～(　⑤　)に入る適語をあとの語群から選び，記号で答えなさい。

1　学校と地域における子どものスポーツ機会の充実

(1)　幼児期からの子どもの体力向上方策の推進

・「全国体力・運動能力等調査」に基づく体力向上のための取組の検証改善サイクルの確立

・幼児期における運動指針をもとにした実践研究等を通じた普及啓発

(2)　学校の体育に関する活動の充実

・体育専科教員配置や小学校体育活動(　①　)派遣等による指導体制の充実

・武道等の(　②　)に伴う指導力や施設等の充実

・運動部活動の複数校合同実施や(　③　)制による複数種目実施等，先導的な取組の推進

・安全性の向上を図るための学校と地域の医療機関の専門家との連携の促進，研修の充実

・障害のある児童生徒への効果的な指導の在り方に関する先導的な取組の推進

(3)　子どもを取り巻く社会のスポーツ環境の充実

・子どものスポーツ参加の二極化傾向に対応した，(④)やスポーツ少年団における子どものスポーツ機会を提供する取組等の推進
・運動好きにするきっかけとしての野外活動や(⑤)活動等の推進

【語群】

ア シーズン	イ 選択制	ウ コーディネーター
エ 総合型クラブ	オ 部活動	カ 必修化
キ リーグ	ク サポーター	ケ 競技スポーツ
コ スポーツ・レクリエーション		

(☆☆☆◎◎◎)

解答・解説

【中学校】

【1】(1) ① キ ② ク ③ カ (2) ① エ ② ア
(3) ① ケ ② ウ

〈解説〉本問は中学校学習指導要領解説保健体育編「第2章 第1節 1」の抜粋からの出題である。教科の目標に加えて，体育分野及び保健分野の目標，また教科の内容やその取扱いについても，領域ごとに押さえておきたい。

【2】(1) ① オ ② カ (2) ③ サ ④ シ (3) ⑤ ア
⑥ ク ⑦ ケ (4) ⑧ キ ⑨ コ ⑩ ウ

〈解説〉本問は中学校学習指導要領解説保健体育編「第2章 第2節 〔保健分野〕 2」の抜粋からの出題である。保健分野は，(1)心身の機能の発達と心の健康，(2)健康と環境，(3)傷害の防止，(4)健康な生活と疾病の予防の内容で構成されている。同解説「第2章 第2節 〔保健

分野〕　3」の保健に関する内容の取扱いにおいて，(1)を第1学年で，(2)及び(3)を第2学年で，(4)を第3学年で指導することと示されている。加えて各項目では取り扱う具体的な内容に関することや，指導に際して，「知識を活用する学習活動を取り入れるなどの指導方法の工夫を行うものとする」ことなどが示されているため確認しておきたい。

【3】(1)　①　上体　　②　スピード　　(2)　③　腕　　④　呼吸法
(3)　⑤　勢い　　⑥　まっすぐ　　(4)　⑦　リズムアップ　　⑧　前
(5)　⑨　真上　　⑩　弧

〈解説〉本問は中学校学習指導要領解説保健体育編「第2章　第2節　〔体育分野〕　2　C　[第3学年]　1」の(1)～(4)の中の<例示>からの出題である。第1学年及び第2学年とは異なり，第3学年では高等学校への接続を踏まえた技能の内容になっているので，よく確認しておくこと。また，内容の取扱いでは，競走種目(短距離走・リレー，長距離走またはハードル走)から1種目以上を，跳躍種目(走り幅跳びまたは走り高跳び)から1種目以上をそれぞれから選択して履修できるようにすることとしている。

【4】(1)　①　仲間　　②　ねらい　　(2)　③　強調　　④　体幹
(3)　⑤　結果　　⑥　フェア　　(4)　⑦　作戦　　⑧　ルール
(5)　⑨　安全　　⑩　基礎

〈解説〉本問は，中学校学習指導要領解説保健体育編からの出題である。
(1)　同解説「第2章　第2節　〔体育分野〕　2　A　[第1学年及び第2学年]　1　(1)」の抜粋である。　(2)　同解説「第2章　第2節　〔体育分野〕　2　G　[第1学年及び第2学年]　1　(3)」の抜粋である。
(3)　同解説「第2章　第2節　〔体育分野〕　2　D　[第1学年及び第2学年]　2」の抜粋である。　(4)　同解説「第2章　第2節　〔体育分野〕　2　E　[第1学年及び第2学年]　3」の抜粋である。体育分野は，運動に関する領域と知識に関する領域を併せた8つの領域から構成されており，本問の「体つくり運動」，「ダンス」，「水泳」および「球技」は運動に関する領域である。運動に関する領域では，(1)技能(「体つくり運動」は運動)，(2)態度，(3)知識，思考・判断を内容として示している。それらの内容および内容の取扱いについては，よく確認しておくこと。

【5】(1) ① 観察　② 発問　(2) ワークシートの記述内容や定期，単元末テストの定着状況などで判断するための評価場面を設定する。

〈解説〉本問は「評価規準の作成，評価方法等の工夫改善のための参考資料」(国立教育政策研究所)「第3編　2の6　(3)」からの出題である。この資料は，各学年や教科の目標及び内容ごとに，評価規準に盛り込むべき事項および評価規準の設定例が示されている。その目的は，各学校において学習評価を進める際の参考として役立てることとされている。保健体育科においても，各領域について学年ごとにその内容が示されているのでよく確認しておきたい。

【6】(1) ① ク　② ア　③ カ　④ オ　(2) 実験や実習において，話し合い，考察する活動　課題学習において，解決の方法を見付けたり，選んだりする活動　筋道を立てて話し合い，説明する活動

〈解説〉「言語活動の充実に関する指導事例集(中学校版)」(平成23年　文部科学省)では，言語活動は，主として国語科で基礎となる力を身に付けることとしており，国語科で培った能力を基本に，すべての教科等において充実することが示されている。そのため，言語活動の充実に関する基本的な考え方や言語の役割を踏まえた言語活動の充実を解説するとともに，優れた指導事例を示している。本問は「第3章　(2)＜保健体育＞」の体育分野からの出題であり，確認しておきたい。

【7】① オ　② ク　③ キ　④ イ　⑤ カ　⑥ ア

〈解説〉柔道の指導に関する出題である。学校体育実技指導資料第2集「柔道の手引き(三訂版)」では，柔道の特性や具体的な指導方法などについて示されている。また，コンタクトスポーツであることから，授業で実施する際の安全管理についても6つのポイントを示している。さらに，文部科学省においては，中学校の武道必修化にあたって柔道の安全上の留意点をまとめた「柔道の授業の安全な実施に向けて」(平成24年2月作成)を学校等に配布しているため同様に確認しておきたい。

【高等学校】

【1】(1) ① ウ　② ア　③ エ　(2) ① 計画　② 評価　(3) ① エ　② イ

〈解説〉本問は高等学校学習指導要領解説保健体育編「第1章　第2節　1」および「第2章　第1節　2」からの出題である。

【2】(1) ① 7　② 8　(2) ① 7　② 10　(3) ○　(4) ×

〈解説〉(1)，(2)は高等学校学習指導要領解説保健体育編「第3章　第1節(2)」からの出題である。　(1)　「体育」及び「保健」は，すべての生徒に履修させる科目であり，「体育」及び「保健」を必履修科目として履修させる単位数は，標準単位数(体育・・・7～8単位，保健・・・2単位)を原則として下回ってはならないものとされている。また，「体育」の標準単位数を7～8単位と幅をもって示されているのは，各学校でそれぞれ適切な教育課程を編成することができるように配慮しているからである。　(2)　指導計画の作成にあたっては，「体つくり運動」について，各年次で7単位時間～10単位時間程度を，「体育理論」については，各年次で6単位時間以上を配当することとしている。さらに，「体つくり運動」及び「体育理論」以外の領域に対する授業時数の配当については，「その内容の習熟を図ることができるよう考慮するものとする」と示されている。　(3)　本問の内容は高等学校学習指導要領解説保健体育編「第2章　第1節　3　F　武道　内容の取扱い」で記載されている。武道の領域の取扱いは，入学年次において，「E球技」及び「F武道」のまとまりの中から1領域以上を選択し履修することができるようにすることとしている。また，その次の年次以降においては，「B器械運動」から「Gダンス」までの中から2領域以上を選択して履修できるようにすることとしている。　(4)　本問の内容は高等学校学習指導要領解説保健体育編「第2章　第1節　3　E　球技　内容の取扱い」で記載されている。球技は「ゴール型」，「ネット型」，「ベースボール型」で示されており，入学年次においては，3つの型の中から2つの型を履修できるようにしている。また，その次の年次以降においては，3つの型の中から1つの型を選択して履修できるようにしている。

【3】(1)　①　キ　②　ケ　③　ク　④　コ　⑤　エ　⑥　イ　(2)　プールの構造に配慮し，プールサイドから段階的に指導し，生徒の技能の程度に応じて次第に高い位置からのスタートへ発展させるなどの配慮を行う。　(3)　視聴覚教材で泳法を確かめる。課題を検討したりする学習。「保健」の応急手当と関連させた学習。等から1つ。

〈解説〉水泳は，「クロール」，「平泳ぎ」，「背泳ぎ」，「バタフライ」から構成され，浮く，進む，呼吸をするなどのそれぞれの技能の組み合わせによって成立している運動である。　(1)　本問は高等学校学習指導要領解説保健体育編「第2章　第1節　3　D　水泳　1　(1)」ア，イの＜例示＞からの出題である。中学校第3学年との接続を踏まえ，入学年次においては，これまでの学習の定着を確実に図るようにすることが求められることから，入学年次とその次の年次以降に分けて，学習のねらいを段階的に示されている。各泳法の学習のねらいにおける例示が示されているので確認しておくこと。　(2)　高等学校学習指導要領解説保健体育編「第2章　第1節　3　D　水泳　1　(2)　ア」によれば，中学校における「水中からのスタート」とは，水中でプールの壁を蹴り，抵抗の少ない流線型の姿勢で，浮きあがりのためのキックを用いて，より速い速度で泳ぎ始めることができるようにすることであった。一方，高等学校の段階的な指導による「スタート」とは，事故防止の観点からプールの構造に配慮し，プールサイドから段階的に指導し，生徒の技能の程度に応じて次第に高い位置からのスタートへ発展させるという配慮を行うスタートである。また，飛び込みによるスタートやリレーの際の引き継ぎは，高等学校において初めて経験する内容となるため，一層段階的に指導することが大切である。　(3) 本問は高等学校学習指導要領解説保健体育編「第2章　第1節　3　D　水泳　内容の取扱い　4」からの出題である。教室での学習として，視聴覚教材で泳法を確かめたり，課題を検討したりする学習や，「保健」の応急手当と関連させた学習を取り入れるなどの工夫が大切である。

【4】(1)　記号：イ　　適切な文：(例)　守備者とボールの間に自分の体を入れて　　(2)　記号：ア　　適切な文：(例)　緩急や高低をつけて　(3)　記号：イ　　適切な文：(例)　スピードを落とさずに円を描くように

〈解説〉本問は，高等学校学習指導要領解説保健体育編「第2章　第1節　3　E　球技　1」ア～ウの中の，<例示>からの出題である。技能の例示には，ボールや用具の操作やボールを持たないときの動きなどが示されているので確認しておくこと。また，「ゴール型」，「ネット型」，「ベースボール型」ともに，「運動種目を取り上げる際は，学習の最終段階であることを踏まえて，卒業後も継続できるよう生涯スポーツの場面で運用される一般的なルールを取り上げるようにする」という記述があるので，覚えておくこと。

【5】(1)　①　ア，ウ，カ，ク　　②　イ，エ，オ，キ　　(2)　①　得意技　　②　礼法　　③　伝統的　　④　見取り稽古　　⑤　試合

〈解説〉本問は高等学校学習指導要領解説保健体育編「第2章　第1節　3　F　武道　1　(1)」の<例示>からの出題である。武道は，武技，武術

などから発生したわが国固有の文化であり，相手の動きに応じて，基本動作や基本となる技を身につけ，相手を攻撃したり相手の技を防御したりすることによって，勝敗を競い合う楽しさや喜びを味わうことのできる運動である。中学校第1学年及び第2学年では，「基本動作や基本となる技ができるようにする」ことを，第3学年では「得意技を身につけ」相手の動きに応じた攻防を展開できることを学習している。そのため，高等学校においては，これらの学習を踏まえ，「得意技を用いた攻防が展開できるようにする」ことが求められる。武道の領域の取扱いについては，入学年次において「E　球技」及び「F　武道」のまとまりの中から1領域以上を選択し履修できるようにすることとしている。また，その次の年次以降においては，「B　器械運動」から「G　ダンス」までの中から2領域以上を選択して履修できるようにすることとしている。内容の取扱いについてもよく出題されるので確認しておくこと。　(1)　柔道の基本動作は，姿勢と組み方，進退動作，崩しと体さばき，受け身が挙げられる。　(2)　今回の改訂によって指導内容の明確化が示され，①技能，②態度及び③知識，思考・判断の3観点で指導することとなっている。種目における指導内容をしっかり理解しておくこと。

【6】(1)　①　キ　②　ク　③　オ　④　ウ　⑤　イ
⑥　ア　⑦　ス　(2)　観察

〈解説〉ダンスは，「創作ダンス」，「フォークダンス」，「現代的なリズムのダンス」で構成さており，指導内容においては，3つの中から選択して履修できるようにすることとしている。その際，履修できる運動種目の数については，特に制限は設けられていないが，以下の2点が大切である。①その領域に配当する授業時数との関連から指導内容の習熟を図ることのできる範囲にとどめる，②生徒の技能・体力の程度に応じて指導の充実および健康・安全の確保に配慮すること。なお，本問は，「評価規準の作成，評価方法等の工夫改善のための参考資料(高等学校　保健体育)～新しい学習指導要領を踏まえた生徒一人一人の学習の確実な定着に向けて～(平成24年7月　国立教育政策研究所教育課程教育センター)」からの出題である。また，評価方法は観察以外に，生徒との対話，ノート，ワークシート，学習カード，作品，レポート，ペーパーテスト，質問紙，面接などがあり，その場面における生徒の学習状況を的確に評価できる方法を選択することが必要であると示されている。

【7】(1)　①　ア　②　ウ　③　オ　(2)　A　ブレーキのききが甘いなどの整備不良による事故　B　飲酒運転による事故　C　見通しの悪い交差点での事故　(3)　①　ブレインストーミング　②　栄養教諭

〈解説〉(1)　ヘルスプロモーションとは，1986年にWHO(世界保健機関)がオタワ憲章の中で提唱した概念である。この概念においては，健康にかかわる環境づくりへの住民の主体的な参加が強調されている。

(2)　車両の特性は，「車両要因」といい，後方視界の悪い構造的問題やヘルメットで前が見にくいことなどが挙げられる。また当事者の行動や規範を守る意識は，「主体要因」といい，睡魔，車間距離をとらない運転スタイルなどが挙げられる。さらに，周囲の環境，すなわち天候や道路状況を「環境要因」といい，道路の凍結やカーブの逆傾斜などが挙げられる。また，平成25年2月28日に警察庁交通局によって「平成24年中の交通事故の発生状況」が発表されている。ぜひとも確認されたい。　(3)　本問は高等学校学習指導要領解説保健体育編「第2章　第2節　4　内容の取扱い」に記載されている。「ブレインストーミング」とは，数名毎のチーム内で1つのテーマに対しお互いに意見を出し合う事で，多くのアイデアを生産し問題の解決に結び付けることである。また，実習を取り入れる際には，応急手当の意義や手順など，該当する指導内容を理解できるようにすることを留意する必要がある。

【8】① ウ　② カ　③ ア　④ エ　⑤ コ

〈解説〉平成24年3月30日に文部科学省より，「スポーツ基本法」に基づく「スポーツ基本計画」が初めて策定された。この計画では，「スポーツ基本法」に示された理念の実現に向けて，平成24年度から10年間のスポーツ推進の基本方針と5年間に総合的かつ計画的に取り組むべき施策が示されている。

2013年度　実施問題

【中学校】

【1】次の文は,「中学校学習指導要領　解説　保健体育編」(平成20年9月)に示されている「保健体育科」の目標及び「保健分野」の目標である。下の(1)〜(3)の各問いに答えなさい。

【保健体育科】

心と体を一体としてとらえ，運動や健康・安全についての理解とア　運動の合理的な実践を通して，生涯にわたって運動に親しむ資質や能力を育てるとともに健康の保持増進のための実践力の育成と(　①　)を図り，明るく豊かな生活を営む態度を育てる。

【保健分野】

イ　個人生活における健康・安全に関する理解を通して，生涯を通じて自らの健康を適切に(　②　)し，改善していく資質や能力を育てる。

(1)「保健体育科の目標」と「保健分野の目標」の(　①　)，(　②　)に適する語句を入れなさい。

(2) 下線アについて，どのようなことに留意して実践することが必要か。次の文章の(　　)に適する語句を入れなさい。

発達の段階や運動の特性や魅力に応じて，運動にかかわる一般原則や運動に伴う(　　)等などを科学的に理解し，それらを活用して運動を実践することを意味している。

(3) 下線イについて，どのようなことを理解できるようにすることが大切か。次の文章の(　①　)，(　②　)に適する語句を入れなさい。

心身の機能の発達の仕方及び精神機能の発達や(　①　)，欲求やストレスへの対処などの心の健康，自然環境を中心とした環境と心身の健康とのかかわり，健康に適した快適な環境の維持と改善，傷害の(　②　)とその防止及び応急手当並びに健康な生活行動の実践と疾病の予防について，個人生活を中心として科学的に理解できるようにすることを示したものである。

(☆☆☆☆◎◎◎◎◎)

【2】次の表は，「中学校学習指導要領　解説　保健体育編」(平成20年9月)をもとに作成した第3学年の年間指導計画の例である。下の(1)～(4)の各問いに答えなさい。※35週×3時間＝105時間で設定している。

<table>
<tr><td>週</td><td>1</td><td>2</td><td>3</td><td>4</td><td>5</td><td>6</td><td>7</td><td>8</td><td>9</td><td>10</td><td>11</td><td>12</td><td>13</td><td>14</td><td>15</td><td>16</td><td>17</td><td>18</td><td>19</td><td>20</td><td>21</td><td>22</td><td>23</td><td>24</td><td>25</td><td>26</td><td>27</td><td>28</td><td>29</td><td>30</td><td>31</td><td>32</td><td>33</td><td>34</td><td>35</td></tr>
<tr><td>1</td><td rowspan="3">ア</td><td colspan="7" rowspan="2">選択A</td><td colspan="8" rowspan="2">選択B</td><td colspan="10" rowspan="2">選択C</td><td colspan="2" rowspan="2">ア</td><td colspan="7" rowspan="2">選択D</td></tr>
<tr><td>2</td></tr>
<tr><td>3</td><td colspan="4"></td><td colspan="8">保健</td><td colspan="2"></td><td colspan="12">保健</td><td colspan="3">体育理論</td><td colspan="5"></td></tr>
</table>

(1)　表中のアは体つくり運動を示している。次の文章の(　①　)，(　②　)に適する語句を入れなさい。

体つくり運動は，体ほぐしの運動と体力を高める運動で構成され，体力を高める運動では，ねらいに応じて，健康の保持増進や調和のとれた体力の向上を図るための運動の計画を立て取り組むこととされている。「ねらいに応じて」運動を行うとは，(　①　)に生活するための体力，(　②　)を行うための体力を高めるなどの自己の体力に関するねらいを設定して，自己の健康や体力の実態と実生活に応じて，運動の計画を立て取り組むことである。

(2)　選択Aと選択Bは，器械運動，陸上競技，水泳，ダンスのまとまりの中から選択して履修できるようにすることとしている。選択する場合の内容の取扱いについて次の文章の(　①　)～(　④　)に適する語句を入れなさい。

器械運動の運動種目は，マット運動，(　①　)運動，平均台運動及び跳び箱運動の中から選択して履修できるようにすることとしている。

陸上競技の運動種目は，第1学年及び第2学年で履修した(　②　)種目(短距離走・リレー，長距離走又はハードル走)，(　③　)種目

(走り幅跳び又は走り高跳び)の中から自己に適した運動種目を選択して履修できるようにすることとしている。

水泳の運動種目は，第1学年及び第2学年までの泳法に加え，それらを活用して楽しむことができるよう「複数の泳法で泳ぐこと，又は(　④　)をすること」を新たに示している。

(3)　選択Cと選択Dは，球技，武道のまとまりの中から選択して履修できるようにすることとしている。選択Cでバレーボールを選択した場合，選択Dで選択することができる球技の型を2つ答えなさい。

(4)　選択Cと選択Dで柔道を選択した場合，実際の授業の中で，安全な指導を行う上での留意点を具体的に2つ挙げなさい。

(☆☆☆☆◎◎◎◎◎)

【3】次の(1)～(5)の各文は，「中学校学習指導要領　解説　保健体育編」(平成20年9月)において，体育分野の各領域の学習内容について示したものである。文中の(　①　)～(　⑩　)に適する語句をあとのア～コの語群から選び，記号で答えなさい。

(1)　体育理論(第1学年　運動やスポーツの多様性)

運動やスポーツが多様であることについて理解できるようにする。

○　運動やスポーツには，行うこと，見ること，(　①　)ことなどの多様なかかわり方があること。

○　運動やスポーツには，特有の技術や(　②　)があり，その学び方には一定の方法があること。

(2)　器械運動(第1学年及び第2学年　技能)

次の運動について，技ができる楽しさや喜びを味わい，その技がよりよくできるようにする。

○　マット運動では，回転系や(　③　)の基本的な技を滑らかに行うこと，条件を変えた技，発展技を行うこと，それらを組み合わせること。

○　跳び箱運動では，(　④　)や回転系の基本的な技を滑らかに行うこと，条件を変えた技，発展技を行うこと。

(3)　陸上競技(第1学年及び第2学年　技能)

次の運動について，記録の向上や競争の楽しさや喜びを味わい，基本的な動きや効率のよい動きを身に付けることができるようにする。

○　短距離走・リレーでは，滑らかな動きで速く走ること，長距離走では，ペースを守り一定の距離を走ること，ハードル走では，(　⑤　)な走りから滑らかにハードルを越すこと。

○　走り幅跳びでは，(　⑥　)に乗った助走から素早く踏み切って跳ぶこと，走り高跳びでは，リズミカルな助走から力強く踏み切って大きな動作で跳ぶこと。

(4)　水泳(第1学年及び第2学年　態度)

水泳に積極的に取り組むとともに，(　⑦　)などを認め，ルールやマナーを守ろうとすること，分担した(　⑧　)を果たそうとすることなどや，水泳の事故防止に関する心得など健康・安全に気を配ることができるようにする。

(5)　球技(第1学年及び第2学年　知識，思考・判断)

球技の特性や成り立ち，技術の名称や行い方，関連して高まる(　⑨　)などを理解し，(　⑩　)に応じた運動の取り組み方を工夫できるようにする。

〔語群〕

ア　体力　　イ　勝敗　　ウ　切り返し系　　エ　役割
オ　支える　　カ　戦術　　キ　巧技系　　ク　スピード
ケ　リズミカル
コ　課題

(☆☆◎◎◎◎◎)

【4】次の表は,「評価規準の作成，評価方法等の工夫改善のための参考資料(中学校保健体育)」(平成23年11月)に示されている評価規準の設定例である。下の(1)～(3)の各問いに答えなさい。

【体育分野　武道(第3学年)】

運動への関心・（ ① ）・態度	運動についての思考・判断	運動の技能	運動についての知識・（ ② ）
（ ③ ）（ ④ ）	（ ⑤ ）（ ⑥ ）（ ⑦ ）	（ ⑧ ）	（ ⑨ ）（ ⑩ ）

【保健分野　健康な生活と疾病の予防(第3学年)】

健康・安全への関心・（ ① ）・態度	健康・安全についての思考・判断	健康・安全についての知識・（ ② ）
（ ⑪ ）（ ⑫ ）	（ ⑬ ）（ ⑭ ）	（ ⑮ ）（ ⑯ ）

(1) （　①　），（　②　）に適する語句を入れなさい。

※ （　　）の同番号には同語句が入る。

(2) （　③　）～（　⑩　）に適する語句を，次のア～クの語群の中から選び，記号で答えなさい。

〔語群〕

ア　試合の行い方について，学習した具体例を挙げている。

イ　健康や安全を確保するために，体調に応じて適切な練習方法を選んでいる。

ウ　柔道では，相手を崩して投げたり，抑えたりするなどの攻防を展開するための相手の動きの変化に応じた基本動作から，基本となる技，得意技，連絡技のいずれかができる。

エ　相手を尊重し，伝統的な行動の仕方を大切にしようとしている。

オ　武道を継続して楽しむための自己に適した関わり方を見付けている。

カ　互いに助け合い教え合おうとしている。

キ　運動観察の方法について，理解したことを言ったり書き出したりしている。

ク　仲間に対して，技術的な課題や有効な練習方法の選択について指摘している。

(3) (⑪)～(⑯)に適する語句を，次のア～カの語群の中から選び，記号で答えなさい。

〔語群〕

ア　感染症の予防について理解したことを言ったり，書き出したりしている。

イ　健康な生活と疾病の予防について，健康に関する資料等で調べたことを基に課題や解決の方法を見付けたり，選んだりするなどして，それらを説明している。

ウ　健康な生活と疾病の予防について，健康に関する資料を見たり，自分たちの生活を振り返ったりするなどの学習活動に意欲的に取り組もうとしている。

エ　健康な生活と疾病の予防について，学習したことを自分たちの生活や事例などと比較したり，関係を見付けたりするなどして，筋道を立ててそれらを説明している。

オ　健康な生活と疾病の予防について，課題の解決に向けての話合いや意見交換などの学習活動に意欲的に取り組もうとしている。

カ　個人の健康を守る社会の取組について理解したことを言ったり，書き出したりしている。

(☆☆☆◎◎◎◎)

【5】ダンスの学習のねらいや内容の取扱いについて，次の文中の(①)～(⑥)に適する語句を入れなさい。

(1) 学習のねらい

第1学年及び第2学年では，感じを込めて踊ったりみんなで踊ったりする楽しさや喜びを味わい，(①)をとらえた表現や踊りを通した交流ができるようにする。また，ダンスの学習に(②)に取り組み，仲間のよさを認め合うことなどに意欲をもち，健康や安全に気を配るとともに，ダンスの特性，踊りの(③)と表現の仕方などを理解し，課題に応じた運動の取り組み方を工夫することができるようにすることが大切である。

(2)　内容の取扱い

ダンスの指導内容は，「(　④　)」，「フォークダンス」及び「現代的なリズムのダンス」の中から選択して履修できるようにすることとしているので，生徒の発達や学年の段階等に応じた学習指導が必要である。

地域や学校の実態に応じて，その他のダンスについても履修させることができることとしている。

原則として，その他のダンスは，示された指導内容に(　⑤　)履修させることとし，地域や学校の特別の事情がある場合には，(　⑥　)履修させることもできることとする。

(☆☆☆☆◎◎◎◎)

【6】次の文は，「スポーツ基本法」(平成23年6月24日公布　平成23年8月24日施行)の前文に示されている内容である。文中の(　①　)~(　⑤　)に適する語句を下のア～コの語群から選び，記号で答えなさい。

(1)　スポーツを通じて幸福で豊かな生活を営むことは，全ての人々の(　①　)

(2)　全ての国民がその自発性の下に，各々の関心，適性等に応じて，安全かつ公正な環境の下で日常的にスポーツに親しみ，スポーツを楽しみ，又はスポーツを支える活動に(　②　)することのできる機会を確保

(3)　スポーツは，次代を担う青少年の体力を向上。(　③　)を尊重しこれと協同する精神，公正さと規律を尊ぶ態度や克己心を培い，実践的な思考力や判断力を育む等(　④　)の形成に大きな影響

(4)　スポーツは，人と人，地域と地域との交流を促進し，地域の一体感や活力を醸成し，地域社会の(　⑤　)に寄与。心身の健康の保持増進にも重要な役割を果たし，健康で活力に満ちた長寿社会の実現に不可欠

[語群]

ア　自己　　イ　参画　　ウ　人格　　エ　再生

オ　義務　　カ　他者　　キ　態度　　ク　権利
ケ　交流　　コ　貢献

(☆☆☆◎◎◎◎◎)

【高等学校】

【1】次の文は,「高等学校学習指導要領解説　保健体育編・体育編」(平成21年12月)に示されている「保健体育科」の目標と科目「体育」の目標である。下の(1)～(3)の各問いに答えなさい。

【保健体育科】

心と体を一体としてとらえ,ア　健康・安全や運動についての理解と運動の合理的,(　①　)な実践を通して,生涯にわたって豊かなスポーツライフを(　②　)する資質や能力を育てるとともに健康の保持増進のための実践力の育成と体力の向上を図り,明るく豊かで活力ある生活を営む態度を育てる。

【体育】

運動の合理的,(　①　)な実践を通して,知識を深めるとともに技能を高め,運動の楽しさや喜びを(　③　)味わうことができるようにし,イ　自己の状況に応じて体力の向上を図る能力を育て,公正,協力,責任,参画などに対する意欲を高め,健康・安全を確保して,生涯にわたって豊かなスポーツライフを(　②　)する資質や能力を育てる。

(1)　(　①　)～(　③　)に適する語句を入れなさい。
ただし,(　　)の同番号には同語句が入る。

(2)　下線アについて,どのような理解が望ましいか。解説している次の文中の(　①　)～(　③　)に入る適語の組合せをあとのア～オの語群から1つ選び,記号で答えなさい。

健康・安全面では,小学校の身近な生活における健康・安全に関する基礎的な内容を(　①　)に理解すること,中学校での主として個人生活における健康・安全に関する内容を(　②　)に理解することを踏まえ,高等学校では,個人生活のみならず社会生活とのかかわりを含めた健康・安全に関する内容を(　③　)に理解することを通して，生涯を通じて健康や安全の課題に適切に対応できるようにすることを目指しているものである。

【語群】

	①	②	③
ア	実践的	総合的	科学的
イ	総合的	科学的	実践的
ウ	科学的	総合的	実践的
エ	実践的	科学的	総合的
オ	総合的	実践的	科学的

(3)　下線イについて，どのようなことに留意して取り組むことが必要か。次の文章の(　①　)，(　②　)に適する語句を入れなさい。

高等学校修了段階においては，体力の向上を図る能力として，(　①　)に適した運動の計画や(　②　)の体力や生活に応じた運動の計画を立て取り組むことができるようにすること，運動に関連して高まる体力やその高め方を理解しておくことが大切である。

(☆☆☆◎◎◎◎◎)

【2】次の表は，「高等学校学習指導要領解説　保健体育編・体育編」(平成21年12月)をもとに作成された科目「体育」の領域の内容である。あとの(1)，(2)の各問いに答えなさい。

領　　域	領　域　の　内　容
A　体つくり運動	ア　（ ① ）　　イ　体力を高める運動
B　器械運動	ア　マット運動　　イ　（ ② ） ウ　平均台運動　　エ　跳び箱運動
C　陸上競技	ア　競走　　イ　跳躍 ウ　投てき
D　水　泳	ア　クロール　　イ　平泳ぎ ウ　背泳ぎ　　エ　バタフライ オ　（ ③ ）の泳法で長く泳ぐ又はリレー
E　球　技	ア　ゴール型 バスケットボール　　（ ④ ） サッカー　　ラグビー イ　ネット型 バレーボール　　卓球 テニス　　バドミントン ウ　ベースボール型 ソフトボール

F　武　道	ア　柔道　　　　　　　　イ　剣道
G　ダンス	ア　創作ダンス　　　　　イ　フォークダンス ウ　現代的なリズムのダンス
H　体育理論	(1) スポーツの歴史，文化的特性や現代のスポーツの特徴 (2) 運動やスポーツの効果的な学習の仕方 (3) 豊かなスポーツライフの設計の仕方

(1) 表の(　①　)～(　④　)に適する語句を入れなさい。

(2) A～Hの内容の取扱いは次のとおりである。(　　)に適する語句を入れなさい。

ア　「A　体つくり運動」の体力を高める運動については，(　　)的に取り組める運動例を組み合わせることに重点を置くなど指導方法の工夫を図ること。

イ　「D　水泳」のスタートの指導については，段階的な指導を行うとともに安全を十分に確保すること。また，「保健」における(　　)の内容との関連を図ること。

ウ　「E　球技」の入学年次においては，「ア　ゴール型」「イ　ネット型」「ウ　ベースボール型」の中から(　　)を選択して履修できるようにすること。

(☆☆☆◎◎◎◎◎)

【3】次の「陸上競技」の学習指導案を見て，あとの問いに答えなさい。

学習指導案

1　単元名　陸上競技　第2学年

2　単元の目標

(1)　技能の目標(　省略　)

(2)　態度の目標(　省略　)

(3)　知識，思考・判断の目標(　省略　)

3　運動の特性

・「走る」「跳ぶ」「投げる」などの運動で構成され，記録に挑戦したり，相手と競争したりする楽しさや喜びを味わうことのできる運動である。

4　生徒の実態(　省略　)

5　評価規準の設定例(　一部抜粋　)

関心・意欲・態度	思考・判断	運動の技能	知識・理解
(①) (②)	(③) (④)	(⑤) (⑥)	(⑦) (⑧)

6　単元計画　第2学年

時	1	2～6	7	8～12	13	14～18	19～21
内容	オリエンテーション	【選択Ⅰ】 3種目から1つ 短距離走・リレー 走り幅跳び 砲丸投げ	記録会	【選択Ⅱ】 3種目から1つ ハードル走 走り高跳び やり投げ	記録会	課題解決学習 【選択Ⅰ・Ⅱで選んだ２種目】 ・自分たちで計画を立てて練習	競技会 自分たちで運営・記録

(1)　「5　評価規準の設定例」の表の①～⑧の(　　)に適する語句を次のア～クの語群から選び，記号で答えなさい。

【語群】

ア　練習や競技の場面で，自己や仲間の危険を回避するための活動の仕方を選んでいる。

イ　競技会の仕方について，学習した具体例を挙げている。

ウ　スピードのあるリズミカルな助走から力強く踏み切り，滑らかな空間動作で跳ぶことができる。

エ　中間走の高いスピードを維持して速く走ることができる。

オ　これまでの学習を踏まえて，自己や仲間の挑戦する課題を設定している。

カ　役割を積極的に引き受け自己の責任を果たそうとしている。

キ　互いに助け合い高め合おうとしている。

ク　陸上競技に関連した体力の高め方について，学習した具体例を挙げている。

(2) 次の①～③の各種目における指導方法について，適切でないものをア～エより1つ選び，記号で答えなさい。

① 短距離走・リレー

ア スタートダッシュでの加速を終え，ほぼ定速で走る区間の走りを，走る距離に応じた高いスピードをできる限りフィニッシュ近くまで保つよう指導した。

イ リレーでは，受け手と渡し手の距離を長くして，バトンの受け渡しを行うよう指導した。

ウ 中間走では，体の重心より前に接地したり，キックした足を素早く前に運んだ動きで走るように指導した。

エ 短距離走の走る距離は，グラウンドの大きさを考えて，100m～400mまで弾力的に扱った。

② 走り高跳び

ア 高い助走スピードで踏み切りに移るように指導した。

イ 踏み切りでは，振り上げ脚の引き上げと両腕の引き上げをタイミングよく行うように助言した。

ウ 「背面跳び」は，危険なので，生徒の技能，体力，器具・用具等の安全性などの条件が整っていても指導してはいけない。

エ 「はさみ跳び」は，空中におけるはさみ動作を中心に指導した。

③ 砲丸投げ

ア 砲丸投げは，中学校でも指導されているので，中学校の復習を行ってから指導する。

イ 足の地面への押しや上半身のひねり戻しを使って砲丸を突き出すように指導した。

ウ 砲丸をあごの下に保持した姿勢から，肘や肩に負担がかからないよう直線的に砲丸を押し出す動きになるように助言した。

エ 十分な練習空間を確保したり，投げる際に仲間に声をかけるようにしたりして実施させた。

(3)　単元計画の14時間から18時間目の課題解決学習は，「思考・判断」を重視した指導方法である。次の文章は，「思考・判断」の指導に際しての大切な点を示している。文中の(　①　)，(　②　)に適する語句を入れなさい。

ただし，(　　)の同番号には同語句が入る。

【思考・判断】

運動の行い方，仲間と教え合うなどの活動の仕方，健康・安全の確保の仕方，運動の(　①　)の仕方などのこれまでの学習した内容をもとに，運動を(　①　)するために，自己や仲間の課題に応じて，知識を新たな学習場面で(　②　)したり，応用したりすることを示している。

(4)　生徒の「思考力・判断力」をはぐくむ観点から，生徒の言語活動を充実することが大切である。陸上競技の授業で言語活動を充実させる指導に際して，次のア～オから正しいものを1つ選び，記号で答えなさい。

ア　主体的な学習に取り組めるよう，単元のおわりに課題解決の方法を確認した。

イ　練習中や記録会の後は，集中させるために話合いをする機会は設けなくて良い。

ウ　グループの話合い活動の際は，学習ノートは必要ないため，使用しない。

エ　話合いのテーマや学習の段階的な課題を明確にするように指導した。

オ　充実した話合い活動をするためには体を動かす機会はあまり確保しなくて良い。

(☆☆☆◎◎◎◎)

【4】次の文は，「高等学校学習指導要領解説　保健体育編・体育編」(平成21年12月)に示されている体育理論の内容及び内容の取扱いについて示したものである。文中の(　①　)～(　⑤　)に適語を入れなさい。

ただし，(　　)の同番号には同語句が入る。

「1　スポーツの歴史，文化的特性や現代のスポーツの特徴」

(1)　現代のスポーツは，(　①　)や世界平和に大きな役割を果たしており，その代表的なものに(　②　)があること，(　②　)は，オリンピック競技大会を通じて，人々の友好を深め世界の平和に貢献しようとするものであることを理解できるようにする。

　また，競技会での勝利によって賞金などの報酬が得られるようになると(　③　)が起こるようになったこと，(　③　)は不当に勝利を得ようとするフェアプレイの精神に反する不当な行為であり，能力の限界に挑戦するスポーツの(　④　)を失わせる行為であることを理解できるようにする。

「内容の取扱い」

(2)　「H体育理論」は，各年次において，すべての生徒に履修させるとともに，「各科目にわたる指導計画の作成と内容の取扱い」に，授業時数を各年次で(　⑤　)単位時間以上を配当することとしている。

　このことは，基礎的な知識は，意欲，思考力，運動の技能などの源となるものであり，確実な定着を図ることが重要であることから，各領域に共通する内容や，まとまりで学習することが効果的な内容に精選するとともに，中学校との接続を考慮して単元を構成し，十分な定着が図られるよう配慮したものである。

(☆☆☆☆◎◎◎◎◎)

【5】「高等学校学習指導要領解説　保健体育編・体育編」(平成21年12月)に示されている各領域の内容や指導方法について，次の(1)～(3)の各問いに答えなさい。

(1)　次のア～エの文は，入学年次における柔道の指導方法を示している。適切でないものを1つ選び，記号で答えなさい。

ア　対人での練習を通して，既習技を高めるとともに，相手の動きの変化に応じて相手を崩し，得意技や連絡技を素早くかけるよう指導した。

イ　「形」については，安全に配慮する観点から，より多くの授業時数を配当し，適切に学習できるよう指導した。

ウ　基本となる技を高めるとともに，得意技や抑え技の連絡を用いて相手を抑えるよう指導した。

エ　相手の動きの変化に応じて，相手を崩して自由に得意技や連絡技をかけるよう指導した。

(2)　次の文は，ダンスにおける技能の内容について示している。文章の(　　)に適する語句を下のア～クの語群から選び，記号で答えなさい。

ア　創作ダンスでは，表したいテーマにふさわしいイメージをとらえ，個や(　①　)で，対極の動きや空間の使い方で変化を付けて(　②　)に表現したり，イメージを強調した作品にまとめたりして踊ること。

イ　フォークダンスでは，踊り方の特徴を強調して，音楽に合わせて多様な(　③　)や動きと組み方で仲間と対応して踊ること。

ウ　現代的なリズムのダンスでは，リズムの特徴を強調して(　④　)で自由に踊ったり，(　⑤　)とまとまりを付けて仲間と対応したりして踊ること。

【語群】

ア　ステップ　　イ　変化　　ウ　計画的　　エ　リズム
オ　即興的　　カ　集団　　キ　群　　ク　全身

(3)　次のア～エの文は，入学年次におけるダンスの「態度」についての指導方法を示している。適切でないものを1つ選び，記号で答えなさい。

ア　コミュニケーションが深まるよう，グループの仲間同士でよさや違いを認め，賞賛するように助言した。

イ　活動時間が十分に確保できていなかったので，自己の責任を果たすことについて話し合う機会を設けた。

ウ　時には相手のことは考えず，感情のままに意見をぶつけ合うことも信頼関係を深めるためには有効であると指導した。

エ　けがなどを防止するための留意点を学習カードに明記し，授業のはじめに確認し，取り組むよう指導した。

(☆☆☆◎◎◎◎)

【6】次の(1)～(4)の文は，「高等学校学習指導要領解説　保健体育編・体育編」(平成21年12月)に示されている球技について，指導内容を示したものである。(　　)に適する語句をア～エから1つ選び，記号で答えなさい。

(1)　ネット型の技能における指導に際しては，自己のチームや相手チームの特徴に応じた作戦を立てて勝敗を競う楽しさや喜びを深く味わえるよう，この段階では，立体的な空間の攻防としてとらえ，(　　)やリズムの変化によって相手の守備を崩し，得点しやすい空間を作りだすなどの攻撃とその対応による攻防を中心に取り上げるようにする。

ア　連携した動き　　イ　作戦　　ウ　ラリー

エ　ボールの変化

(2)　ベースボール型の技能における指導に際しては，自己のチームや相手チームの特徴を踏まえた作戦を立てて勝敗を競う楽しさや喜びを深く味わえるよう，攻撃では，守備の状況に応じてヒットの出やすい場所にねらって打ったり，守備の状況を見ながら走ったりするなどを，守備では，相手チームの特徴などに応じた守備位置に立つなどの(　　)を中心に取り上げ，失点を最小限にとどめるための攻防を中心に取り上げるようにする。

ア　連携　　イ　作戦　　ウ　思考・判断　　エ　主体性

(3)　知識における「競技会の仕方」の指導内容では，ゲームのルール，トーナメントやリーグ戦などの試合方式，運営の仕方や(　　)行動の仕方などを理解できるようにする。

ア　伝統的な　　イ　責任ある　　ウ　役割に応じた

エ　合理的な

(4)　態度における「健康・安全を確保する」指導内容では，入学年次のその次の年次以降には，体調の変化に応じてとるべき行動や，自己の体力の程度に応じてけがを回避するための適切な(　　)，けがを未然に防ぐための留意点などを理解し，取り組めるようにする。

ア　目標　　イ　運動量　　ウ　環境　　エ　用具

(☆☆☆◎◎◎◎)

【7】「高等学校学習指導要領解説　保健体育編・体育編」(平成21年12月)に示されている保健について，次の(1)，(2)の各問いに答えなさい。

(1)　次の文は，保健の内容「(1)　現代社会と健康　ウ　精神の健康」についてである。文章の(　①　)～(　⑦　)に適する語句をあとのア～コの語群から選び，記号で答えなさい。ただし，(　　)の同番号には同語句が入る。

(ア)　欲求と適応機制

精神機能は，主として大脳によって統一的・(　①　)に営まれていることを理解できるようにする。また，人間には様々な欲求があり，欲求が満たされない時には，不安，緊張，悩みなどの精神の変化が現れるとともに，様々な適応機制が働き，精神の(　②　)を図ろうとすることを理解できるようにする。

(イ)　心身の相関

人間の精神と(　③　)は密接な関連をもっていることを，(　③　)的変化が精神に及ぼす影響と精神的変化が(　③　)に及ぼす影響との両面から理解できるようにする。また，この心身の相関には，主として自律神経系及び(　④　)系の多くの器官がかかわっていることを理解できるようにする。

(ウ)　ストレスへの対処

人間が生きていく上で，ストレスを感じること自体は自然なことであり，また，適度なストレスは(　⑤　)上必要なものであるが，過度のストレスは心身に好ましくない影響をもたらすことがあることを理解できるようにする。また，ストレスの原因には物理的要因や心理的・(　⑥　)要因など様々なものがあり，それらの影響は要因そのものの大きさとそれを受け止める人の精神や身体の状態によって異なることから，自分なりのストレスの対処法を身に付けることが精神の健康のために重要であることを理解できるようにする。

(エ)　自己実現

人間の欲求の高次なものの一つとして，(　⑦　)を高め，もてる力を最大限に発揮したいという自己実現の欲求があり，また，その充足が精神の健康と深くかかわっていることを理解できるようにする。

【語群】

ア　内分泌	イ　欲求不満	ウ　身体	エ　調和的
オ　社会的	カ　自分自身	キ　安定	ク　精神発達
ケ　生活習慣	コ　葛藤		

(2)　「保健」は，原則として入学年次及びその次の年次の2か年にわたり履修することにしているが，その理由を答えなさい。

(☆☆☆◎◎◎◎)

解答・解説

【中学校】

【1】(1)　①　体力の向上　　②　管理　　(2)　事故の防止

(3)　①　自己形成　　②　発生要因

〈解説〉(1)　保健体育科の空所補充では，改訂箇所，および目標における3つの具体的事項が出題されやすい。3つの具体的事項とは「生涯にわたって運動に親しむ資質や能力の育成」「健康の保持増進のための実践力の育成」「体力の向上」である。　(3)　学習指導要領解説によると，保健の学習における基本的方向として，①小学校での実践的な理解という考え方を生かすこと，②抽象的な思考などが可能になるなど発達の段階を踏まえること，③心身の健康の保持増進に関する基礎的・基本的内容について科学的に思考し，理解できるようにすること，があげられている。

【2】(1)　①　健康　②　運動　(2)　①　鉄棒　②　競走　③　跳躍　④　リレー　(3)　ゴール型・ベースボール型

(4)　・生徒の体調等に注意する。　・段階的な指導を進める。　・生徒の状況にあった投げ技の指導を行う。　・技の難易度や自己の技能・体力の程度に応じて技に挑戦させること。　相手の技能や体力に応じて力を加減させること。　・自己の体調，技能・体力の程度に応じた技術的な課題を選んで段階的に挑戦させること。　・頭を打たない，打たせないための受け身の練習をしっかりとさせる。　・絞め技や関節技は指導しない。　・危険な動作や禁じ技を用いないこと。　・用具や練習及び試合の場所などの自己や仲間の安全に留意すること。　・畳の状態などを整えること。　・施設の広さなどの状況に応じて安全対策を講じること。

〈解説〉(3)　今回の学習指導要領改訂で，球技はゴール型，ネット型，ベースボール型に大別されている。バレーボールはネット型に分類されるので，ゴール型，ベースボール型から選択することになる。

(4)　柔道における重大な事故について，体の部位としては頭部や頚部に多く，原因として受け身が十分にとれていないなどが指摘されている。そのため，柔道の指導では特に頭を打たない，打たせない指導が必要とされている。柔道の指導については，「柔道の授業の安全な実施に向けて」(文部科学省)を参照されたい。

【3】①　オ　②　カ　③　キ　④　ウ　⑤　ケ　⑥　ク　⑦　イ　⑧　エ　⑨　ア　⑩　コ

〈解説〉内容については生徒の発達段階を踏まえて示されることになっており，第1～2学年と第3学年で内容が異なるので，相違点などを中心にチェックしておくこと。例えば，器械運動のマット運動の第3学年では「回転系や巧技系の基本的な技を滑らかに安定して行うこと…」となっている。ただし，体育理論については各学年で学習内容が大きく異なるので，注意が必要である。

【4】(1) ① 意欲 ② 理解 (2) ③ エ ④ カ ⑤ イ ⑥ オ ⑦ ク ⑧ ウ ⑨ ア ⑩ キ(※③④，⑤⑥⑦，⑨⑩は順不同) (3) ⑪ ウ ⑫ オ ⑬ イ ⑭ エ ⑮ ア ⑯ カ(※⑪⑫，⑬⑭，⑮⑯は順不同)

〈解説〉保健体育科の評価規準は，体育分野と保健分野で構成されており，体育分野における評価の観点は「運動への関心・意欲・態度」「運動についての思考・判断」「運動の技能」「運動についての知識・理解」の4つである。ただし「A 体つくり運動」は「運動の技能」を除いた3観点，「H 体育理論」は「運動の技能」を除いた3観点で評価する。保健分野は，健康・安全に関する4つの内容のまとまりで構成されており，「健康・安全への関心・意欲・態度」「健康・安全についての思考・判断」「健康・安全についての知識・理解」の3観点で評価する。

【5】① イメージ ② 積極的 ③ 由来 ④ 創作ダンス ⑤ 加えて ⑥ 替えて

〈解説〉今回の学習指導要領改訂によって，ダンスも全生徒が履修することとなったので，出題頻度が高くなると思われる。ダンスについて，「創作ダンス」「フォークダンス」「現代的なリズムのダンス」の3つは従前と変化はない。なお，フォークダンスには日本の民謡も含まれること，現代的なリズムのダンスではロックやヒップホップなどを代表例としており，特徴としてシンコペーションやアフタービートをあげていることもおさえておこう。

【6】① ク　② イ　③ カ　④ ウ　⑤ エ

〈解説〉スポーツ基本法(平成23年)は，昭和36年に制定されたスポーツ振興法を50年ぶりに全部改正し，スポーツに関し，基本理念を定め，並びに国及び地方公共団体の責務並びにスポーツ団体の努力等を明らかにするとともに，スポーツに関する施策の基本となる事項を定めたものである。保健体育科においては頻出条文の1つとなっている。特に，前文，第1～2条は空所補充形式などで出題されることが多いので，全文暗記が望ましい。

【高等学校】

【1】(1) ① 計画的　② 継続　③ 深く　(2) エ
(3) ① 目的　② 自己

〈解説〉保健体育科の目標は，体育と保健を関連させる一方，中央教育審議会答申における指摘を踏まえて，「生涯にわたって豊かなスポーツライフを実現する」という意味合いがさらに強調されたものとなっている。保健体育の教科目標，および体育，保健の目標は最頻出なので，学習指導要領解説も含めてマスターしておきたい。

【2】(1) ① 体ほぐしの運動　② 鉄棒運動　③ 複数
④ ハンドボール　(2) ア 日常　イ 応急手当　ウ 二つ

〈解説〉「体育」の領域及び内容の取扱いについては，学習指導要領解説に一覧表が掲載されているので，きちんとおさえておくこと。今回の改訂による変更点は水泳に「複数の泳法で長く泳ぐこと又はリレーをすること」が新設，球技はゴール型，ネット型，ベースボール型に再編成，体育理論は各項目の見直し，があげられる。変更点は出題されやすい傾向があるので，特に注意しておこう。

【3】(1) ① カ　② キ　③ ア　④ オ　⑤ ウ
⑥ エ　⑦ イ　⑧ ク　※①②，③④，⑤⑥，⑦⑧は順不同可
(2) ① ウ　② ウ　③ ア　(3) ① 継続
② 適用　(4) エ

〈解説〉近年では，学習指導案作成に関する問題が増加傾向にあり，白紙から指導案を作成させる自治体もあった。そのため，きちんとした学習指導案・授業計画が作成できるようにしておこう。評価規準の設定例については「評価規準の作成，評価方法等の工夫改善のための参考資料」(国立教育政策研究所)が役に立つ。　(2) ①　中間走では，体の真下近くに足を接地したり，キックした足を素早く前に運んだりするなどの動きで走るように指導した，が正しい。　②「背面跳び」は生徒の技能，体力の程度，器具・用具等の安全性などの条件が十分に整っていること，および安全を考慮した段階的な指導を十分に行ったうえで実施するようにする。　③　投てき種目(砲丸投げ・やり投げ)は中学校では指導しない。砲丸投げは，高等学校で初めて学習することとなるため，段階的な指導の工夫をすることが大切である。
(4) ア　課題解決の方法を確認するのは，単元のおわりだけではないので不適。　イ　話合いをする機会を設けるようにするのが正しい。　ウ　学習ノートを使用するのが正しい。　オ　体を動かす機会を確保して行うが正しい。

【4】(1) ① 国際親善　② オリンピックムーブメント　③ ドーピング　④ 文化的価値　(2) ⑤ 6

〈解説〉(1)は「ウ オリンピックムーブメントとドーピング」についての文章であり，内容は入学年次に学習する。その他の内容としては「ア スポーツの歴史的発展と変容」「イ スポーツの技術，戦術，ルールの変化」「エ スポーツの経済的効果とスポーツ産業」がある。なお，オリンピックムーブメントと合わせて，「スポーツを通して心身を向上させ，さらには文化・国籍などさまざまな差異を超え，友情，連帯感，フェアプレーの精神をもって理解し合うことで，平和でよりよい世界

の実現に貢献する」というオリンピリズムも覚えておきたい。

【5】(1)　イ　　(2)　①　キ　　②　オ　　③　ア　　④　ク
⑤　イ　　(3)　ウ

〈解説〉(1)「受け身」については，安全に配慮する観点から，より多くの授業時数を配当し，適切に学習できるように指導する，が正しい。
(3)　相互の信頼関係を深めるためには，対立意見が出た場合でも，仲間を尊重し相手の感情に配慮しながら発言したり，提案者の発言に同意を示したりして，話合いを進めることが大切であることを理解し，取り組めるようにする。

【6】(1)　エ　　(2)　ア　　(3)　ウ　　(4)　イ

〈解説〉(1)　高等学校におけるネット型の運動種目はバレーボール，テニス，卓球，バドミントンである。本問では指導内容が簡潔にまとめられているが，学習指導要領解説ではボールや用具の操作，ボールを持たないときの動きについて具体的な指導例が掲載されているので，参照されたい。　(2)　高等学校におけるベースボール型の運動種目はソフトボールがとりあげられている。　(3)　知識において，学習指導要領解説では，各運動種目における審判の方法も一例としてあげられている。　(4)　具体例としては用具の安全確認の仕方，段階的な練習の仕方，体調の変化に応じてとるべき行動，けがを未然に防ぐための留意点などがあげられる。

【7】(1)　①　エ　　②　キ　　③　ウ　　④　ア　　⑤　ク　　⑥　オ
⑦　カ　　(2)　・小学校第3学年から中学校第3学年まで毎学年学習しており，高等学校では，継続して学習させることによって，学習の効果を上げることをねらっているから。　・高等学校においてもできるだけ長い期間継続して学習し，健康や安全についての興味・関心や意欲を持続させ，生涯にわたって健康で安全な生活を送るための基礎となるよう配慮したから。

〈解説〉保健の領域は「現代社会と健康」「生涯を通じる健康」「社会生活と健康」に大別される。保健の標準単位数は2単位であり，これは改訂前と変わらない。　(1)　現代社会と健康についてはヘルスプロモーションの考え方が基本になるので，おさえておく必要がある。ヘルスプロモーションは，1986年のオタワ憲章において提唱された新しい健康観に基づく21世紀の健康戦略で「人々が自らの健康とその決定要因をコントロールし，改善することができるようにするプロセス」と定義されている。

2012年度　実施問題

【中学校】

【1】次の文は,「中学校学習指導要領　解説　保健体育編」(平成20年9月)に示されている「保健体育科」の目標と「体育分野」の第1学年及び第2学年の目標である。下の(1)～(3)の各問いに答えなさい。

【保健体育科】

心と体を一体としてとらえ，運動や健康・安全についての理解と運動の合理的な実践を通して，生涯にわたって運動に親しむ資質や能力を育てるとともにア　健康の保持増進のための実践力の育成とイ　体力の向上を図り，明るく豊かな生活を営む態度を育てる。

【体育分野】(第1学年及び第2学年)

(2)運動を適切に行うことによって，ウ　体力を高め，心身の調和的発達を図る。

(1)　下線アについて，どのようなことに留意して育成することが望ましいか。解説している下の文章の(　　)に適する語句を入れなさい。

生徒が現在及び将来の生活において健康・安全の課題に直面した場合に，科学的な思考と正しい判断の下に(　　)や行動選択を行い，適切に実践していくための思考力・判断力などの資質や能力の基礎を育成する。

(2)　下線イについて，どのようなことに留意して取り組むことが必要か。次の文章の(　　)に適する語句を入れなさい。

自己の体力の状況をとらえて，(　　)に適した運動の計画を立て取り組むことができるようにすることが必要である。

(3)　下線ウについて，どのようなことに留意して取り組むことが大切か。次の文章の(　①　)～(　②　)に適する語句を入れなさい。

健康や体力の状況に応じて体力を高める必要性を認識させ，学校の教育活動全体や(　①　)で生かすことができるようにするとともに，体力と運動の技能は相互に関連して高まることを意識させることで，それぞれの運動の特性や魅力に触れるために必要となる体力を(　②　)自らが高められるようにすることの大切さを示している。

(☆☆☆◎◎◎)

【2】次の第1学年と第2学年の年間指導計画について，下の(1)，(2)の各問いに答えなさい。

	体つくり運動	器械運動	水　泳	球　技	ダンス	体育理論	保健分野
第1学年	体ほぐしの運動 (　①　)	マット運動 鉄棒運動 平均台運動 (　②　)	クロール 背泳ぎ	ゴール型 サッカー バスケットボール (　④　)	創作ダンス フォークダンス (　⑥　)	(1) 運動やスポーツの多様性	(1) 心身の機能の発達と心の健康
	体つくり運動	陸上競技	水　泳	球　技	武　道	体育理論	保健分野
第2学年	体ほぐしの運動 (　①　)	短距離走・リレー (　③　)	クロール 平泳ぎ バタフライ	ネット型 バレーボール テニス バドミントン (　⑤　) ベースボール型 ソフトボール	柔道 剣道 (　⑦　)	(2) 運動やスポーツが心身の発達に与える効果と安全	(2) 健康と環境 (3) 傷害の防止

(1)　(　①　)～(　⑦　)に適切な領域の内容を答えなさい。

※　(　　)の同番号には同語句が入る。

(2)　次の①～④の各文は，水泳の各泳法の指導方法を示しています。(　　)に入る適語をア～エから選び，記号で答えなさい。

①　クロールは，一定のリズムで強いキックを打ち，水中で肘を60～90度程度に曲げて，(　　)を描くように水をかくよう指導する。

ア　円　　イ　S字　　ウ　L字　　エ　直線

②　平泳ぎは，カエル足で長く伸びたキックをし，水中で手のひらが肩より前で，両手で(　　)を描くように水をかくように指導する。

ア　逆ハート型　　イ　円　　ウ　直線　　エ　ハート型

③　背泳ぎは，水中では，肘が肩の横で60～90度程度曲がるようにしてかき，空中では，手・肘を高く伸ばした(　　)的なリカバリーの動きをするように指導する。

ア　ハート型　　イ　L字　　ウ　円　　エ　直線

④　クロールと背泳ぎのターンでは，(　　)でプールの壁にタッチし，膝を胸のほうに横向きに抱え込み蹴り出すように指導する。

ア　片足　　イ　両足　　ウ　片手　　エ　両手

(☆☆☆◎◎◎)

【3】次の(1)～(4)の各領域における指導方法について，適切でないものを下のア～エより1つ選び，記号で答えなさい。

(1)　体ほぐしの運動

ア　体ほぐしの運動の授業では，生徒に,「心と体の関係に気付く」こと,「体の調子を整える」こと,「仲間と交流する」ことのねらいをかかわり合わせながら指導した。

イ　「手軽な運動や律動的な運動」を，自己や他者の心や体の状態を確かめ合ったり，心や体によってコミュニケーションをとったりして行うように指導した。

ウ　「ダンス」領域では，関連を図って指導するが，柔道では関連が薄いため関連づけず，指導した。

エ　心の健康など保健分野との関連を図って指導した。

(2)　器械運動

ア　「基本的な技」とは，各種目の系の技の中で基本的な運動課題をもつ技を示しており，平均台運動以外の種目では，小学校第5学年及び第6学年で学習した技を含んで指導した。

イ　同じ技でも，開始姿勢や終末姿勢を変えて行う「条件を変えた技」を行うことにより動き方に変化を生じさせ,「発展技」への準備状態をつくり出した上で,「発展技」を行うように指導した。

ウ　「発展技」では，学習した基本的な技の中から選択して行うように指導した。

エ　「技を組み合わせる」とは，学習した基本的な技，条件を変えた技の中から組み合わせ，「発展技」の中からは，危ないので組み合わせないように指導した。

(3)　陸上競技

ア　クラウチングスタートから徐々に上体を起こしていき加速するようにした。

イ　自己に合ったピッチとストライドで速く走るようにした。

ウ　後半でスピードが著しく低下しないよう，スタートから全身に力を入れ最後まで走らせるように指導した。

エ　リレーでは，次走者のスピードが十分に高まったところでバトンの受け渡しをするように指導した。

(4)　武道(第3学年)

ア　柔道の投げ技では，2人1組の対人で，崩し，体さばき，受け身を用いて投げ技の応用となる技を扱うようにした。

イ　柔道の固め技では，固め技の姿勢や体さばきを用いながら，固め技の連絡ができるように指導した。

ウ　剣道では，2人1組の対人で，体さばきを用いてしかけ技の基本となる技や応じ技の基本となる技を高め，自己の技能・体力の程度に応じた得意技を身に付けることができるよう工夫して指導した。

エ　剣道では，しかけ技や応じ技の基本となる技や得意技を用いて自由練習や簡単な試合で攻防ができるように指導した。

(☆☆☆◎◎◎)

【4】次の「第2学年　球技：ネット型」の単元計画を見て，あとの問いに答えなさい。

単元計画

1　単元名 球技：ネット型　「テニス」第2学年

2　単元の目標

(1)　技能の目標(　省略　)

(2)　態度の目標(　省略　)

(3)　知識，思考・判断の目標(　省略　)

3　運動の特性

・コート上でネットをはさんで相対し，身体や用具を操作してボールを空いている場所に返球し，一定の得点に早く到達することを競い合うゲームである。

4　生徒の実態(　省略　)

5　評価規準の設定例(　省略　)

運動への 関心・意欲・態度	運動についての 思考・判断	運動の技能	運動についての 知識・理解
(　①　) (　②　)	(　③　) (　④　)	(　⑤　) (　⑥　)	(　⑦　) (　⑧　)

6　単元計画　第2学年

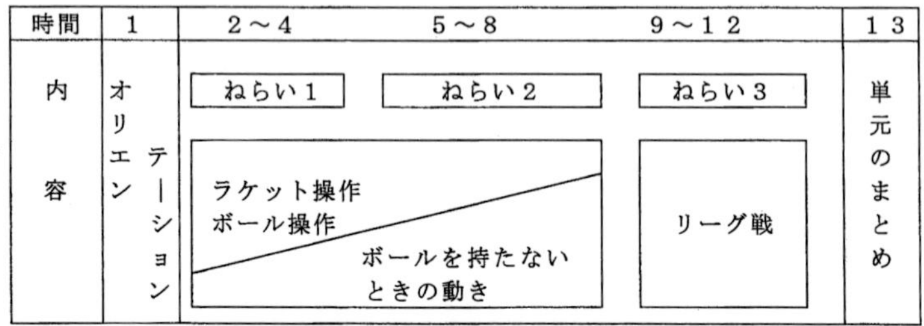

(1)　「5　評価規準の設定例」の表の①～⑧の(　　)に入る適語を，次のア～クの語群の中から選び，記号で答えなさい。

【語群】

ア　試合の行い方について，学習した具体例を挙げている。

イ　フェアなプレイを守ろうとしている。

ウ　提供された練習方法から，自己やチームの課題に応じた練習方法を選んでいる。

エ　定位置に戻るなどの動きができる。

オ　健康・安全に留意している。

カ　空いた場所をめぐる攻防を展開するためのボールや用具の操作ができる。

キ　球技に関連して高まる体力について，学習した具体例を挙げている。

ク　自己やチームの課題を見付けている。

(2)　次の文章は，「態度」「知識」「思考・判断」の指導に際しての大切な点を示している。文中の(　①　)～(　⑤　)に適する語句を入れなさい。

【態度】

人には誰でも学習によって技能や体力が向上する可能性があるといった挑戦することの意義を理解させ，発達の段階や学習の段階に適した(　①　)を設定したり，練習の進め方や場づくりの方法などを示したりするなど，生徒が記録の向上，競争や攻防，演技や発表などに(　②　)をもって取り組めるようにすることが大切である。

【知識】

暗黙知をも含めた知識への理解をもとに運動の技能を身に付けたり，運動の技能を身に付けることで一層その理解を深めたりするなど，知識と(　③　)を関連させて学習することが大切である。

【思考・判断】

各領域における学習課題に応じて，これまでに学習した内容を学習場面に適用したり，(　④　)したりすることであるが，第1学年及び第2学年では，基礎的な知識や技能を(　⑤　)して，学習課題への取り組み方を工夫できるようにする。

(3)　指導に際して，空いた場所への攻撃を中心に，ラリーを続ける学習課題を追求しやすいように，プレイ上の制限を工夫したゲームを取り入れることが大切である。具体的にどのようにすれば，プレイ上の制限を工夫し，ラリーを続ける学習課題を追求することができるか。例を2つ挙げなさい。

(☆☆☆◎◎◎)

【5】次の文は,「中学校学習指導要領　解説　保健体育編」(平成20年9月)に示されている各領域の指導内容，学年ごとの目標である。文中の(　①　)~(　⑤　)に適する語句を入れなさい。

武道[態度]

「第1学年及び第2学年」

武道に(　①　)に取り組むとともに，相手を尊重し，伝統的な行動の仕方を守ろうとすること，分担した役割を果たそうとすることなどや，禁じ技を用いないなど健康・安全に気を配ることができるようにする。

「第3学年」

武道に(　②　)に取り組むとともに，相手を尊重し，伝統的な行動の仕方を大切にしようとすること，自己の責任を果たそうとすることなどや，健康・安全を(　③　)することができるようにする。

ダンス[知識，思考・判断]

「第1学年及び第2学年」

ダンスの特性，踊りの(　④　)と表現の仕方，関連して高まる体力などを理解し，課題に応じた運動の取り組み方を工夫できるようにする。

「第3学年」

ダンスの名称や用語，踊りの特徴と表現の仕方，体力の高め方，交流や発表の仕方などを理解し，(　⑤　)の課題に応じた運動の取り組み方を工夫できるようにする。

(☆☆☆◎◎◎)

【6】次の(1)，(2)の各文は,「中学校学習指導要領　解説　保健体育編」(平成20年9月)において，体育理論の内容の取扱い及び指導内容について示したものである。文中の(　①　)~(　⑤　)に入る適語をあとのア~クの語群から選び，記号で答えなさい。

(1)　各領域との関連で指導することが効果的な各領域の(　①　)や成

り立ち，技術の名称や(　②　)などの知識については，各領域の「(3)知識，思考・判断」に示すこととし，知識と技能を相互に関連させて学習させることにより，知識の重要性を一層実感できるように配慮しているので，この点を十分考慮して指導すること。

(2)　「文化としてのスポーツの意義」については，現代生活においてスポーツの文化的意義が高まってきていること，国際的なスポーツ大会などが果たす文化的な役割が重要になってきていること，文化としてのスポーツが人々を結び付ける重要な役割を担っていることなどを中心として構成している。

ア　現代生活におけるスポーツは，生きがいのある豊かな人生を送るために必要な健やかな心身，(　③　)や伸びやかな自己開発の機会を提供する重要な文化的意義をもっていることを理解できるようにする。

イ　オリンピック競技大会や国際的なスポーツ大会などは，世界中の人々にスポーツのもつ教育的な意義や倫理的な価値を伝えたり，人々の相互理解を深めたりすることで，国際親善や(　④　)に大きな役割を果たしていることを理解できるようにする。

ウ　スポーツには民族や国，(　⑤　)，障害の有無，年齢や地域，風土といった違いを超えて人々を結び付ける文化的な働きがあることを理解できるようにする。

【語群】

ア　行い方	イ　世界平和	ウ　特徴	エ　国際交流
オ　豊かな交流	カ　人種や性	キ　運動	ク　特性

(☆☆☆◎◎◎)

【7】次の(1)～(3)の各文は，「中学校学習指導要領　解説　保健体育編」(平成20年9月)において，保健分野の内容について示したものである。文中の(　①　)～(　⑤　)に適する語句を入れなさい。

(1)　自然災害による傷害は，例えば，地震が発生した場合に家屋の(　①　)や家具の落下，転倒などによる危険が原因となって生じること，また，地震に伴って，津波，土砂崩れ，地割れ，火災などによる(　②　)によっても生じることを理解できるようにする。

(2)　医薬品には，主作用と(　③　)があることを理解できるようにする。医薬品には，使用回数，使用時間，(　④　)などの使用法があり，正しく使用する必要があることについて理解できるようにする。

(3)　心肺停止に陥った人に遭遇したときの応急手当としては，気道確保，人工呼吸，胸骨圧迫などの心肺蘇生法を取り上げ，実習を通して理解できるようにする。なお，必要に応じて(　⑤　)にも触れるようにする。

(☆☆☆◎◎◎)

【高等学校】

【1】次の文は，「高等学校学習指導要領解説　保健体育編・体育編」(平成21年12月)に示されている保健体育改訂の要点である。あとの(1)～(4)の各問いに答えなさい。

保健体育科改訂の要点

保健体育科については，中央教育審議会の答申の趣旨を踏まえて，次の方針によって改訂を行った。

①　生徒の運動経験，能力，興味，関心等の多様化の現状を踏まえ，卒業後に少なくとも一つの運動やスポーツを(　ア　)することができるようにすることを重視し，運動やスポーツの楽しさや喜びを味わうことができるようにするとともに，発達の段階のまとまりを考慮し，小学校，中学校及び高等学校を見通した指導内容の体系化を図ること。

②　生涯にわたって(　イ　)スポーツライフを実現する資質や能力を育成する観点から，各領域において身に付けさせたい具体的な内容を明確に示すこと。

③　体力の向上を重視し，健康や体力の状況に応じて自ら体力を高める方法を身に付けさせ，地域などの(　ウ　)で生かせるように「体つくり運動」の指導内容の改善を図るとともに，「体つくり運動」以外の領域においても，学習した結果としてより一層の体力

の向上を図ることができるようにすること。

④ 運動やスポーツについての総合的な理解を深める観点から，中学校の内容を踏まえた系統性のある指導ができるよう知識に関する領域の構成を見直し，各領域に共通する内容に精選するとともに，各領域との(エ)で指導することが効果的な内容については，各領域で取り上げるよう整理し一層の指導内容の明確化を図ること。

⑤ 科目「保健」においては，個人生活及び(オ)における健康・安全に関する内容を重視し，指導内容を改善すること。

⑥ また，ヘルスプロモーションの考え方を生かし，生涯を通じて自らの健康を適切に管理し(カ)していく思考力・判断力などの資質や能力を育成する観点から，系統性のある指導ができるよう内容を明確にすること。

(1) (ア)～(カ)に適語を入れなさい。

(2) ①の文に「発達の段階のまとまりを考慮し」とあるが，発達の段階のまとまりを小学校から高等学校までの12年間を見通して，「小学校1年から4年までの時期」を各種の運動の基礎を培う時期，「中学校3年から高校3年までの時期」を卒業後に少なくとも一つの運動やスポーツを(ア)することができるようにする時期としている。それでは，「小学校5年から中学校2年までの時期(まとまり)」をどのような時期としているか。【　】の語句を使って答えなさい。

【語句：領域，経験】

(3) ②の文に「各領域において身に付けさせたい具体的な内容を明確に示すこと。」とある。陸上競技の技能の競走においては，具体的に，短距離・リレーでは中間走の高いスピードを維持して速く走ること，ハードル走では，スピードを維持した走りからハードルを低くリズミカルに越すこと，と示している。それでは，長距離走では，どのようにして走ることとしているか，【　】の語句を使って答えなさい。

【語句：対応，ペース】

(4)　③の「体つくり運動」の「体力を高める運動」では，どのようなことに重点を置いて指導方法の工夫を図ることとしているか。

【　　】の語句を使って答えなさい。

【語句：運動例，日常的】

(☆☆☆◎◎◎)

【2】次の表は，「高等学校学習指導要領解説　保健体育編・体育編」(平成21年12月)をもとに作成された科目「体育」の年間指導計画(入学年次)である。下の(1)～(7)の各問いに答えなさい。

4月　5月　6月	7月　8月	9月	10月	11月　12月	1月　2月　3月
体つくり運動	【選択１】 器械運動 陸上競技 水泳		【選択２】 器械運動 陸上競技 ダンス	【選択３】 球技 　バスケットボール 　テニス 　卓球 　ソフトボール 武道 　柔道	【選択４】 球技 　サッカー 　ハンドボール 　バレーボール 　ソフトボール 武道 　剣道
体育理論					

(1)　高等学校における「体育」の標準単位数は何単位か答えなさい。

(2)　体つくり運動は各年次で何単位時間程度配当しなければならないか答えなさい。

(3)　体育理論は各年次で何単位時間以上配当しなければならないか答えなさい。

(4)　【選択1】の器械運動領域の内容でマット運動以外を3つ答えなさい。

(5)　【選択1】で陸上競技を選択した場合，【選択2】で選択できる領域をすべて答えなさい。

(6)　【選択3】・【選択4】の球技の種目を「ゴール型」「ネット型」「ベースボール型」に分類しなさい。

(7)【選択3】でバスケットボールを選択した場合，【選択4】で選択できる運動種目をすべて答えなさい。

(☆☆☆◎◎◎)

【3】次の文は,「高等学校学習指導要領解説　保健体育編・体育編」(平成21年12月)に示されている各領域の内容の取扱いについて示したものである。(　①　)~(　⑨　)に適語を入れなさい。

ただし,(　　)の同番号には同語句が入る。

「体つくり運動」

「体ほぐしの運動」については,すべての年次で取り扱うこととし,さらに,器械運動からダンスまでの運動に関する領域においても関連を図って指導することができることとしている。その際,「体ほぐしの運動」としての学習と各運動の領域で行われる(　①　),補強運動,整理運動等との整理を図り,指導と評価ができるようにすること。

また,精神の健康など「保健」とも(　②　)こととしている。

「水泳」

スタートの指導については,(　③　)の観点からプールの構造等に配慮し,プールサイド等から(　④　)に指導し,生徒の技能の程度に応じて次第に高い位置からのスタートへ発展させるなどの配慮を行い安全を十分に確保することが大切である。

また,今回の中学校の改訂では,(　③　)の観点から,スタートは「水中からのスタート」を示している。そのため,飛び込みによるスタートやリレーの際の引継ぎは,高等学校において初めて経験することとなるため,この点を十分に踏まえ,生徒の技能の程度や水泳の実施時間によっては,水中からのスタートを継続するなど,一層(　④　)に指導することが大切である。

水泳では,(　⑤　)システムなどのような適切なグループのつくり方を工夫したり,見学の場合も,状況によっては,安全の確保や練習に対する協力者として参加させたりするなどの配慮をするようにする。また,水泳の学習は(　⑥　)に影響を受けやすいため,教室での学習として視聴覚教材で泳法を確かめたり,課題を検討したりする学習や,「保健」の応急手当と関連させた学習などを取り入れるなどの指導計画を工夫することが大切である。

「武道」

内容の取扱い(3)で，「我が国固有の伝統と文化により一層触れさせるため，中学校の学習の基礎の上に，より(　⑦　)機会を確保するよう配慮するものとする。」としているので，希望する生徒が(　⑧　) に履修できるよう選択や学習の機会の充実を図るものとする。

また，武道は段階的な指導を必要とするため，特定の種目を(　⑨　)して履修できるようにすることが望ましいが，生徒の状況によっては各年次で異なった種目を取り上げることもできるようにする。

(☆☆☆◎◎◎)

【4】次の文は，「高等学校学習指導要領解説　保健体育編・体育編」(平成21年12月)に示された球技領域の内容である。あとの(1)～(5)の各問いに答えなさい。

(1)　次の運動について，勝敗を競う楽しさや喜びを味わい，(　①　)や状況に応じた技能や仲間と連携した動きを高めてゲームが展開できるようにする。

ア　ゴール型では，状況に応じたボール操作と空間を埋めるなどの連携した動きによって空間への侵入などから攻防を展開すること。

イ　ネット型では，状況に応じたボール操作や安定した(　②　)の操作と連携した動きによって空間を作りだすなどの攻防を展開すること。

ウ　ベースボール型では，状況に応じた(　③　)操作と(　④　)での攻撃，安定したボール操作と状況に応じた(　⑤　)などによって攻防を展開すること。

(2)　球技に主体的に取り組むとともに，フェアなプレイを大切にしようとすること，A　役割を積極的に引き受け自己の責任を果たそうとすること，(　⑥　)に貢献しようとすることなどや，B　健康・安全を確保することができるようにする。

(3) 技術などの名称や行い方，C 体力の高め方，課題解決の方法，競技会の仕方などを理解しD チームや自己の課題に応じた運動を継続するための取り組み方を工夫できるようにする。

(1) 上の文の(①)～(⑥)に適語を入れなさい。

(2) 下線Aの説明として適切なものを次のア～エより選び，記号で答えなさい。

ア 練習やゲームの際に，記録や審判，キャプテンなどの役割を引き受けること

イ 練習やゲームで相手の素晴らしいプレイを認めたり，相手を尊重したりする行動をとること

ウ チームや自己の課題を解決するために，自己の考えを述べたり，相手の話を聞いたりすること

エ 体調や環境の変化に注意を払いながら運動を行うこと

(3) 下線Bについて，主体的な学習の段階では体調の変化以外に，どのような変化に注意を払いながら運動を行うことが求められるか答えなさい。

(4) 下線Cについて，それぞれの種目に必要な体力を技能に関連させながら高めることが重要であるが，どのような体力要素があるか3つ答えなさい。

(5) 下線Dの説明として適切でないものを次のア～エより選び，記号で答えなさい。

ア 作戦などの話し合いの場面で，合意を形成するための調整の仕方を見付けること

イ 健康や安全を確保・維持するために，自己や仲間の体調に応じた活動の仕方を選ぶこと

ウ チームの仲間の技術的な課題や有効な練習方法の選択について指摘すること

エ 課題解決のための方法や目標に適した具体的な作戦や戦術を知ること

(☆☆☆◎◎◎)

【5】次の表は,「高等学校学習指導要領解説　保健体育編・体育編」(平成21年12月)をもとに作成された中学校3年・高校入学年次と高校その次の年次以降における球技・ゴール型のボール操作とボールを持たないときの動きの例である。(　①　)~(　⑧　)に入る適語を下の語群から選び,記号で答えなさい。ただし,(　　)の同番号には同語句が入る。

	中学校3年・高校入学年次	高校その次の年次以降
ボール操作	・守備者が守りにくいシュート ・ゴール内へのシュート ・味方が操作しやすいパス ・自分の体で防いだ(　①　)	・守備者の(　④　)をはずし,守備者のいないところをねらってシュート・守備者の少ない(　⑤　)に向かってトライ ・味方が作り出した空間にパス ・ゴールに向かってボールを(　⑥　)して運ぶ動き ・味方と相手の動きを見ながら,自分の体で防いだ(　①　) ・シュートを打たれない空間にボールをクリア
ボールをもたないときの動き	・(　②　)から離れる動き ・パス後の次のパスを受ける動き ・ボール保持者の(　③　)から離れる動き ・ボールとゴールの間でのディフェンス ・ゴール前の空いている場所のカバー	・相手陣地の侵入しやすい所へ移動 ・空間を作りだすため移動 ・空間を作りだす動き ・チームの役割に応じた動き ・チームの(　⑦　)に応じて,相手のボールを奪うための動き ・攻撃者を止めるためのカバー ・ボールを追い出す(　⑧　)の動き

【語群】

ア　タイミング　　イ　ゴール　　ウ　ゴールエリア
エ　キープ　　オ　コントロール　　カ　進行方向
キ　守備　　ク　作戦

(☆☆☆◎◎◎)

【6】次の文は,「高等学校学習指導要領解説　保健体育編・体育編」(平成21年12月)に示されている体育理論の内容「豊かなスポーツライフの設計の仕方」についてである。(　①　)～(　⑥　)に入る適語を下の語群から選び,記号で答えなさい。

ア　各ライフステージにおけるスポーツの楽しみ方

スポーツには,乳・幼児期から高齢期に至る各ライフステージごとに,体格や体力の変化などに見られる(　①　)特徴,(　②　)ストレスの変化などに見られる心理的特徴,人間関係や所属集団の変化などに見られる(　③　)特徴に応じた行い方や楽しみ方があることを理解できるようにする。

イ　ライフスタイルに応じたスポーツとのかかわり方

生涯にわたって豊かで充実したスポーツライフを実現していくためには,各ライフステージの特徴を踏まえた上で,自ら積極的,継続的にスポーツに取り組もうとすること,身近なスポーツ施設や無理なく行える(　④　),一緒にスポーツを行う仲間といった諸条件を整えることが大切であることを理解できるようにする。

ウ　スポーツ振興のための施策と諸条件

国や地方自治体は,スポーツ振興のために様々な施策を行っており,人や財源,施設や用具,情報などを人々に提供するなどの条件整備を行っていること,また,スポーツ振興を支援するために,企業や競技者の(　⑤　),スポーツボランティアや非営利組織(NPO)などが見られるようになっていることを理解できるようにする。

エ　スポーツと環境

スポーツにかかわる人々の増加は,施設を中心に大規模な開発を伴うことがあるなど環境全体にもたらす影響が大きくなっていること,その際,スポーツの発展のためには持続可能な開発と(　⑥　)の観点から十分な検討と配慮が求められていることを理解できるようにする。

【語群】

ア　文化的　　イ　社会的　　ウ　身体的　　エ　精神的

オ　社会貢献　　カ　自由時間　　キ　環境保護　　ク　経済活動

(☆☆☆◎◎◎)

【7】次の文は，「高等学校学習指導要領解説　保健体育編・体育編」(平成21年12月)に示されている「第2節　保健　1　性格」である。(①)～(⑧)に入る適語をあとの語群から選び，記号で答えなさい。

ただし，(　　)の同番号には同語句が入る。

第2節　保健

1　性格

少子化や情報化など社会の急激な変化による近年の児童生徒の成育環境や生活行動の変化，国民の(①)等の変化にかかわって深刻化している心の健康，食生活をはじめとする生活習慣の乱れ，生活習慣病，(②)，性に関する問題など現代社会における健康・安全の問題は(③)しており，児童生徒のみならず国民すべてにとって心身の健康の保持増進が大きな課題となってきている。

これらの問題に対処するためには，ヘルスプロモーションの考え方を生かし，健康に関する個人の適切な意志決定や(④)及び健康的な社会環境づくりなどの重要性について理解を深めるとともに，生涯の各段階における健康課題への対応と保健・医療制度や地域の保健・医療機関の適切な活用及び(⑤)における健康の保持増進について理解できるようにし，心身の健康の保持増進を図るための思考力・判断力などの資質や能力を育成することが重要である。

「保健」は，これらの健康・安全に関する基礎的・基本的な内容を生徒が体系的に学習することにより，健康問題を認識し，これを(⑥)に思考・判断し，適切に対処できるようにすることをねらいとしており，生涯を通じて健康で安全な生活を送るための基礎を培う上で中心的な役割を担っているものである。

したがって，「保健」の指導に当たっては，ホームルーム活動や(⑦)などの特別活動及び総合的な学習の時間などにおいて，「保健」

で身に付けた知識及び資質や能力を生かして(　⑧　)などに取り組むことができるようにする必要がある。

そのためには,「保健」の指導を進める過程で,健康に関する興味・関心や(　⑧　)への意欲を高めるとともに,知識を活用する学習活動を重視して,思考力・判断力等を育成することが重要である。

【語群】

ア　薬物乱用　　イ　科学的　　ウ　課題解決　　エ　多様化
オ　行動選択　　カ　学校行事　　キ　社会生活　　ク　疾病構造
ケ　健康管理

(☆☆☆◎◎◎)

【8】次の文は,「高等学校学習指導要領解説　保健体育編・体育編」(平成21年12月)に示されている科目「保健」の生涯を通じる健康の内容である。(　①　)~(　⑨　)に適語を入れなさい。

イ　保健・医療制度及び地域の保健・医療機関

(ア)　我が国の保健・医療制度

我が国には,人々の健康を守るための保健・医療制度が存在し,行政及びその他の機関などから保健に関する情報,医療の供給,(　①　)の保障も含めた保健・医療サービスなどが提供されていることを理解できるようにする。

その際,介護保険,臓器移植,(　②　)の制度があることについても適宜触れるようにする。

(イ)　地域の保健・医療機関の活用

生涯を通じて健康を保持増進するには,(　③　)などを通して自己の健康上の課題を的確に把握し,地域の(　④　),保健センター,病院や診療所などの医療機関及び保健・医療サービスなどを適切に活用していくことなどが必要であることを理解できるようにする。

また,医薬品には,医療用医薬品と一般用医薬品があること,承認制度により有効性や安全性が審査されていること,及び販売に(　⑤　)があることを理解できるようにする。疾病からの回復や悪化の防止には，個々の医薬品の特性を理解した上で(　⑥　)に関する注意を守り，正しく使うことが必要であることを理解できるようにする。その際，(　⑦　)については，予期できるものと，予期することが困難なものがあることにも触れるようにする。

ウ　様々な保健活動や対策

我が国や世界では，健康の保持増進を図るために，健康課題に対応して各種の保健活動や対策が行われていることについて理解できるようにする。その際，(　⑧　)などの民間の機関の諸活動や(　⑨　)などの国際機関などの諸活動について，ヘルスプロモーションの考え方に基づくものも含めて触れるようにする。また，このような活動や対策を充実するには，一人一人が生涯の各段階でそれらを理解し支えることが重要であり，そのことが人々の健康につながることに触れるようにする。

(☆☆☆◎◎◎)

解答・解説

【中学校】

【1】(1)　意志決定　　(2)　目的　　(3)　①　実生活　　②　生徒

〈解説〉平成20年告示の中学校学習指導要領では，保健体育科の究極的な目標として「明るく豊かな生活を営む態度を育てる」こと，そのための具体的な目標として「生涯にわたって運動に親しむ資質や能力の育成」「健康の保持増進のための実践力の育成」「体力の向上」が相互に密接に関連していることを示すとともに，保健体育科の重要なねらいであることを明確にしている。「健康の保持増進のための実践力の育成」について学習指導要領解説では，「健康・安全について科学的に理解することを通して，心身の健康の保持増進に関する内容を単に知識として，また，記憶としてとどめることではなく，生徒が現在及び将来の生活において健康・安全の課題に直面した場合に，科学的な思考と正しい判断の下に意志決定や行動選択を行い，適切に実践していくための思考力・判断力などの資質や能力の基礎を育成する」と説明している。教科の目標や体育分野・保健分野それぞれの目標に関する問題は頻出であるため，重点的に学習する必要がある。

【2】(1) ① 体力を高める運動　② 跳び箱運動　③ 走り幅跳び (走り高跳び)　④ ハンドボール　⑤ 卓球　⑥ 現代的なリズムのダンス　⑦ 相撲　(2) ① イ　② ア　③ エ　④ ウ

〈解説〉(1) ① 体つくり運動は，体ほぐしの運動と体力を高める運動で構成されている。自他の心と体に向き合って，体を動かす楽しさや心地よさを味わい，心と体をほぐしたり，体力を高めたりすることができる領域である。 ③ 陸上競技は「走る」「跳ぶ」「投げる」などの運動で構成され，記録に挑戦したり，相手と競争したりする楽しさや喜びを味わうことのできる運動である。走，跳，投種目で構成するのが一般的であるが，安全や施設面などを考慮して，中学校では投種目を除いて構成している。 ④⑤ 球技はゴール型，ネット型，ベースボール型から構成される。ゴール型とは，ドリブルやパスなどのボール操作で相手コートに侵入し，シュートを放ち，一定時間内に相手チームより多くの得点を競い合うゲームである。バスケットボール，ハンドボール，サッカーが例示されている。ネット型とはコート上でネットをはさんで相対し，身体や用具を操作してボールを空いている場所に返球し，一定の得点に早く得点することを競い合うゲームである。バレーボール，卓球，テニス，バドミントンが例示されている。 ⑥ 現代的なリズムのダンスは，ロックやヒップホップなどの現代的なリズムの曲で踊るダンスを示しており，リズムの特徴をとらえ，変化のある動きを組み合わせて，リズムに乗って体幹部 (重心部)を中心に全身で弾んで踊ることをねらいとしている。 ⑦ 高等学校において，武道は柔道と剣道が掲載されている。　(2)　学習指導要領解説では各泳法について，以下のように示されている。指導書とあわせて学習しておこう。　①　クロールは，一定のリズムで強いキックを打つこと，水中で肘を60～90度程度に曲げて，S字を描くように水をかくこと，プルとキックの動作に合わせて，ローリングをしながら横向きで呼吸のタイミングを取ること。　②　平泳ぎでは，カエル足で長く伸びたキックをすること，水中で手のひらが肩より前で，両手で逆ハート型を描くように水をかくこと，プルのかき終わりと同時に口を水面に出して息を吸い，キックの蹴り終わりに合わせて伸び(グライド)をとり進むこと。　③　背泳ぎでは，両手を頭上で組んで，腰が「く」の字に曲がらないように背中を伸ばし，水平に浮いてキックすること，水中では，肘が肩の横で60～90度程度曲がるようにしてかくこと，空中では，手・肘を高く伸ばした直線的なリカバリーの動きをすること。　④　クロールと背泳ぎでは，プールの壁にタッチするのは片手，平泳ぎとバタフライでは，両手同時である。

【3】(1)　ウ　(2)　エ　(3)　ウ　(4)　ア

〈解説〉(1)　「A 体つくり運動」の体ほぐしの運動については，「B 器械運動」から「G ダンス」まで関連を図って指導することができるとともに，心の健康などの保健分野との関連を図ることとされている。

(2)「技を組み合わせる」とは，学習した基本的な技，条件を変えた技，発展技の中から，いくつかの技を「はじめ－なか－おわり」に組み合わせて行うことを示している。　(3)　第3学年の例示では，「後半でスピードが著しく低下しないよう，力みのないリズミカルな動きで走ること」とされている。　(4)　中学校第1学年及び第2学年では，「相手の動きに応じた基本動作から，基本となる技を用いて，投げたり抑えたりするなどの攻防を展開する」とされており，第3学年でも「相手の動きの変化に応じた基本動作から，基本となる技，得意技や連絡技を用いて，相手を崩して投げたり，抑えたりするなどの攻防を展開する」となっている。したがって，応用となる技に関する記述はない。

【4】(1) ① イ(オ) ② オ(イ) ③ ウ(ク) ④ ク(ウ)
⑤ エ(カ) ⑥ カ(エ) ⑦ ア(キ) ⑧ キ(ア)
(2) ① 課題 ② 意欲 ③ 技能 ④ 応用 ⑤ 活用
(3) プレイヤーの人数，コートの広さ，用具等の工夫

〈解説〉(1) それぞれの項目の特徴を把握しておくと，解答しやすいだろう。運動への関心・意欲・態度は，運動に対する共通，かつ基本的事項であるため，「健康・安全」「フェアプレイ」などが該当する。運動についての思考・判断は実戦的な分析などが該当し，本問では「課題抽出」や「課題に応じた練習」があげられる。運動の技能はスキルであるので，「基本的な動き」「道具・ボールの操作」が該当する。そして，運動についての知識・理解では，「試合の行い方」「高まる体力」などの理論面があげられる。なお，評価規準の設定に関しては，国立教育政策研究所が「評価規準の作成，評価方法等の工夫改善のための参考資料」を公表しているので参照されたい。 (2) いずれも学習指導要領解説に掲載されており，項目の特徴を把握すれば解答可能であろう。学習する際，「知識と技能」といったセットで覚えられる用語については，まとめて覚えておくこと。 (3) 第1学年及び第2学年では，ラリーを続けることを重視し，ボールや用具の操作と定位置に戻るなどの動きなどによる空いた場所をめぐる攻防を展開できるようにする。具体策としては，コートを狭くする，ボールを大きくする，チームで触球可能な回数を増やす，有効とするバウンド数を変えるなどの工夫が考えられる。

【5】① 積極的 ② 自主的 ③ 確保 ④ 由来 ⑤ 自己

〈解説〉第1学年及び第2学年の目標には，「公正に取り組む，互いに協力する，自己の役割を果たすなどの意欲を育てる」こと，第3学年の目標では，「公正に取り組む，互いに協力する，自己の責任を果たす，参画するなどの意欲を育てる」ことが，態度に関する目標として含まれている。各領域で共通する事項として，第1学年及び第2学年においては，「積極的に取り組む」ことを示している。指導に際しては，人

には誰でも学習によって技能や体力が向上する可能性があるといった挑戦することの意義を理解させ，発達の段階や学習の段階に適した課題を設定したり，練習の進め方や場づくりの方法などを示したりするなど，生徒が記録の向上，競争や攻防，演技や発表などに意欲をもって取り組めるようにすることが大切である。第3学年においては，各領域に「自主的に取り組む」ことを示している。指導に際しては，上達していくためには繰り返し粘り強く取り組むことが大切であることなどを理解させ，取り組むべき課題を明確にしたり，課題に応じた練習方法を選択することなどを示したりするなど，生徒が，練習や試合，発表などに意欲をもって取り組めるようにすることが大切である。

【6】① ク　② ア　③ オ　④ イ　⑤ カ

〈解説〉体育理論は運動やスポーツの多様性，運動やスポーツが心身の発達に与える効果と安全，文化としてのスポーツの意義の3つで構成されている。さらに，運動やスポーツの多様性については「運動やスポーツの必要性と楽しさ」「運動やスポーツへの多様なかかわり方」「運動やスポーツの学び方」の3つ，運動やスポーツが心身の発達に与える効果と安全は「運動やスポーツが心身に及ぼす効果」「運動やスポーツが社会性の発達に及ぼす効果」「安全なスポーツの行い方」の3つ，そして，文化としてのスポーツの意義は「現代生活におけるスポーツの文化的意義」「国際的なスポーツ大会などが果たす文化的な意義や役割」「人々を結び付けるスポーツの文化的な働き」の3つで構成されている。

【7】① 倒壊　② 二次災害　③ 副作用　④ 使用量
⑤ AED(自動体外式除細動器)

〈解説〉平成22年の中学校学習指導要領改訂において，二次災害によって生じる傷害，医薬品に関する内容を，新たに取り扱うことが示された。その際，心身の健康の保持増進にかかわる資質や能力を育成するため，基礎的・基本的な知識の暗記にとどまらず，知識を活用する学習活動によって思考力・判断力などの資質や能力が育成されるよう，実習や実験などの指導方法の工夫を行うことも示されている。改訂によって新たに加わった内容であるため，今後も関連した出題が予想される。

【高等学校】

【1】(1) ア 継続　イ 豊かな　ウ 実社会　エ 関連
オ 社会生活　カ 改善　(2) 多くの領域の学習(運動，スポーツ)を経験する時期　(3) ペースの変化に対応するなどして走ること
(4) 日常的に取り組める運動例を組み合わせること

〈解説〉(1) 中央教育審議会答申「幼稚園，小学校，中学校，高等学校及び特別支援学校の学習指導要領等の改善について」を読んでから，学習指導要領を学習すると，流れや文章の意味などが把握しやすくなるだろう。なお，答申における改善の基本方針に関して，運動する子どもとそうでない子どもの二極化，子どもの体力低下傾向の深刻化，生涯にわたって運動に親しむ資質や能力の育成の不十分が指摘されていることもおさえておきたい。　(2) 生涯にわたる豊かなスポーツライフの実現に向けて，小学校から高等学校までの12年間を見通して，各種の運動の基礎を培う時期，多くの領域の学習を経験する時期，卒業後に少なくとも一つの運動やスポーツを継続することができるようにする時期といった発達の段階のまとまりを踏まえておこう。
(3) 学習指導要領改訂において，指導内容の明確化が行われており，高等学校の長距離走ではペースの変化に対応するなどして走ることが示されている。　(4)「体力を高める運動」の指導内容については「自己のねらいに応じて，健康の保持増進や調和のとれた体力の向上を図

るための継続的な運動の計画を立てて取り組むこと」とするとともに，「日常的に取り組める運動例を組み合わせることに重点を置くなど指導方法の工夫を図ること」を示している。

【2】(1)　7～8単位　(2)　7～10単位時間　(3)　6単位時間
(4)　鉄棒運動，平均台運動，跳び箱運動　(5)　器械運動，陸上競技，ダンス　(6)　ゴール型…バスケットボール，サッカー，ハンドボール　ネット型…テニス，卓球，バレーボール　ベースボール型…ソフトボール　(7)　バレーボール，ソフトボール，剣道

〈解説〉(1)　体育は各年次継続して履修できるようにし，各年次の単位数はなるべく均分して配当するものとされている。なお，1単位時間を50分とし，35単位時間を1単位として計算することを標準としている。　(2)　学習指導要領解説では，各年次を通してすべての生徒に履修させることも示されている。　(3)「体つくり運動」と同様，各年次を通してすべての生徒に履修させなければならない。「体つくり運動」及び「体育理論」以外の領域に対する授業時数の配当については，「その内容の習熟を図ることができるよう考慮するものとする」と示されている。　(4)　器械運動はマット運動，鉄棒運動，平均台運動，跳び箱運動で構成され，器械の特性に応じて多くの「技」がある。
(5)　入学年次においては「B 器械運動」「C 陸上競技」「D 水泳」及び「G ダンス」についてはこれらの中から1つ以上を，「E 球技」及び「F 武道」についてはこれらの中から1つ以上をそれぞれ選択して履修できるようにすることとされている。また，その次の年次以降においては，「B 器械運動」から「G ダンス」までの中から2つ以上を選択して履修できるようにすることとされている。　(7)「球技」について，入学年次においては，ゴール型，ネット型，ベースボール型の中から二つを選択して履修できるようにすることと示されているため，バスケットボールと同じゴール型であるサッカーとハンドボールは選択できない。

【3】① 準備運動 ② 関連を図る ③ 事故防止 ④ 段階的 ⑤ バディ ⑥ 気候条件 ⑦ 深められる ⑧ 確実 ⑨ 継続

〈解説〉「体つくり運動」の「体ほぐしの運動」では，心と体は互いに影響し変化することに気付くこと，体の状態に応じて体の調子を整えること，仲間と積極的に交流することを目的とした手軽な運動や律動的な運動を行うこととされている。「体ほぐしの運動」については，すべての年次で取り扱うこととし，さらに，器械運動からダンスまでの運動に関する領域においても関連を図って指導することができるとされ，その際，「体ほぐしの運動」としての学習と各運動の領域で行われる準備運動，補強運動，整理運動等との整理を図り，指導と評価ができるようにすることと示されている。「水泳」のスタートの指導においては，事故防止の観点から，段階的に指導することが示されている。高等学校の段階的な指導による「スタート」とは，プールサイド等から段階的に指導し，生徒の技能の程度に応じて次第に高い位置からのスタートへ発展させるなどの配慮を行うスタートのことである。「武道」については，教育基本法に規定された伝統と文化を尊重する態度をはぐくむことを踏まえ，中学校で学習したことを基礎として，希望する生徒が確実に履修できるよう選択や学習の機会の充実を図るものとすると示されている。

【4】(1) ① 作戦 ② 用具 ③ バット ④ 走塁 ⑤ 守備 ⑥ 合意形成 (2) ア (3) 環境 (4) 敏捷性，筋パワー，心肺持久力，筋力，スピード，平衡性，持久力(全身，心肺持久力，筋持久力)，調整力(平衡性，巧緻性)，瞬発力 など
(5) エ

〈解説〉(1) 平成21年告示の高等学校学習指導要領において，球技領域の内容は，攻防を展開する際に共通してみられるボールや用具などの操作とボールを持たないときの動きについての学習課題に着目し，その特性や魅力に応じて，相手コートに侵入して攻防を楽しむ「ゴール

型」，ネットをはさんで攻防を楽しむ「ネット型」，攻守を交代して攻防を楽しむ「ベースボール型」に分類して示された。　(2)　学習指導要領解説では入学年次において自己の責任を果たすことは，活動時間の確保につながる，チーム内の人間関係がよくなる，自主的な学習が成立することを指摘している。また，その次の年次以降について，主体的な学習が成立するには，仲間と活動を行う上で必要な役割を作ること，決めた役割に対して，責任をもって分担すること，グループで果たすべき責任が生じた場合には，積極的に引き受ける姿勢が求められることを理解し，取り組めるようにすることが示されている。
(4)　学習指導要領解説では「敏捷性，筋パワー，心肺持久力，筋力・筋持久力，スピード，平衡性など」と示されているが，一般的には筋力，瞬発力，全身持久力，筋持久力，調整力(巧緻性，敏捷性，平衡性)，柔軟性があげられることが多い。　(5)「チームや自己の課題に応じた運動を継続するための取り組みを工夫」とは，提供された作戦や戦術から自己のチームや相手チームの特徴を踏まえたものを選ぶこと，作戦などの話合いでは合意を形成するため適切な練習方法を選ぶこと，健康や安全を確保・維持するために自己や仲間の体調に応じた活動の仕方を選ぶこと，球技を生涯にわたって楽しむための自己に適したかかわり方を見付けること等があげられている。

【5】①　エ　②　イ　③　カ　④　ア　⑤　ウ　⑥　オ　⑦　ク　⑧　キ

〈解説〉入学年次では，中学校第3学年までの学習を踏まえて，「安定したボール操作と空間を作りだすなどの連携した動きによってゴール前への侵入などから攻防を展開する」ことを，その次の年次以降では，「状況に応じたボール操作と空間を埋めるなどの動きによって空間への侵入などから攻防を展開すること」をねらいとしている。

【6】① ウ　② エ　③ イ　④ カ　⑤ オ　⑥ キ

〈解説〉高等学校における体育理論の内容は，「スポーツの歴史，文化的特性や現代のスポーツの意義」，「運動やスポーツの効果的な学習の仕方」，「豊かなスポーツライフの設計の仕方」から構成されている。「豊かなスポーツライフの設計の仕方」について，学習指導要領解説では，運動やスポーツへの多様なかかわり方，現代生活におけるスポーツの文化的意義などを踏まえ，卒業後も生涯にわたる豊かなスポーツライフを設計するため，各ライフステージ・ライフスタイルに応じたスポーツへのかかわり方の特徴や条件があること，特徴や条件に応じて無理なくスポーツを継続するための計画を立てること，生涯スポーツの実践を支える環境を確保するためのスポーツ振興に向けた施策や条件，スポーツが及ぼす環境への影響に配慮すること等を理解する必要があるといったことが示されている。

【7】① ク　② ア　③ エ　④ オ　⑤ キ　⑥ イ
⑦ カ　⑧ ウ

〈解説〉出典である学習指導要領解説の「第2節 保健 1 性格」には，現代社会における問題や課題，それに対して「保健」が果たすべき役割，指導する際，生徒に身に付けさせたい資質や能力が示されている。科目としての「保健」の価値を定めるとともに，「なぜ保健を教える必要があるのか」という問いに対する答えでもある。保健体育教員として，保健を教える際には理解していなければならない内容であり，しっかりと学習する必要がある。

【8】① 医療費　② 献血　③ 検診　④ 保健所　⑤ 規制　⑥ 使用法　⑦ 副作用　⑧ 日本赤十字社　⑨ 世界保健機関 (WHO)

〈解説〉保健体育の内容は「現代社会と健康」「生涯を通じる健康」「社会生活と健康」の3つに大きく分けられる。「生涯を通じる健康」の内容では，生涯の各段階において健康についての課題があり，自らこれに適切に対応する必要があること及び我が国の保健・医療制度や機関を適切に活用することが重要であることについて理解できるようにすることが目標として掲げられている。中学校学習指導要領において，医薬品の正しい使用についての内容が位置づけられたことを踏まえて，高等学校学習指導要領でも医薬品の承認制度や販売規制について新たに取り上げ，医薬品の適切な使用の必要性についての内容の充実が図られた。また，健康課題に応じて，我が国や世界において様々な保健活動や対策などが行われていることについての内容も「生涯を通じる健康」に位置づけている。

●書籍内容の訂正等について

弊社では教員採用試験対策シリーズ（参考書，過去問，全国まるごと過去問題集），公務員試験対策シリーズ，公立幼稚園・保育士試験対策シリーズ，会社別就職試験対策シリーズについて，正誤表をホームページ（https://www.kyodo-s.jp）に掲載いたします。内容に訂正等，疑問点がございましたら，まずホームページをご確認ください。もし，正誤表に掲載されていない訂正等，疑問点がございましたら，下記項目をご記入の上，以下の送付先までお送りいただくようお願いいたします。

① **書籍名，都道府県（学校）名，年度**
（例：教員採用試験過去問シリーズ　小学校教諭 過去問　2025 年度版）
② **ページ数**（書籍に記載されているページ数をご記入ください。）
③ **訂正等，疑問点**（内容は具体的にご記入ください。）
（例:問題文では“ア～オの中から選べ”とあるが,選択肢はエまでしかない）

〔ご注意〕

○ 電話での質問や相談等につきましては，受付けておりません。ご注意ください。

○ 正誤表の更新は適宜行います。

○ いただいた疑問点につきましては，当社編集制作部で検討の上，正誤表への反映を決定させていただきます（個別回答は，原則行いませんのであしからずご了承ください）。

●情報提供のお願い

協同教育研究会では，これから教員採用試験を受験される方々に，より正確な問題を，より多くご提供できるよう情報の収集を行っております。つきましては，教員採用試験に関する次の項目の情報を，以下の送付先までお送りいただけますと幸いでございます。お送りいただきました方には謝礼を差し上げます。

（情報量があまりに少ない場合は，謝礼をご用意できかねる場合があります）。

◆あなたの受験された面接試験，論作文試験の実施方法や質問内容

◆教員採用試験の受験体験記

送付先

○電子メール：edit@kyodo-s.jp

○FAX：03-3233-1233（協同出版株式会社　編集制作部 行）

○郵送：〒101-0054　東京都千代田区神田錦町2-5
協同出版株式会社　編集制作部 行

○HP：https://kyodo-s.jp/provision（右記のQRコードからもアクセスできます）

※謝礼をお送りする関係から，いずれの方法でお送りいただく際にも，「お名前」「ご住所」は，必ず明記いただきますよう，よろしくお願い申し上げます。

教員採用試験「過去問」シリーズ

宮崎県の
保健体育科 過去問

編　集　　© 協同教育研究会
発　行　　令和5年12月10日
発行者　　小貫　輝雄
発行所　　協同出版株式会社
〒101-0054　東京都千代田区神田錦町2－5
電話　03－3295－1341
振替　東京00190－4－94061
印刷所　　協同出版・POD工場

落丁・乱丁はお取り替えいたします。